高等院校财经类规划

金融衍生工具
投资与实践

万思枒 ◎ 编著

JINRONG YANSHENG GONGJU
TOUZI YU SHIJIAN

西南大学出版社
国家一级出版社 全国百佳图书出版单位

图书在版编目(CIP)数据

金融衍生工具投资与实践 / 万思杻编著. -- 重庆：西南大学出版社, 2025.1. -- ISBN 978-7-5697-2238-3

Ⅰ.F830.95

中国国家版本馆CIP数据核字第2024GQ3199号

金融衍生工具投资与实践
JINRONG YANSHENG GONGJU TOUZI YU SHIJIAN

万思杻　编著

责任编辑：刘　彦
责任校对：向文平
封面设计：汤　立
排　　版：张　祥
出版发行：西南大学出版社(原西南师范大学出版社)
　　　　　地址：重庆市北碚区天生路2号
　　　　　邮编：400715
　　　　　市场营销部电话：023-68868624
印　　刷：重庆新荟雅科技有限公司
成品尺寸：185 mm×260 mm
印　　张：16.25
字　　数：346千字
版　　次：2025年1月　第1版
印　　次：2025年1月　第1次印刷
书　　号：ISBN 978-7-5697-2238-3
定　　价：65.00元

前 言

随着信息技术的快速发展,金融业务、金融产品也正经历蜕变过程。互联网金融时代,给金融工具的创新提供了前所未有的利好条件。全球个人财富迅速增长,对于衍生工具的投资和风险管理功能在各国受到越来越广泛的关注和重视。目前,金融衍生工具市场在发达国家的发展已经比较成熟,形成了一套较为完整的理论体系,也具备一大批优秀专业的从业人员。国内金融衍生工具市场虽由来已久但几经波折,真正现代意义上完善的金融衍生工具市场体系尚未建成。

根据金融应用型人才的需要,以培养应用型人才为目标的金融工程专业正迅速成为国内高校金融学科教学科研的焦点之一。本教材以"教学与服务相统一"为特色,理论与实践相结合,并适度丰富职业素养与职业发展教育,体现课程思政元素。要求学生在理解衍生工具定价基本原理的基础上,就衍生工具在投资套利、套期保值和风险管理方面进行全面应用,形成可执行的综合方案。

本教材全面介绍了金融衍生工具的类型,包括远期合约、期货合约、互换合约、期权合约和其他衍生工具;系统地介绍了每种衍生工具的概念、特征、定价原理和交易策略,针对每种金融衍生工具从理论和实践两方面进行了详尽地介绍。

与其他同类教材相比,本教材在实训实操上具有鲜明特点。第一,时效性。吸收了国内外最新的金融衍生工具发展现状、理论和方法,从更广阔的视角阐述金融衍生工具的应用场景,对我国的金融衍生工具市场的实践具有一定的借鉴意义。第二,注重专业性、思政性和趣味性的有机结合。为取得更好的教学效果,本教材在各章节设置了"课后阅读""案例分析""拓展思考"等栏目,并在部分章节结合我国经济发展的现状特点进行针对性分析,挖掘思政元素,在每章中加入思政案例材料并融入思政内容,以实现立德树人的根本目标。第三,创新性。本教材在结构上分为工具篇和实务篇,两个部分都充分体现了应用型本科教学和金融专业特色,将基础知识、专业理论和交易实践融为一体,有助于学生做好入职前的必要准备,具备胜任实际岗位工作要求和处理操作性事务的综合能力。第四,应用性。本教材以应用技术型为目标,体现在三个方面,一是紧跟时事,教材中开篇和结尾都有最新衍生市场的新闻实事和研究前沿论文,不脱离实际;二是教材例题丰富,课练结合,理论后有充足的例题和练习题;三是实务篇以任务为导向,完成实训任务,由浅入深,点线面相结合。

全书分为两个篇章,即工具篇和实务篇,由重庆工商大学派斯学院万思杧统筹编写,其中徐磊、冉雪苗共同参与撰写,其余人员参编校对。工具篇共有6章。第1章是金融衍生工具概论,阐述金融衍生工具的发展背景、概念,衍生工具的基本类型和我国衍生工具的发展现状,为以后各章的学习奠定基础。该篇章由冉雪苗和徐磊共同编写,其中徐磊编写5万字,冉雪苗编写1万字。第2—5章是具体衍生工具的类型,远期合约、期货合约、互换合约、期权合约,每一章首先介绍合约的概念、类型和特点,然后阐述衍生工具的无套利定价方法,最后介绍合约的交易策略和交易技巧,由万思杧编写。第6章是关于其他金融衍生工具的介绍,此章主要介绍当前新型金融衍生产品的类型和应用场景,由万思杧编写。第二篇是实务篇,采用任务式教学方法,包括熟悉期货期权市场行情、远期/期货合约的定价、期货价格发现实验、期货交易策略、看涨-看跌期权平价关系实验、期权定价实验、期权的交易策略七个具体的任务章节,主要内容为实验目的、实验要求、相关理论知识点和实训任务四个部分,讲解衍生工具在具体场景和实务中的应用操作,使学生对衍生工具有更深入的了解,该部分由万思杧编写。

本教材可作为金融工程专业、金融学专业、投资专业、证券专业以及其他相关专业的本科教材。该教材同时适用于高职院校、高等专科学校、成人高校相关专业和应用型本科院校的教学,也可作为金融从业人员的业务用书或供自学使用,并可作为社会从业人士的参考读物。

在编写的过程中,我们直接或间接地借鉴和吸收了内容相关著作和教科书的成果,部分内容已在书中列出,在此向他们表示衷心的感谢!书中行文所涉及的人名、公司名、商业银行等均属虚构,仅为实训仿真练习需要,如有雷同纯属巧合。

本教材为重庆工商大学派斯学院金融学市级一流专业建设阶段性成果。基金项目:2022年重庆市教育科学规划项目《新发展格局下重庆市应用型高校"区块链+数字化"金融教学改革研究》,编号K22YG222256;2023年重庆市教改数字化专项课题《成渝双城经济圈应用型高校金融学专业"二维二环、三师三能"的人才培养模式共建共享机制探究》,编号234132。

由于作者学识水平和精力有限,实践经历不足,本教材难免存在不足之处,敬请专家和读者批评指正。

万思杧

2023年6月30日

目 录
CONTENTS

第一篇 衍生工具篇

◆ 第一章 金融衍生工具概论 ·· 2
第一节 金融衍生工具的产生与发展 ································ 3
第二节 金融衍生工具的概念和特征分析 ··························· 6
第三节 金融衍生工具的类型 ·· 16
第四节 金融衍生工具市场及其发展 ································ 21
第五节 金融衍生工具发展现状及趋势 ····························· 28

◆ 第二章 远期合约 ·· 36
第一节 远期合约概述 ·· 38
第二节 远期合约的定价 ··· 42
第三节 金融远期合约的种类 ·· 50

◆ 第三章 期货合约 ·· 61
第一节 期货交易概述 ·· 62
第二节 期货交易策略 ·· 68
第三节 商品期货交易 ·· 82
第四节 金融期货交易 ·· 85

◆ 第四章 互换合约 ·· 105
第一节 互换交易概述 ·· 106
第二节 金融互换的原理 ··· 114
第三节 互换合约的定价 ··· 119
第四节 互换交易的其他品种 ·· 125

◆ 第五章　期权合约 ·· 138
第一节　期权交易概述 ·· 139
第二节　期权合约的损益分析 ······································ 147
第三节　期权合约的价格关系 ······································ 153
第四节　期权合约的定价 ·· 163

◆ 第六章　其他金融衍生工具 ·· 175
第一节　结构化衍生工具 ·· 176
第二节　奇异期权 ·· 181

第二篇　衍生工具投资任务篇

任务一　熟悉期货、期权市场行情 ···································· 196
任务二　远期/期货合约的定价 ·· 202
任务三　期货价格发现实验 ·· 206
任务四　期货交易策略 ·· 210
任务五　看涨-看跌期权平价关系实验 ······························ 216
任务六　期权定价实验 ·· 220
任务七　期权的交易策略 ·· 229

◆ 附　录　标准正态分布累积概率函数表($Z>0$) ··················· 241

第一篇

衍生工具篇

第一章

金融衍生工具概论

【开篇引言】

　　2008年，一部分中国企业的命运竟前所未有地与国际市场捆绑在了一起。当金融海啸真的降临，大宗商品价格的一个微小变化，就足以让我们的这些企业感受剧烈动荡，国际衍生品市场的影响力犹如蝴蝶效应，一而再再而三地拨弄着我们脆弱的神经。

　　几乎是一夜之间，损失突然爆发了出来，投资国际衍生品使一大批企业深受其害。中信泰富、深南电、国航、东航……一大批中国企业正在为大宗商品价格波动买单，在为不成熟的套保理念买单，一些企业也许只是缴纳了昂贵的学费，而另一些企业却已深陷其中，难以自拔。

　　由美国次贷危机引发的金融海啸已经对全球经济带来了巨大的冲击。而在这场危机中，金融衍生产品被认为是罪魁祸首。其实，金融衍生产品作为现代金融市场的重要组成部分，到底是好东西或是坏东西？是智慧还是骗术？见仁见智。但关于这样的金融产品，我们很多人事实上并不陌生，由金融衍生产品给中国企业所带来的灾难更是记忆犹新，历历在目，这些灾难的产生固然有很多原因，但有一点是共同的，就是没有正确的管理和评价风险。

　　——节选自聂皖生《正确认识和了解金融衍生产品》，有改动

第一节 金融衍生工具的产生与发展

从巴比伦统治时代到中世纪欧洲,数千年来,人类经济一直存在多种形式的衍生产品。自20世纪70年代以来,金融衍生工具进入高速发展阶段,交易品种之多、交易规模之大令世界瞩目,金融衍生工具是永远的讨论话题,有人称之为"良药",有人视之为"毒药"。沃伦·巴菲特曾经说过:"金融衍生工具是金融界的大规模杀伤性武器。"事实真的如此? 当下,银行领域、投资领域和金融领域的参与者已经充分理解了建立风险隔离墙的重要性以及这些重要的金融工具的运用及其局限性。本章将对金融衍生工具做概述性的描述。

一、金融衍生工具的起源

金融衍生工具并不是新鲜事物。早在12世纪,欧洲的法兰德斯商人就开始使用远期合同,13世纪比利时的商人也进行着类似交易,并逐步发展成有组织的市场,形成早期的期货交易所。17世纪,作为身份象征的郁金香受到荷兰贵族的追捧,郁金香交易市场迅速发展,由于郁金香花期短,经销商便与花农签订郁金香远期合约来锁定郁金香的购买价格,后来又出现了郁金香期权交易。18世纪初,日本大阪堂岛大米会所也诞生了类似于现在期货合约的"大米库券"。西方国家以商品远期和期货为代表的衍生工具的自然演化过程已经经历了几个世纪,但这一阶段衍生品主要用于农产品交易,市场规模有限,与现代金融衍生品有很大的差距。

1848年,82位商人在美国芝加哥成立了贸易委员会,即芝加哥期货交易所(CBOT)的前身。这一时期的交易仍是采用远期合约的方式,没有形成一般性标准,风险较大,使用的人并不多。为进一步规范市场,1865年芝加哥期货交易所推出标准化合约,标志着真正意义上的交易所交易衍生品的诞生,此后,又陆续制定了有关保证金、结算方式和违约惩罚等市场规则。而真正现代意义上的金融衍生产品是在20世纪70年代产生的。

1971年,美元持续贬值,以美元为基础的固定汇率制度(布雷顿森林体系)濒临瓦解,世界各主要货币由于受投机商冲击被迫实行浮动汇率制度,利率、汇率变得极不稳定,使金融市场的价格风险大幅增加,基础金融工具的价值变得极不稳定。加之石油危机的爆发,石油价格上涨,以石油为原材料的相关商品价格上升,引发全球性通货膨胀。在全球市场动荡不安的情况下,1972年5月,芝加哥商业交易所国际货币市场(IMM)分部首次推出了包括英镑、加拿大元、西德马克、法国法郎、日元和瑞士法郎等在内的外汇期货合约,标志着现代金融衍生工具的诞生。以此为契机,国际衍生工具市场步入了快速发展阶段,利率、指数、股票等金融衍生工具相继出现,交易量增长异常迅猛。股票期权于1973年4月在芝加哥期权交易所问世;1975年,芝加哥期货交易所又推出利率期货。这一时期的金融衍生产品主要是与货币、利率有关的期货、期权,在不同的期货和期货交易所市场进行交易。

二、金融衍生工具的发展

20世纪80年代后,西方各国纷纷放松金融管制,鼓励金融机构业务交叉经营,平等竞争,形成了一股金融自由化的改革潮流和金融创新的浪潮,金融衍生工具开始井喷式发展,一些旨在规避各类价格风险(物价、利率、汇率、股价等),提高流动性的金融衍生产品的问世引人注目。1981年,美国所罗门兄弟公司成功地为IBM和世界银行进行了美元、西德马克和瑞士法郎的货币互换。1982年,股指期货也应运而生。到1980年代中期,金融期货交易已在12个国家和地区的交易所进行。20世纪80年代末,期权和掉期市场得到了极大发展,由期权交易和掉期技术结合而来的掉期期权也得到了广泛应用。此外,场外期权交易尤其活跃。1990年,包括利率封顶、保底期权以及互换期权等在内的场外期权交易量几乎等于场内市场上交易的利率期权总额,达5600亿美元。

90年代末开始,在各方面因素推动下,信用风险开始成为关注的焦点,并推动了信用衍生品的发展。同时,技术进步和市场对量身定制产品的需求推动了复杂结构化产品的崛起。如:1987年担保债务凭证(CDO)、平均期权、复合期权,1989年利率互换期权、利率上限期权,1990年股票指数互换,1993年信用违约互换(CDS),2002年信用违约互换指数(CDX指数),2006年资产证券化指数(ABX指数)等。

进入21世纪以来,网络和通信技术的发展,对衍生品市场的竞争格局产生了广泛而深远的影响。各衍生品交易所一方面通过外部的兼并整合和跨国交易来优势互补、争夺市场,另一方面通过内部的股份制改造及剥离清算和结算等后台业务,来降低交易成本。同时,国际衍生品市场相继出现了多种另类的衍生品交易,全球衍生品已有2000多种。2022年,全球期货和期权成交达到838.48亿手,较2021年增长了212.63亿手,这是连续第5年全球创纪录成交。

表 1-1　2022 年衍生品交易量全球排名前 20 位的交易所

单位：手；单边

2022排名	2021排名	交易所	2022年	2021年	变化
1	1	印度国家交易所（NSE）	38,113,511,047	17,255,329,463	120.88%
2	2	巴西交易所（B3）	8,313,793,640	8,755,773,393	−5.05%
3	3	芝加哥商业交易所集团（CME Group）	5,846,331,689	4,942,738,176	18.28%
4	6	芝加哥期权交易所（CBOE）	3,476,171,972	3,095,693,020	12.29%
5	4	洲际交易所（ICE）	3,435,073,009	3,317,893,282	3.53%
6	5	纳斯达克（NASDAQ）	3,147,540,772	3,292,840,477	−4.41%
7	12	伊斯坦布尔交易所（BIST）	2,726,889,885	2,081,042,040	31.03%
8	7	郑州商品交易所（ZCE）	2,397,600,933	2,582,227,206	−7.15%
9	9	大连商品交易所（DCE）	2,275,200,779	2,364,418,367	−3.77%
10	10	韩国证券期货交易所（KRX）	2,058,222,218	2,281,738,234	−9.80%
11	13	欧洲期货交易所（Eurex）	1,955,730,332	1.703,174,493	14.83%
12	8	上海期货交易所（SHFE）	1,943,444,607	2,445,774,713	−20.54%
13	14	孟买证券交易所（BSE）	1,609,192,944	1,607,775,410	0.09%
14	15	迈阿密国际交易所（MIAX）	1,299,348,174	1,338,182,359	−2.90%
15	11	莫斯科交易所（MOEX）	1,268,386,020	2,101,589,316	−39.65%
16	16	多伦多证券交易所集团（TMX Group）	760,910,069	613,028,880	24.12%
17	17	香港交易所（HKEX）	454,672,540	433,092,595	4.98%
18	19	日本交易所集团（JPX）	392,159,116	333,638,732	17.54%
19	18	台湾期货交易所（TAIFEX）	384,468,497	392,202,371	−1.97%
20	26	阿根廷期货交易所（MATba ROFEX）	299,732,436	129,544,714	131.37%

数据来源：FIA

课程思政环节

有人说金融衍生品市场是一个危险的赌场，如果你不了解它，你就会堕入地狱；金融衍生品又是防范风险的盾牌，如果你能把握它，你就能畅行无阻。你怎么理解这句话，我们该如何看待金融衍生工具呢？

思政元素挖掘：

1.正确认识金融衍生产品与金融活动的关系，金融衍生品市场作为资本市场重要组成部分，对提高经济增长效率和增长质量具有积极作用。

2.金融衍生工具本身无善恶之分,通过对金融伦理的探究,培养学生道德品质,增强风险意识。

第二节 金融衍生工具的概念和特征分析

一、金融衍生工具的概念

(一)金融市场与金融工具

金融市场是指资金供应者和资金需求者双方通过信用工具进行交易而融通资金的市场,可分为广义和狭义的金融市场。广义的金融市场是实现货币借贷和资金融通、办理各种票据和有价证券交易活动的市场,是对金融交易组织机制的概括。狭义的金融市场是指直接融资的组织机制,与金融中介(间接融资)的组织机制相对应。

金融工具是金融市场交易的对象,是实现资金和资源再配置的载体。金融工具根据不同的标准可以分为不同的类型,金融衍生工具则是金融工具中的一种,同样是实现资金融通、服务实体经济的可交易金融资产。

图1-1 金融市场与金融工具的关系

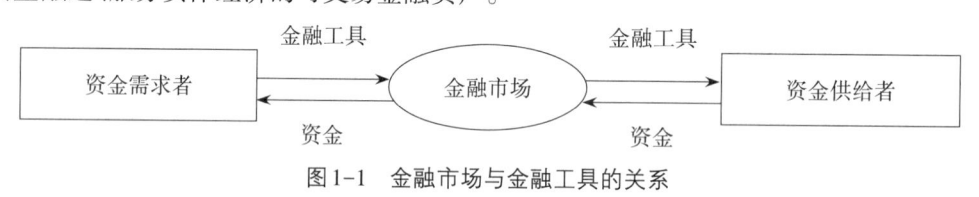

表1-2 金融工具的类型

按不同期限	货币市场工具(商业票据、短期公债、大额存单、回购协议)
	资本市场工具(中长期借贷、股票、长期债券)
按不同融资形式	直接融资工具(商业票据、股票、债券)
	间接融资工具(银行承兑汇票、大额存单、银行债券、人寿保单)
按权利义务	债务凭证(除股票外其他金融工具)
	所有权凭证(股票)
按性质	原生性金融工具(商业票据、股票、债券、基金)
	衍生性金融工具(期货合约、期权合约、互换合约)

(二)金融衍生工具的概念

金融衍生工具(Financial Derivatives),又称衍生金融产品,是相对于基础性(原生性)金融产品(Underlying Assets)而言的,其价值的决定依赖于对基础性产品标的资产价格走势的预期。基础性金融产品既可以是货币、股票、债券等金融资产,也可以是金融资产的价格,如利率、汇率、股价、指数等。其实,关于金融衍生工具的界定,学术界及金融监管机构对其所作的定义也不尽相同。

巴塞尔银行规章条例及监管办法委员会(Basle Committee)在《对银行金融衍生工具交易的谨慎监管》的报告中,将金融衍生工具定义为:"任何价值取决于相关(比)率或基础资产之价值或某一指数(如利率、汇率、证券或商品价格)的金融合约"。随着金融市场的发展和金融工程技术水平的提高,标的物的范围更加广泛,出现了一些新的金融衍生工具,例如,标的变量为违约风险的信用违约互换;标的变量为某地区气温状况的气候衍生工具;标的变量为污染指数的环境衍生工具等。

经济合作与发展组织(OECD)对金融衍生工具的定义是:"一般来说,衍生交易是一份双边合约或支付交换协议,它们的价值是从基本的资产或某种基础性的利率或指数上衍生出来的。今天,衍生交易所依赖的基础包括利率、汇率、股票及其他指数";"衍生工具一词也被用来包括具有上述衍生性,或包含了选择权的债务工具以及拆散其他工具,如本金与利息收入而创造出来的债务工具"。

国际互换交易协会(ISDA)的描述是:"衍生产品是有关互换现金流量和旨在为交易者转移风险的双边合约。合约到期时,交易者所欠对方的金额由基础商品、证券或指数的价格来决定。互换交易、远期交易、利率上下限是双方协议成交的,期货和认股权证则是在交易所交易的标准衍生工具"。

《国际会计准则第39号》中对金融衍生工具的特征进行了如下归纳:(1)其价值随特定的利率、证券价格、商品价格、汇率、价格或利率指数、信用等级、信用指数或类似变量的变动而变动;(2)较少的净投资;(3)在未来日期结算。

约翰·C.赫尔将金融衍生工具称为衍生证券(Derivative Security):"衍生证券是一种证券,其价值依赖于其他更基本的标的(Underlying)变量。衍生证券也称或有债权(Contingent Claims)。"

弗兰克·法博齐在其《资本市场:机构与工具》一书中所给出的定义,即"一些合同给予合同持有者某种义务或某一种金融资产进行买卖的选择权。这些合同的价值由其交易的金融资产的价格决定,相应的,这些合约被称为衍生工具。衍生工具包括期权合约、期货合约、远期合约、互换协议、上限与下限协议等。"

归纳以上定性描述,本书给出金融衍生工具的定义:

金融衍生工具是一种合约,根据该合约,在未来某一时刻一方有权拥有一种基础资产(由一种基础资产的货币价值衍生出),同时交易对手有义务履行对应的责任。合约可以约定一定数量的货币、一种证券、一种实物商品、一组现金支付或一种市场指数。合约应当平等地约束交易双方,或向一方提供一种可以行使的选择权;合约可以提供资产和义务的互换;合约可以是量身定做、综合几项内容的衍生产品。无论金融衍生工具是否在交易所交易,这些产品的市场价格都会在一定程度上取决于基础资产价格的变化,因为合约是根据这些基础资产建立的。

衍生工具的标的资产可以是农产品、金融、能源等实物资产,也可以是债券、股票、外汇等金融资产,还可以是人为定义的变量或事件,如股票指数、天气指数、信用事件等。本书主要以金融资产为标的,金融衍生工具为主体,商品衍生工具和其他衍生工具也会略有涉及。

二、相近概念辨析

(一)金融衍生工具与金融工程

关于金融工程的概念也有不同的理解。美国金融学教授费纳蒂(Finnerty)将其定义为,金融工程是创新型金融工具与金融手段的设计、开发与实施,以及对金融问题给予创造性的解决。英国学者洛伦兹·格立茨定义为,金融工程是应用金融工具,将现在的金融结构进行重组以获得人们所希望的结果。美国教授史密斯(Smith)和大通曼哈顿银行经理史密森(Smithson)定义为,金融工程创造的是导致非标准的现金流的金融合约,它主要指用基础的资本市场工具组合而成新金融工具的工程。标准的金融工程一般包括:诊断、分析、开发、定价和交付使用等几个运作步骤,其基本过程程序化。总的来说,金融工程就是运用金融市场上现有的金融工具和金融方法,发展创造出新的金融工具和金融方法,为需求者提供解决问题的最佳方案和产品,实现预期目的。其主要特点在于创造性、应用性和目的性。

金融工程师要为客户解决实际问题,必须使用相应的工具,其中实体性工具包括那些可被组合起来实现某一特定目的的金融工具和手段。从一个很宽的层面看,这些金融工具包括固定收益证券、权益证券、期货、期权、互换协议以及由这些基本工具所形成的许多变形。金融手段则包括了如电子证券交易、证券的公开发行和私募、存款登记以及电子资金转移等新型交易机制。实体性工具可以分为现货工具和衍生工具两类,主要以衍生工具为主。

从历史上看,金融工程的思想和实践产生较早,但金融工程发展最具有活力的阶段是在二十世纪七八十年代,在这一时期也是主要衍生工具的产生时间。随着金融自由化的发展和金融市场的全球化,金融创新达到了前所未有的高度,直接促进金融衍生工具和各种风险管理工具的发展,使金融业发生了深刻而又巨大的变化。如果将金融工程看作修建房屋的建设蓝图,那么金融衍生工具就如同钢筋、水泥等具体的实施材料。

(二)金融衍生工具与金融基础工具

衍生工具是指其价值依赖于基础工具变动的产品。金融衍生工具和金融基础工具是相对应的两个概念,两者并无特定的指代。例如,一个公司价值可作为基础产品,以该公司价值为标的的股票则为衍生品;进一步的,以该公司股票价值为基础产品,可衍生出股票期货;再进一步,以该股票期货为基础产品,可衍生出股票期货期权。

金融衍生工具在设计和创新上具有很强的灵活性,这是因为可以通过对基础工具和金融衍生工具的各种组合,创造出大量的特性各异的金融产品。因此,在理解衍生产品和基础产品概念时并未特定指代,应根据实际金融交易来明确两者概念。

三、金融衍生工具的特点

由金融衍生工具的定义可以看出,它们具有下列6个显著特性。

(一)跨期性

金融衍生工具是交易双方通过对利率、汇率、股价等因素变动趋势的预测,约定在未来某一时间按照一定条件进行交易或选择是否交易的合约。无论是哪一种金融衍生工具,都会影响交易者在未来一段时间内或未来某时点上的现金流,跨期交易的特点十分突出。这就要求交易双方对利率、汇率、股价等价格因素的未来变动趋势作出判断,而判断的准确与否直接决定了交易者的交易盈亏。

(二)杠杆性

金融理论中的杠杆性是指以较少的资金成本可以取得较多的投资,以提高收益的操作方式。金融衍生工具是以基础工具的价格为基础,交易时不必缴清相当于相关资产的全部价值,而只要缴存一定比例的押金或保证金,便可对相关资产进行管理和运作。因此,交易者可以凭借衍生工具利用不同市场的价格差异,从低价市场买入,在高价市场卖出从而获利。参与者只需要动用少量的资金,就可以完成现货市场上需要巨额资金才能完成的交易,达到以小博大的效果,财务杠杆的特征非常显著。杠杆性使得金融衍生工具的盈利或亏损成倍地放大。

一方面,金融衍生工具的这种高杠杆的特征,可以降低套期保值的成本。因为套期保值者只需动用少量的资金成本,就可以为规模巨大的资产进行保值或套利。例如,投资者运用股指期货对价值100万元的股票投资进行套期保值,假定保证金比例为5%,那么他只需要投入5万元,这极大地降低了保值的成本。

另一方面,投机者也可以利用金融衍生工具的这种高杠杆特征,使得市场风险成倍地放大,因为他们可以以少量资金进行大规模的投机。事实上,金融衍生工具的投机性质已经远大于其避险功能。1995年,具有200多年历史的英国老牌银行巴林银行倒闭,倒闭的原因之一就是巴林银行超出自身财务承受能力从事过度期货投机交易。巴林银行交易员尼克·里森(Nick Leeson)在股票指数期货中超额交易,投机失败,造成了高达14亿美元的损失,巴林银行就此破产。2007年美国爆发的次级贷款危机由局部风险演变为全球金融风暴是一连串事件的结果,而其中金融衍生工具(如CDO和CDS)就是起推波助澜作用。

(三)联动性

这是指金融衍生工具的价值与基础产品或基础变量紧密联系。通常金融衍生工具与基础变量相联系的支付特征由衍生工具合约规定,其联动关系既可以是简单的线性关系,也可以表达为非线性函数或者分段函数。

首先,金融衍生工具的联动性表现为:金融衍生工具的价值与其标的变量的变动紧密关联。这是因为金融衍生工具的买卖对象是标的物,因此金融衍生工具的价值是标的物价格的函数。金融衍生工具与标的变量之间联动的具体关系由金融衍生工具合约确定,既可以是线性函数,也可以是非线性函数或者分段函数。正因为此特征,金融衍生工具可以用来规避、转移风险,这是金融衍生工具存在和发展的基础。

其次,在现代金融市场,有的金融衍生工具是衍生再衍生、组合再组合的结果,因此多层金融衍生工具之间的价值实际也具有联动性,其中某个金融衍生工具出现违约,极有可能引起其他金融衍生工具违约,导致金融系统性风险。

(四)复杂性

金融衍生工具是把原生商品、利率、汇率、期限、合约规格等予以分解、组合而成,因此对其理解和运用存在一定的难度。当今的金融市场还对期货、期权、互换等金融衍生工具进行重新组合,多次衍生,创造出再衍生工具,其构造更为复杂。金融衍生工具的复杂性首先会造成产品开发设计的烦琐以及定价困难,现在开发金融衍生工具都需要大量采用人工智能、现代决策科学方法、计算机科学技术,并且仿真模拟金融市场的运作,以实现衍生金融产品的设计和精准定价。金融衍生工具这种复杂的特性也会使投资者难以真正了解产品、正确估计风险,同时还会给金融监管带来很大的困难,这也是近年来一系列金融危机产生的一个重要原因。

(五)虚拟性

虚拟性是指证券所具有的独立于现实资本之外,却能给证券持有者带来一定收入的特性。金融衍生工具的虚拟性使其交易大多不构成有关金融机构的资产和负债,成了表外业务。由于绝大多数金融衍生工具在资产负债表内得不到列示,尤其是在金融衍生工具交易占整个金融业务比重有日益增大的发展趋势时,金融机构通过寻求大量的表外业务来改善资产负债结构,提高资产的收益率,从而得以加强其资本基础,扩大盈利水平。

金融衍生市场交易是一种"零和游戏",即一个投资者的利润就是另一个投资者的损失,社会财富不会因金融衍生市场交易的存在而增加。虽然,金融衍生品是在原生金融工具基础上派生出来的一种新型金融工具,它们也有各自的市场价值,但其本身却几乎没有价值。金融衍生品既不代表企业所有权,也不代表企业的债权;投资者既不持有任何一种实际证券,也不持有这些证券的代表物。假如说货币是初级虚拟的金融工具,公司股票和债券是中级虚拟的金融工具,那么金融衍生品完全算得上是高级虚拟的金融工具。

(六)不确定性或高风险性

金融衍生工具产生的直接动因是企业要求"规避风险",风险与衍生工具是与生俱来、不可分割的。金融衍生工具操作得当,可以最大限度地降低基础工具上的风险。反过来,如运作不当,衍生工具则会最大限度地增大企业的风险。市场的变幻莫测和交易者的过度投机,使许多人获得巨额利润,也使许多参与者遭受损失甚至破产倒闭。

根据巴塞尔银行委员会的联合报告,金融衍生工具涉及的主要风险如下。

1. 市场风险(Market Risk)

即因市场价格变动造成亏损的风险。这里的市场价格变动包括市场利率、汇率、股票、债券行情变动。虽然衍生工具设计的初衷是要规避上述风险,但由于衍生工具将社会经济中分散的风险全部集中在少数衍生市场上释放,所以风险更大。如汇率风险、利率风险等。

衍生工具的市场风险包括两部分:一是采用衍生工具保值仍未能完全规避的价格变动风险;二是衍生工具本身就具有很高的价格变动风险。由于杠杆作用,衍生工具具有很强的"收益与风险放大"功能,对基础工具市场的利率、汇率以及指数等变量具有高度的敏感性,它反映基础市场价格变动的幅度也很大。

2. 信用风险(Credit Risk)

亦称履约风险,即交易对手无法履行合约的风险。这种风险主要表现在场外交易上。在交易所场内交易中,任何一个交易者的交易对象都是交易所或清算所,交易所都制定有严密的履约、对冲及保证制度,即使出现部分交易者违约的情况,交易所也能代其履约,所以能保证交易的顺利进行。但在远期、互换这些场外交易中,违约风险是双向的,只要一方违约,合约便无法执行。银行或安排交易的公司只是充当交易中介人,能否如期履约完全取决于买卖双方的资信,容易发生信用风险。

3. 流动性风险(Liquidity Risk)

指衍生工具持有者无法在市场上找到出货或平仓机会所造成的风险。流动性风险的大小取决于合约标准化程度、市场交易规模和市场环境的变化。对于场内交易的标准化合约(如期货、期权)来说,由于标准化程度高,市场规模大,交易者可随时根据市场环境变化决定运作方式,流动性风险较小,但是场外交易的衍生工具中,每一张合约基本上都是"量体裁衣""度身订造"的,所以没有一个可流通转让的市场,很难转售出去,流动性风险较大。

4. 操作风险(Operation Risk)

即因人为错误、交易系统或清算系统故障而造成损失的风险。操作风险本质上属于管理问题,并在无意状态下引发市场风险和信用风险。这些问题的出现会导致交易者损失,安排交易的机构形象受损。

5. 结算风险(Settlement Risk),又称交割风险

即交易对手无法按时付款或交货所造成的风险。多数结算风险是由时差和结算方式不同所导致的,但有时也会由交易对象本身的性质所引发。例如在利率互换交易中,可能出现一方每一季度支付一次浮动利息,而另一方则每年支付一次固定利息的情况。这样,当一方已支付了三个季度的利息,而另一方在期满不能履约付息时,已付利息就变成了损失。

6. 法律风险(Legal Risk)

指因合约无法履行或草拟条文不足引致损失的风险。由于衍生工具在不断创新中,各国的法律条文难以及时跟上,一些衍生交易的合法性也难以保证,交易双方可能因找不到相应的法律保护自己而遭受损失。发生纠纷时,也可能找不到相应的法律加以解决。而且,由于逃避法规管制也是部分衍生工具的设计动因,所以这些衍生工具可能故意游离于法规监管之外。另外,法规制定者对衍生工具的了解与熟悉程度不够或监管见解不尽相同,也会导致衍生工具无法可依。

其实,上述6种风险还不能囊括衍生交易中的所有风险。这些风险是金融衍生工具市场经常存在并时刻困扰着交易者的,由于它们的存在是由衍生工具本身所决定的,故而不能彻底排除,只能加以防范,尽量降低风险程度。

四、金融衍生工具的作用

金融衍生工具具有跨期性、杠杆性、联动性、复杂性等特点,在促进金融经济发展的同时,也不可避免的带来了风险,冲击着传统的金融体系。作为一柄"双刃剑",伴随着衍生工具的巨大发展和过度的投机热,金融衍生工具的负面效应也暴露出来。1995年2月,有230多年悠久历史的英国著名投资银行——巴林银行,因其新加坡主管尼克·里森在

金融衍生交易中造成 14 亿美元的巨额亏损而宣告倒闭;几乎同时(1995 年 3 月)我国国内出现上交所"'327'国债期货风波";2008 年美国次贷危机再次因为信用衍生品爆发全球性金融危机。至此,金融衍生市场的高风险性和投机行为导致的巨大破坏作用给人们以极大的震撼,引起世界各国金融管理当局、金融投资机构和投资者的高度重视。

与任何事物一样,金融衍生工具也具有两面性,任何工具本身皆无对错,关键在于如何使用。要正确认识金融衍生工具的作用,应持一分为二的观点,从正反两方面加以评价,以正确认识金融衍生工具的积极和消极作用。

(一)金融衍生工具的积极作用

1. 金融衍生工具是风险管理的有力工具

金融衍生工具诞生的原动力就是对风险市场进行风险管理,满足人们规避风险和保值的需求,为投资者提供对冲或套期保值的工具。由于衍生工具的价格是与基础资产的即期价格相关联的,衍生工具可被用来降低或增加持有基础资产的风险,通过使用衍生工具,投资者可以把所承担的价格波动风险予以转移,这样就实现了金融衍生工具的规避风险的功能。衍生工具市场使得那些愿意降低风险的投资者(套期保值者)将风险转移给那些愿意增加风险的投资者(即投机商)。这样每个投资者都得到了其想要的风险水平。其结果是投资者将更多的资金投入到金融市场上,这有益于经济增长,因为更多的公司可以在金融市场上以更低的成本获得资金。许多投资者愿意采用衍生工具而不是基础金融工具进行投机,正是因为衍生工具交易的杠杆性,使其可以以低廉的成本进行风险管理。较高风险厌恶程度的参与者通过交易将风险转移向风险厌恶程度较低的参与者,实现了风险的配置。

2. 增加市场流动性,满足投机套利的需求

由于衍生工具规避风险的作用,衍生市场因而提高了资本运用速度和效率,增强了资本的流动性。我国国债期货交易前,国债发行很困难,现货市场不活跃。引入国债期货交易后,现货交易变得十分活跃。

与传统的融资方式相比,金融衍生工具可以把企业在各个市场的各种不同的有利因素有机地联系起来,进行全球范围的选择,形成最佳的融资条件。首先,金融衍生工具交易成本低,也就是说交易商所需支付的佣金和其他交易成本很少。这使得金融衍生工具市场具有很大吸引力。其次,金融衍生工具市场的流动性大于即期市场。虽然大公司的股票和债券的流动性很强,但是很少能在不产生大的价格变化情况下进行巨额交易。在有些情况下,投资者很容易用衍生工具进行与基础市场相同回报率和风险水平的投资。衍生工具市场的高流动性是源于参与交易的资金要求较少。最后,衍生工具市场允许交易商做空头交易。基础证券市场对空头交易有许多限制,因此,许多投资者在衍生工具市场做空头交易。另外,当市场出现套利机会,衍生工具市场相对容易和低廉的交易成本为套利交易提供了便利,这一方面提高了企业的获利能力,另一方面迅速清除这种套利机会,使金融资产的价格会更加准确地反映其真正的经济价值,提高市场效率。

3. 价格发现

关于未来的信息通常是既昂贵又不准确的,预测未来价格是一个花费巨大的产业。由于金融衍生工具的价格受制于基础产品的价格,再加上市场上大量的潜在买家和卖家自由竞价,形成的价格反映了对于该商品价格有影响的所有可获得的信息和不同参与者的预期,使真正的未来价格得以发现。具体而言,期货和远期合约市场向公众提供了几乎无成本的预测,期权市场虽然没有对未来即期价格作出直接预测,但是它提供了关于价格变化幅度的非常有价值的信息,使我们能够把握基础资产的交易风险。虽然这一论点在不同金融市场上的实证证据还有所争论,但人们一致认为期货合约至少包含有关于未来即期价格的重要信息。所以金融衍生工具能够进行市场预期并且发现价格,是建立均衡价格的一种有效方法。

4. 推动经济信息的传递,有利于资源的合理配置

衍生工具市场集中了一大批造市者,这加剧了金融市场间的激烈竞争,这样一方面刺激了新产品的创新和新市场的开拓,另一方面,市场间的竞争促进了金融产品交易的一体化,大大提高了金融市场的运作效率。他们不停地收集各方面的经济信息,对衍生市场未来的价格趋势作出判断和预期,从而迅速在衍生工具的价格上得到体现,有利于衍生工具的价格形成,提高了信息的透明度。由于衍生市场与原生市场具有高度相关性,因此衍生工具价格也能充分地反映有关经济信息,从而提高原生市场的效率。衍生市场作为对原生市场未来的预期,它能反映原生工具未来预期的收益率,因而可以引导资金从原生市场流向其他高收益率的领域(部门、行业)或回流。因此,衍生市场的价格形成有利于社会资源的合理配置和资金的有效流动。

5. 促进金融市场证券化

资产证券化,其实质是金融机构将低流动性资产转换为高流动性资产的过程,和金融衍生品的发展相伴而生。融资证券化的趋势是国际金融市场上一个重要的结构性变化。衍生工具的出现与发展,对证券化起到了推波助澜的作用。衍生工具的运用在给证券市场创造多样性工具的同时,也为市场参加者提供了更多的选择机会,这自然会推动证券市场的发展。这暗示着由于金融创新的快速发展,实物资产越来越多地被转化为金融资产,而推动证券化的力量主要是风险分担和监管套利。

(二)金融衍生工具的消极作用

1. 高杠杆性会引发过度投机

金融衍生工具具有高杠杆性,这种杠杆效应容易诱发人们"以小博大"的心理,诱使

人们参与投机,带上了很强的赌博性质,过度投机会引起市场的不健康发展,对金融市场的长期稳定发展产生不利的影响。

2. 可能加剧风险,诱发金融危机

金融衍生工具在规避风险的同时,也可能进一步加剧风险。金融衍生工具的杠杆性、虚拟性、风险性以及表外性等因素使得金融衍生工具交易的风险程度大幅提高。金融衍生工具交易风险呈现出如下特点:风险的巨大性、风险事件的突发性、风险的集中性、风险的复杂性以及风险的连续性。

金融衍生工具市场交易量大,交易集中和跨国性交易等特点,使相互联系的交易对手任何一方出现违约或结算问题,都可能引起连锁反应,酿成区域性或全球性金融危机。正是由于这种观点的存在,很多学者都将金融衍生工具归结为2008年全球金融危机的源头,认为正是人们过度进行金融衍生工具的创新和使用,才导致了金融危机的产生,产生极大的不利影响。

3. 增加金融管制难度

金融衍生工具的表外性使得对金融衍生工具进行管制变得非常困难,这是一个世界性的难题,加大了全球金融管制的难度,使得相关部门的监管工作变得更加困难,这样就会影响金融行业的有效、合理发展。

我们应该对金融衍生工具有一个全面的认识,既要认识到其积极有利的一面,也要充分认识到其消极不利的一面,只有这样,我们才能有效地发挥它的积极作用,规避或者减轻它的消极作用,使得金融衍生工具更好地促进金融行业的发展。

案例分析

"3·27"国债期货风波

"3·27"国债期货合约对应的品种是1992年发行的3年期国库券,该券发行总量240亿元,1995年6月到期兑付,交易标的物是9.5%的票面利息加上保值贴补率。"3·27"国库券到期的基础价格已经确定,即票面价值100元加上3年合计利息28.50元,合计为128.50元。但到期的价格还要受到是否加息和保值贴补率高低的影响,市场对此看法不一。因此,对是否加息和通胀率及保值贴补率的不同预期成了"3·27"国债期货品种多空双方的主要分歧。

1995年2月22日晚,财政部发出公告公布了"3·27"国债期货品种具体的贴息办法,证实了"3·27"国库券到期还本付息时,将按同期银行储蓄存款利率计息并实行保值贴补。这对国债期货多头方来说是一个好消息,可却使空头方面临巨额亏损。但是,他们并不甘心承认失败。1995年2月23日下午4点22分后,在短短的8分钟之内,空方的主要代表万国证券公司在并无交易保证金的情况下违规抛出大量的卖单。"3·27"国债期货收盘时价格被打到147.40元。为制止事态的进一步恶化,上海证券交易所做出了"最后8分钟交易无效"的决定,并随后宣布国债期货交易从2月27日开始休市,同时组织协议平仓。

"3·27事件"震撼了我国证券期货界,也引起了管理层的极大关注。国务院责成监察部、中国证监会等部门对这一事件进行长达四个多月的调查。1995年9月20日,监察部、中国证监会等部门公布"3·27国债期货事件"查处结果,认定此事件系一起严重的蓄意违规事件——是在国债期货市场发展过快、交易所监管不严和风险管理滞后的情况下,由上海万国证券公司、辽宁国发(集团)股份有限公司等少数大户蓄意违规操纵市场、扭曲价格、严重扰乱市场秩序所引起的金融风波。

"3·27"风波之后,中国证监会和财政部发布了《国债期货交易管理暂行办法》,其后又出台了《关于加强国债期货交易风险控制的紧急通知》《关于落实国债期货交易保证金规定的紧急通知》《关于要求各国债期货交易场所进一步加强风险管理的通知》等一系列通知。各交易所也采取了提高保证金比例,设置涨跌停板等措施以抑制国债期货的投机行为。但从当时的情况来看,"我国尚不具备开展国债期货交易的基本条件",交易中仍风波不断,并于当年5月10日酿出"319"风波。1995年5月17日,经国务院同意,中国证监会做出了暂停国债期货交易试点的决定。至此,中国第一个金融期货品种在推出30个月后宣告夭折。

案例思考:
1. 国债期货用于管理利率风险的目的是保值还是投机?
2. 分析国债期货的作用,讨论该如何对相关风险进行防范。

第三节 金融衍生工具的类型

金融衍生工具品类繁多,经过不断衍生、组合、创新,衍生工具品种日益复杂化,因而有不同的分类方法。

一、按照基础资产分类

1. 股权类产品的衍生工具

是指以股票指数为基础工具的金融衍生工具,主要包括股票期货、股票期权、股票指数期货、股票指数期权以及上述合约的混合交易合约。

2. 货币衍生工具

是指以各种货币作为基础工具的金融衍生工具,主要包括远期外汇合约、货币期货、货币期权、货币互换以及上述合约的混合交易合约。

3. 利率衍生工具

是指以利率或利率的载体为基础工具的金融衍生工具,主要包括远期利率协议、利率期货、利率期权、利率互换以及上述合约的混合交易合约。

4. 信用衍生工具

是以基础产品所蕴含的信用风险或违约风险为基础变量的金融衍生工具,用于转移或防范信用风险,是20世纪90年代以来发展最为迅速的一类衍生产品,主要包括信用互换、信用联结票据等。

5. 其他衍生工具

例如用于管理气温变化风险的天气期货、管理政治风险的政治期货、管理巨灾风险的巨灾衍生产品等。

表1-3 金融衍生工具按基础资产分类

对象	原生资产	衍生产品
股票	股票、股票指数	股票期货、股票期权合约等;股票指数期货、股票指数期权合约等
货币	各类现汇	货币远期、货币期货、货币期权、货币掉期合约等
信用	信用事件(基础资产所含信用风险、违约风险)	信用互换、信用期权、总收益掉期、信用基差期权和信用关联票据等
商品	各类实物商品	商品远期、商品期货、商品期权等
利率	短期存款/债券、长期债券	利率期货、利率远期、利率期权、利率掉期合约等
其他	天气、选举、时局、消费者物价、GDP指数、房地产指数等	天气指数期货、选举期货、时局变动期货、GDP指数期货、房地产指数期货等

二、按照交易场所分类

1. 场外市场（OTC）交易的衍生工具

是指在场外交易的、分散的、一对一交易的衍生工具。例如利率、外汇、股票及其指数的衍生品交易。

2. 交易所交易的衍生工具

是指在有组织的交易所上市交易的衍生工具，通常有固定交易时间和交易场所。例如利率期货期权、股票类期货期权、外汇期货和期权等交易。

表1-4　场内交易金融衍生品与场外交易金融衍生品的区别

产品设计		场内金融衍生品	场外金融衍生品
产品设计	产品特征	标准化	个性化
	灵活性	小	大
	流动性	高	低
	透明度	高	低
市场参与者		个人投资者、机构投资者、公司	大型金融中介机构、公司
定价方法		估值定价	协商定价
主要风险		市场风险	市场风险、流动性风险、信用风险、结算风险
风险防范机制		保证金制度、当日无负债结算制度、涨跌停板制度、持仓限额和大户持仓报告制度、风险准备金制度、结算担保金制度、强行平仓制度、风险警示制度和风险共担机制	合同或者协商的履约保证金；金融危机后，美国出台了场外市场结算和报告制度
市场监管体系		政府监管与行业自律	以行业自律为主导，官方监管和国际组织合作作为补充
主要满足功能		流动性与规避风险	规避风险

从通用性和公开性角度看，场外市场（OTC）分为直接交易市场和间接交易市场。直接交易市场是指衍生工具的价格信息可以直接从各种公开的媒介和金融信息网络终端获得。衍生工具的结构是市场通用的，其交易是各家金融机构随时都可以提供报价成交的，它的交易对象主要是普通衍生工具，如期权、远期、互换的交易。间接交易市场则完全不同，其内部结构是用专有产品的形式包装起来，不对外公开，其价格是由银行等金融机构向客户提出，客户一般难以在公开市场上找到可供思考的价格标准。这类专有产品实际上就是结构性或复合型衍生工具。目前，国际性大金融机构大多设有结构性衍生工具的设计部门，专门为客户或为自己达到营销目的而设计各种各样的产品。

三、按照金融衍生工具的性质分类

1. 远期合约（Forward contract）

远期合约是一种最简单的金融衍生工具。它是交易双方在合约中规定在未来某一确定时间以约定价格购买或出售一定数量的某种资产。它常发生在两个金融机构或金融机构与客户之间，是一种场外交易产品，包括远期利率协议、远期外汇合约、远期股票合约等，其中远期利率协议发展最快。

远期合约的最大功能在于转移风险。例如远期利率协议，买方可以将未来的利率成本或收益提前锁定，且交易方式简单，交易对象、期限方便灵活，限制少，费用低，是一种应用广泛的、避险增值的金融衍生工具。

2. 金融期货（Financial futures）

期货合约是一种标准化的合约，是买卖双方分别向对方承诺在合约规定的未来某时间按约定价格买进或卖出一定数量的某种金融资产的书面协议，是一种在交易所交易的、用独特的结算制度进行结算的标准化合约，可以说，是远期合约的标准化。它主要包括货币期货、利率期货和股指期货。

金融期货的最主要的功能就在于风险转移和价格发现。风险转移功能是指套期保值者通过金融期货交易将价格风险转移给愿意承担风险的投机者。金融期货之所以能够转移价格风险，就在于金融资产的期货价格和现货价格受相同经济因素的影响和制约，它们的变动趋势是一致的，且现货价格与期货价格具有市场走势的收敛性，即当期货合约临近到期时，两种价格逐渐趋合，价格差接近于0，它是通过套期保值实现风险转移的。价格发现功能是指在一个公开、公平、高效、竞争的期货市场中，通过集中竞价形成期货价格的功能。金融期货之所以具有价格发现的功能，是因为期货市场将众多影响供求关系的因素集中于交易场内，通过买卖双方公开竞价，集中转化为一个统一的交易价格。该价格一旦形成，即刻向世界各地传播并影响供求关系，从而形成新的价格，如此循环往复，价格趋于合理。

3. 金融期权（Financial options）

期权，又称选择权，是一种权利合约，给予其持有者在约定的时间内，或在此时间之前的任何交易时刻，按约定价格买进或卖出一定数量的某种资产的权利，分看涨期权和看跌期权。在这份合约中，买卖双方的权利与义务并不对等。期权的买方是有权利而无义务（只是交纳期权费），而卖方则只有义务却无自由选择的权利。这与远期、期货的买卖双方到期时都必须履约是完全不同的。也就是说，期权与其他衍生金融工具的主要区别在于其他衍生金融工具所产生的风险格局是对称的，即交易双方共同面临和承担几乎等量的风险；而期权交易的风险在买卖双方之间的分布却不对称，期权买方的损失是有限的，不会超过期权费，而获利的机会从理论上讲却是无限的；期权的卖方则正好相反。

期权这种金融衍生工具的最大魅力就在于可以使期权买方利用它来进行套期保值,并将风险锁定在一定的范围内,若价格发生有利变动,期权买方就可以通过执行期权来保护收益;若价格发生不利变动,期权买方则可以通过放弃期权来避免损失。这样,通过金融期权交易,既可以避免价格不利变动造成的损失,又可以在相当程度上保住因价格有利变动带来的收益。所以,金融期权是一种有助于规避风险、获取收益的理想工具。

4.金融互换(Financial swap)

金融互换是指两个或两个以上的当事人依据预先约定的规则,在未来的一段时期内,互相交换一系列现金流量(本金、利息、价差等)的交易。交易各方通过签订互换协议来体现双方的权利,约束各方的义务。据此,互换其实可以看做是一系列远期合约的组合,对于互换的研究也是对远期合约和期货合约研究的延伸。

金融互换作为一种创新的场外衍生金融工具,具有现存的其他金融衍生工具不可比拟的优越性。第一,互换的期限相当灵活,一般为2—10年,甚至可达30年;第二,互换能满足交易者对非标准化交易的要求;第三,也是最重要的是,使用互换进行套期保值,可以省却使用期货、期权等产品对头寸的日常管理和经常性重组的麻烦。

根据基础产品的不同,金融互换可以分为利率互换、货币互换、股票互换和交叉互换等。

上述四类衍生金融工具中,远期合约是其他三种衍生工具的始祖,其他衍生工具均可认为是远期合约的延伸或变形。此外要说明的是,由两种、三种甚至更多不同种类的金融衍生产品及其他金融产品,经过变化、组合以及合成等方式,还可以创造出无限丰富的再衍生产品,如期货期权、互换期权、远期互换等。

四、其他分类方式

按基础金融工具的交易形式不同可分为两类。一类是交易双方的风险收益对称,都负有在将来某一日期按照一定条件进行交易的义务,包括远期合约、期货、互换。另一类是交易双方风险收益不对称,合约购买方有权选择履约与否,包括期权及期权的变通形式:认股权证、可转换债券、利率上限(下限、上下限)等。

按衍生工具的形式可分为两类:一类称普通型衍生工具,或第一代衍生工具、"简单香草"衍生工具(Plain Vanilla),即期货、期权、远期和互换,其结构与定价方式已基本标准化和市场化;另一类是所谓的结构性(Structured)或复合型(Complex)的衍生工具,又称作"奇异"衍生工具(Exotics)。它是将各种普通衍生工具组合在一起,有时也与存贷款业务联系在一起,形成一种特殊的产品。这类产品或方案,是专门为满足客户某种特殊需要而设计的,或是银行出于推销包装目的或自身造市获利目的,根据其对市场走势的判断和对数学模型的推算而制作的。它们的内部结构一般被视为是一种"知识产权"而不会向外界透露。因此,它们的价格与风险都难以从外部加以判断。

第四节 金融衍生工具市场及其发展

一、金融衍生工具市场的概念

金融衍生工具市场是由一组规则(法律、规章、政策)、一批组织(交易所、中介机构、市场参与者)和一系列产权所有者构成的一套机制,而不单纯是进行衍生工具交易的场所。正如我们常说市场建设要软件、硬件同步发展,仅仅把市场理解为交易的场所是十分偏颇的。金融衍生工具市场既包括标准化的交易所交易,也包括非标准化的场外交易(OTC),即柜台交易。

二、金融衍生工具市场参与主体

参加金融衍生工具交易的主要有交易所、政府机构、公司、银行及其他金融机构。根据交易动机,可以分为套期保值者、投机者和套利者。

(一)套期保值者

套期保值(Hedging)是指交易者利用现货市场和衍生工具市场的相关性,用衍生工具市场的盈利去弥补现货市场的亏损,从而达到风险转移或风险规避的目的。衍生工具的种类有很多,套期保值者可以根据现货市场的情况和自身的情况,选择合适的衍生工具进行风险管理。对于这样的交易者我们称之为套期保值者。

企业经营者通过衍生工具市场进行套期保值,锁定风险,放弃对自身有利的价格变动所产生的可能收益。而投机者作为套期保值的对手方,虽然承担了价格风险,但因此获得了价格向自身有利的方向变动时产生的收益。从整个社会来看,衍生工具市场分散和转移了实体经济的风险,有助于在社会范围内更好地分配风险。由于风险管理是衍生工具市场的重要功能,因此衍生工具市场特别是交易所市场,对于套期保值交易和投机交易是分别进行管理的,主要体现在仓位管理和控制方面。交易所为了防止过度投机,一般都会对投机头寸进行限制,但是客户的套期保值头寸一般不受仓位限制,当然交易所会对客户的套期保值业务进行审核,从而防止客户将投机头寸伪装成套期保值头寸。

(二)投机者

投机者与套期保值者最大的区别就是:投机者一般都没有实体经济需求,他们参与衍生工具市场的动机就是获利。正是衍生工具市场提供的获利机会吸引了众多投机者的参与,从而为市场带来了巨大的流动性,成就了衍生工具市场的风险管理功能。仅依靠在实体经济中交易方向相反的套期保值者之间的交易来完成风险规避存在很多障碍,而投机者的存在能让套期保值者很容易地找到交易对手,顺利地完成风险转移。

(三)套利者

我们经常开玩笑说,套利者是"胆小"的投机者,这句玩笑话在某种程度上是对的。由于投机交易风险较大,而且经常会发生判断失误的情况,因此交易者就通过建立多头寸策略来回避对方向的判断,从而赚一些相对"稳定"的钱。从事交易多年的高手往往会有这样一种感觉:当市场的单边趋势非常明显,投机者大赚特赚的时候,做一个套利交易者就会显得有点郁闷,而当市场趋势扑朔迷离的时候,套利者就如鱼得水。由此看来,交易都是一种修炼,坚持自己的投资风格并且不随意切换交易者角色不是一件容易的事情。当然,更可怕的事情不是交易者的角色在投机者和套利者之间切换,而是我们此前讲到的交易者的角色从套期保值者切换成投机者。

根据参与交易的作用和合约交易的不同流程,可把他们分为合约供给方、中间商和最终用户三类。

1.合约供给方

衍生工具是对金融基础工具进行未来交易的约定。因此,设计这种约定,并以契约的形式把它推向市场的机构就是合约设计者。如交易所设计标准的期货、期权合约,银行设计结构性衍生产品等。

2.交易中间商

指单纯以撮合衍生工具交易,收取手续费的经纪机构,如交易所及其入席位的经纪商,场外交易的金融机构等。在早期的衍生工具交易中,中间商主要是为客户寻找相应的对手客户,然后让他们自己完成交易,中间商不承担任何交易中存在的风险。但随着衍生工具交易的标准化和市场化,中间商为了扩大其业务量,就把原来由客户自行成交的交易演变成由中间商分别与客户成交的两个交易。这两个交易对中间商来说是一买一卖的互相对冲。例如,交易所内的交易都是客户与交易所成交的,但实际上所有买卖都在客户之间平衡。这种交易形式使中间商面临着客户违约的信用风险和相应的市场风险。对于进行场外交易的一些大中商间,如银行,因其经营衍生工具的业务规模很大,应用金融专业技术的能力很强,他们在开拓中间业务过程中,发展了一些新的经营手法。一种是临时库存法,即对一个客户的交易要求,银行可以在尚未找到交易对象时,先与之成交。但同时,利用银行自己的金融工具,如远期、现货的买卖等,将客户交易的风险临时固定住,然后再到市场上去寻找可以用来对冲的交易。另一种称为净头寸控制法,即银行把其所有下属机构的衍生工具交易都集中放在一个盘里,通过组合对冲,算出盘内的总交易的净头寸,然后,再对这遗下的净头寸进行风险控制或交易平衡。

3.最终用户

非以代理或经纪为目的而进行金融衍生工具交易的都可归为最终用户。其交易的动机有两类。一类是出于外部需求的,如获取交易利润,影响市场走势等。另一类只考虑内部的需要,如控制各种风险,降低融资成本等。

在目前的市场中,由于普通衍生工具已成为一种市场定型的通用交易契约,实际上已不存在制造者了。作为衍生市场发展主要推动力的金融机构,往往一身兼数职。既是新的衍生产品的制造者,又是推销各种衍生物的中间商,同时也是参与市场交易的投机者和造市者。

三、金融衍生工具市场的功能

(一)规避风险功能

金融衍生工具诞生的原动力便是风险管理。它可以将市场经济中分散在社会经济每个角落的各种各样的风险集中在期货、期权市场或互换、远期等场外交易市场上,将风险先集中,再分割,然后再重新分配转移。金融衍生工具市场可以使套期保值者通过一定方法规避掉正常经营中的大部分风险,从而能专心于生产经营。而且,由于金融衍生工具交易的杠杆比率非常高,可以使套期保值者以极小的代价,占用较少的资金实现有效的风险管理。

(二)价格发现功能

价格发现功能是指衍生工具市场能够预期未来价格的变动,价格发现具有预期性、连续性、公开性和权威性的特征。金融衍生交易市场集中了众多的交易者,以公开竞价达成协议,这种形式接近完全竞争市场,可以在相当程度上反映出交易者对价格走势的预期,各类信息高度聚集并迅速传播,因此价格机制更为成熟和完善,使真正的未来价格得以发现。同时,市场之间或不同金融工具之间的各种套利行为增加了不同金融衍生工具市场和不同国家市场间的联系,有利于加强市场的竞争,缩小买卖差价,修正某些单一市场的不正确定价。

(三)资产配置功能

在发现未来价格之后,一方面,这一价格通过各种方式传播到各地,成为指导生产,合理配置社会生产要素的重要依据。这一价格信号用于配置资源的效果要优于用即期信号安排下期生产、消费。另一方面,金融衍生工具市场的价格是基础市场价格的预期,能反映基础市场未来预期的收益率(或利润率),当基础市场的未来预期收益率高于社会平均资金收益率时,社会资金就会从低收益领域流向高收益率的基础市场;反之,则从基础市场流向其他高收益领域。

(四)增强市场流动性,稳定基础金融市场

虽然金融衍生工具一般不具备筹资功能,但金融衍生工具市场的风险转移进一步提高了资金转移和运用的效率。

四、金融衍生工具的产生与发展

(一)金融衍生工具产生的历史逻辑——基于资本所有权形态演化视角

金融衍生工具的产生与资本市场的发展阶段有着紧密的联系。衍生工具绝不仅仅是现代资本市场风险管理领域的创新,它的产生和发展对公司和资本所有权在一般意义上的理解提出了新的挑战。衍生工具的所有权既不代表拥有公司的部分资产,也不代表拥有公司的部分股票,但它代表对公司(或公司组合)的资产价值以及资产价值的变化的所有权。衍生工具虽然不对传统意义上的资本拥有直接和间接的所有权,但它对资本的某些属性(如价格)拥有所有权。股票衍生工具的产生,使衍生工具的交易者在即使不拥有交易公司股票的情况下,也可以交易并享受(或承担)公司经营带来的价值增减。衍生工具打破了以往不同资本存在形态的独特性,而突出了不同资本形态的共性,即资本的逐利性和竞争性。

理解衍生工具作为一种资本形态,可以从资本所有权形态的三个阶段(或三个层次)分离演化的历史分析入手。

1.第一次分离

资本所有权的第一次分离是农民与土地等生产资料的分离,是从封建制度下自给自足的经济形态向资本主义发展初期以工厂为代表的集中生产的转变。资本的所有权意味着对生产资料和生产过程的拥有和控制。工厂主(一般是个人或家族)拥有对资本的所有权,资本以工厂的形式相互竞争。

资本所有权第一次分离的意义在于资本所有权概念被第一次注入了竞争的基因。因为资本(土地、设备等生产资料)和农民(甚至奴隶)不再是封建领主任意处置的附属,

他们开始变得可以流动和能够产生更高的收入。而资本所有权本身已经无法保证企业盈利,工厂主(资本家)必须通过技术和商业模式的创新以及对劳动力的管理和竞争,去实现商业上的成功。

2.第二次分离

资本所有权的第二次分离是指公司的所有权与生产经营的分离,资本以公司的形式相互竞争。资本所有权的第二次分离与生产规模的扩大和股份公司的产生有关。资本所有权以法人股权的形式出现,股权投资者分享公司的盈利,并拥有对公司的正式但非直接的控制权。

股份公司的产生对经济发展的革命性意义自不必说,它使资本所有权的概念模糊化了(相对于第一次分离),即资本的所有人(股东)和资本的管理人(职业经理人)同时成为资本所有权的化身。究竟谁是"资本家"已经不那么明晰,也没必要,因为二者的结合高度体现了资本的核心逻辑:资本的竞争和增值。而资本增值的责任(控制和管理)是由投资者和管理者共同承担的,也是股份公司的唯一目的。

股份公司的发展从三个角度强化了资本的竞争。一是,股份公司使竞争的逻辑更为明确。在股份公司制度下,利润最大化已经不是工厂主自主选择的个人偏好,而成为股份公司管理人的终极目标。投资者资本所有权的回报只有通过确保公司管理人努力实现利润最大化才能得以体现。因此,公司的竞争意识更强,目标更明确。二是,股份公司的融资功能使得扩大资本和生产规模成为可能。这加速了18、19世纪工业革命进程,奠定了欧美发达国家的经济基础。因此,股份公司的产生扩大了竞争的规模。三是,股份公司使资本的灵活性极大提高。股份公司的发展和股票市场(二级市场)几乎是共生的。这使得资本的所有权具有了前所未有的流动性,并使得股份公司可以无限期地存续和发展。更重要的是,资本所有权的流动性使公司的盈利能力得以在一个公开的平台上被比较、定价和交易。因此,资本所有权的第二次分离为资本的所有权注入了更直接、更强烈、更公开透明的竞争因素。

3.第三次分离

资本所有权的第三次分离是指资本所有权的价格属性和资本的公司属性(公司所有权)的分离,资本以纯粹资本的形式相互竞争。例如,股票衍生工具作为一种新的金融资产,其所有权肯定不同于股权本身。股票衍生工具的所有权仅体现为基础资产的价格属性。所谓的衍生工具所有权实际上是资本所有权的一种新的存在形态。

在资本所有权的第三次分离中,资本的载体不再仅仅是工厂主(第一次分离)或管理人和股东投资人(第二次分离),更多的资本市场参与者,如衍生工具交易员、公司财务官和各类金融投资机构(银行、共同基金、养老基金、对冲基金、量化基金),得以参与衍生工具交易。更广泛的投资者参与进一步强化了资本逐利的内在逻辑——竞争。

竞争的目的并不表现为特定的公司利润的最大化,而是资本价值的最大化。从这个意义上讲,衍生工具所体现的资本竞争并不仅仅是特定公司之间利润最大化的竞争(第二次分离),而是资本相对价值的竞争。这种相对价值的竞争是对不同形态的资本及其盈利潜力跨时间和跨空间的价值比较。因此,衍生工具作为资本的一种新的存在形态,带有与生俱来的、更强的竞争性。

股份公司的融资功能和在二级市场上实现的股权交易,大大提高了资本的规模和交易的灵活性,并使现代大规模生产和经济的持续快速增长成为可能。而衍生工具本身的灵活性,交易制度的灵活性和交易主体的多元性,则成为衍生工具交易规模快速扩大的直接原因。而衍生工具交易规模的快速成长,反过来也强化了其在资本市场运行中的地位和作用。

(二)金融衍生工具的发展脉络——基于金融创新视角

根据熊彼特的创新理论,创新既包括技术创新,即人与自然之间物质变换方式的更新;又包括制度创新,即社会生产的组织方式和相应的生产关系变动。金融创新亦然。从一般的意义上理解,任何提高金融过程和金融体系资源配置效率的非平凡的改进都可以称之为金融创新(Financial innovation)。它既包括金融领域里的技术革新,也包含制度方面的创新。现代金融创新大致分为三个阶段:第一阶段从20世纪60年代中期到1971年,该阶段创新的驱动因素是逃避管制;第二阶段是1973年到20世纪80年代中期,该阶段的关键词是波动率和衍生产品;第三阶段是从20世纪80年代中期开始,并一直持续到现在,该阶段的关键词是金融工程和混业经营。但毫无疑问,金融衍生产品无疑是现代金融创新的主流和核心。

1973年中发生的一系列重大事件,足以使得该年度成为现代金融创新史的里程碑。是年3月,布莱克(Black F.)和斯科尔斯(Scholes M.)发表关于期权定价的重要论文。同年4月,布雷顿森林体系(Bretton woods system)彻底崩溃,各主要工业国家先后开始实行浮动汇率制度;当月芝加哥期权交易所(CBOE)第一张期权合约开始公开交易。同年10月,第一次石油危机爆发。这绝不是巧合,它再次验证了马克思的朴素真理:"问题和解决问题的手段一起产生。"

一般而言,人们把现代金融衍生产品的迅速繁荣,归因于对风险保险的急迫需求和现代技术的革命。布雷顿森林体系的崩溃,使得外汇汇率的波动陡然加大,人们突然暴露在巨大的汇率风险下。习惯在过去固定汇率制度下开展业务的跨国公司和金融机构发现:原本有利可图的生意变成巨额的亏损。随即各国中央银行都开始使用利率作为稳定汇率和调节经济的重要手段。根据主流宏观经济学的理论,开放经济条件下,汇率与利率是紧密相关的,市场剧烈动荡的时候,这一点尤其显著(例如东南亚金融危机、次贷危机表现出来的那样)。随着经济开放程度的加大,利率变动也就变得更加难以琢磨了。整体经济波动的不断加剧,使得人们对于既能避免风险又能有利可图的金融产品热情高涨。而传统的证券组合管理,因为其大量的资本投入和对于系统风险(System Risks)的无能为力,越来越显得笨拙和过时了。再加上计算机和远程通信技术的发展,高效的数据处理和即时的信息传播使得在大范围内获取数据和快速交易成为可能,这一切都促使衍生产品交易大行其道。

另外值得一提的是,席卷西方各主要工业国家的放松管制和金融自由化的潮流,导致了向自由放任老传统的归复。不断加剧的市场竞争,使得银行业传统业务项目利润不断萎缩和银行经营风险加大。而这又使巴塞尔协议产生了对银行自有资本充足率的强制要求。这便迫使银行和其他金融机构寻找能够规避资本金储备要求的表外业务(Off-Balance Sheet Business),并以此作为他们的主要利润来源。期权及其变种产品作为其中最重要的部分也就越来越多得到青睐和追捧。

有趣的是,那些主要创新衍生产品基础模块(Building block),并不是真正意义上的新东西。远期(Forwards)和期货(Futures)交易,即在现在时刻就确定未来交换商品的数量和价格的交易方式,在古代希腊和罗马时代就存在了。

第一个有组织的商品(期货)交易所出现在18世纪的日本。美国第一个商品现货/期货交易所,是出现在1848年的芝加哥期货交易所(CBOT)。现代期货合约在1860年左右出现在CBOT。第一份金融期货合约是在1972年出现在国际货币市场(IMM)的外汇期货,第一个交易日成交了400个合约。第一份利率期货合约,是于1975年出现在CBOT的政府国民抵押贷款协会的利率期货。1981年出现在IMM的欧洲美元长期储蓄期货,是第一份用现金结算(Cash Settlement)的合约。1982年,一项引人注目的创新出现在堪萨斯交易所(Kansas City Board of Trade):价值线(Value Line Index)股票指数期货(Stock Index Futures),当日成交量为1768个合约。

作为金融创新核心产品的期权,也是一种相当古老的金融产品,根据一些金融文献的考古研究,早在古希腊亚里士多德时代便有了期权的交易。很难说不是巧合,现代期权的实践和理论上的重大突破都发生在1973年。这年4月26日,美国芝加哥贸易委员会成立了芝加哥期货交易所(CBOT),开始了齐全的正式交易所集中交易。当天在CBOT的一间餐厅中,16支个股的标准化欧式看涨期权开始交易,首日交易量为911个合约。尽管场外交易(OTC)已经有几千年的历史,正是这一举措才真正使得期权交易流行起来。一整套严密的交易制度被制定出来,例如期货交易类似的保证金制度(Margin System)、盯市制度(Mark to Market)、清算所制度(Clearing House)、专家做市(Specialist Market Maker)等,进而保证了期权交易的顺利进行。

再晚些时候(1977年),看跌期权也出现了,1979年货币期权出现在OTC市场上。进入20世纪80年代后,创新的步伐明显加快了。1981年出现了长期政府债券期权,曾经一度被美国国会禁止的期货期权合约,也于1982年重新回到市场。1983年出现了利率上限和下限期权、中期政府债券期权、货币期货期权、股票指数期货期权,1985年则是欧洲美元期权、互换期权,1987年平均期权、长期债券期权、复合期权,1989年上限期权等。伴随着持续的品种创新浪潮,期权市场规模也经历了一个飞速发展,然后慢慢地走向成熟的过程。

到了20世纪90年代,金融脱媒、信用危机及金融自由化浪潮等因素,为转移、控制或对冲信用风险提供可能,产生了信用衍生工具。信用衍生工具市场始于1994年,埃克森美孚(Exxon)石油公司因为石油泄漏被罚款50亿美元,JP摩根(JP Morgan)为其提供48亿美元的信贷额度,JP摩根与欧洲重建与发展银行做交易以出售风险,从而降低了应对违约风险所需的准备金。2001年由于保险公司等参与者进入、市场设施完善、工具种类拓展、标准化文本颁布等因素,信用衍生工具市场规模同比增长迅速。

进入21世纪以来,金融衍生工具的发展体现在衍生品标的的多样化上。1999年芝加哥商业交易所推出了天气衍生品,即以取暖指数和制冷指数为标的的期货和以该期货为标的期权。2003年出现了OTC事件衍生品,2006年推出了住房衍生品。随着比特币等虚拟货币的产生和发展促使新的数字资产衍生品的诞生。比特币衍生品交易所于2014年推出比特币期货,随后2017年CBOE和CME也纷纷推出比特币期货。近年来,随着金融科技的兴起,基于区块链并利用数字货币结算的金融衍生品交易所正处于起步摸索阶段。

第五节 金融衍生工具发展现状及趋势

一、国外金融衍生工具市场发展状况

在美国,随着金融衍生工具市场的不断扩大,各类机构不断加入其中。时至今日,金融期货产品已经占据芝加哥商业交易所总成交量的98%,芝加哥商业交易所也从当初的一个二流农产品期货市场,发展成为全球最大的金融期货市场。凭借着全球金融衍生工具交易近40%的份额,美国成为世界规模最大、创新最为活跃的金融衍生工具市场,成为全球商品、金融交易的中心和定价的中心,并引领着全球各地金融衍生工具的发展趋势。

在欧洲,随着1982年9月伦敦国际金融期货期权交易所(LIFFE)的正式开业,欧洲的金融衍生工具市场迅速壮大。随后的欧洲金融自由化改革,各国纷纷成立衍生工具交易所;欧盟正式成立后,为了适应欧元区经济体、泛欧金融市场的形成,欧盟各国自身交易开始相互合并,衍生工具交易所之间、证券与衍生工具交易所之间不断合并,成立

交易所集团;进入21世纪,电子交易更加普及,全球化趋势不可阻挡,金融衍生工具市场的发展壮大更加迅速。近年来,欧洲衍生工具市场尤其是金融衍生工具市场的发展不断加速,超过了证券现货市场,成为欧洲资本市场最具活力的增长点。

除了美国、欧洲以外,还有很多发达金融市场,包括新加坡、印度、日本、韩国、墨西哥、澳大利亚、巴西等。经过近50年的发展,全球都在积极接受金融衍生工具。

二、我国金融衍生工具市场的历史沿革

1990年,我国第一个商品期货市场——郑州粮食批发市场成立,首次引入期货交易机制,接着国内各类交易所迅速成立,一度达到50多家,期货经纪机构达到1000多家。但是,当时的市场环境极不成熟,衍生工具市场没有明确的行政主管部门,期货市场的配套法律法规严重滞后,市场参与者的金融知识缺乏,违规投机事件屡屡发生,引发了一系列经济纠纷和社会问题,衍生品市场一度停滞。

2006年,中国金融期货交易所在上海落户,随着经济的发展和市场环境的变化,2010年推出了股指期货,2013年以来金融衍生工具市场发展迅速,各种金融衍生产品业务都有了大幅度的增长,在政府的主导推动下确立了以"服务实体经济"为宗旨,包括"穿透式"监管模式在内的"五位一体"监管体系,相应的法律法规和监管制度不断完善,形成了独特的监管理念和制度方式。2020年,疫情影响下的全球金融市场剧烈波动导致避险需求上升,据中国期货业协会数据,当年中国期货市场成交量为61.53亿手(单边,下同),创历史新高,成交额为437.53万亿元,同比分别增长55.29%和50.56%。

但是,对比国际金融衍生工具市场,我国的金融衍生品市场还存在着诸多观念认识、制度建设等方面的约束,难以完全适应经济高质量发展的要求,中国金融衍生产品市场无论是在时间上还是发展程度、发展速度上都还远远落后于发达国家。虽然近些年中国金融期货交易所陆续推出了各类金融衍生产品,如权益类的沪深300股指期货、上证50股指期货、中证500股指期货、沪深300股指期权,利率类的2年期、5年期、10年期国债期货等,但我国金融衍生工具市场整体规模还明显偏小,结构失衡问题仍比较突出,品种结构较为单一,品种创新还很不够,投资者结构有待进一步完善,中介机构实力仍有待提高。

从国际经验来看,衍生金融工具的发展是基于健全的基础金融工具市场,衍生金融产品进入中国也遵循这一规则。1984年,中国人民银行独立行使中央银行职能,拉开了中国金融体制改革的序幕。20世纪90年代初,上海和深圳证券交易所相继成立,标志着中国股市的建立。后来,在股市先进的交易网络系统的帮助下,一个统一的国债流通市场开始形成。此后,股票和证券市场日益增长,为金融衍生品交易提供了良好的环境和条件。经过前期实践和规范整顿,目前,我国已形成比较完善的金融衍生品市场,包

括期货市场、权证与期权市场、利率衍生品市场和汇率衍生品市场。

早在新中国成立之前,我国已经有期货交易的萌芽,但由于政局动荡,期货市场未能成型。改革开放后,中国期货市场发展大致经历了如下几个阶段。

(一)自主探索阶段

1990年10月12日,郑州粮食批发市场以现货交易为基础,引入期货交易机制,作为中国第一个商品期货市场起步。1991年6月10日,深圳有色金属交易所宣布成立,并于1992年1月18日正式开业。同年5月28日,上海金属交易所开业。1992年9月,中国第一家期货经纪公司——广东万通期货经纪公司成立,随后,中国国际期货公司成立。截至1994年底,中国已建成50多家期货交易所、1000多家期货经纪机构和近50个期货交易品种。这一时期,期货市场的快速扩张导致期货市场违规行为频发。

(二)第一次治理规范阶段

针对期货市场盲目发展和事故频发的状况,1993年11月4日,国务院发布《关于坚决制止期货市场盲目发展的通知》,明确"规范起步,加强立法,一切经过试验和严格控制"的原则,标志着期货市场第一次清理整顿的开始。这次整顿主要围绕建设期货市场的监管架构以及清理整顿期货市场这两方面展开,缩减期货交易所规模,由原来的50多家缩减到14家,暂停一部分期货品种的交易,并清除境外期货交易和外汇现金交易。

(三)第二次整顿规范阶段

1997年12月,中共中央、国务院《关于深化金融改革,整顿金融秩序,防范金融风险的通知》中明确指出,继续整顿、撤并现有期货交易所和期货经纪机构。1998年8月1日,国务院下发了《关于进一步整顿和规范期货市场的通知》,明确了期货市场"继续试点,加强监管,依法规范,防范风险"的十六字原则,要求中国证监会对期货市场实施第二次治理整顿。为此,管理层对期货交易所、期货经纪公司、交易品种等进行了再次调整:通过撤销及合并,将交易所精简为3家;继续压缩交易品种;对期货公司进行清理整顿;加强了立法工作;理顺了监管体制。2000年12月,中国期货业协会正式成立,标志着中国期货行业自律组织的诞生,将新的自律机制引入到中国期货行业的监管体系。至此,规范发展成为中国期货市场的主题。

(四)规范发展阶段

在国家两次规范之后,中国期货市场进入了规范发展的新阶段。2006年,中国金融期货交易所成立;2013年,上海国际能源交易中心成立;2021年,广州期货交易所成立。截至2022年末,我国有郑州商品期货交易所、上海期货交易所、大连商品交易所、中国金融期货交易所、广州期货交易所5家期货交易所和上海国际能源交易中心,共有76个期货交易品种上市交易,包括一般商品期货和金融期货。

三、我国主要金融衍生工具发展现状

(一)期货市场

2022年全年,我国期货市场累计成交量为67.68亿手(单边),累计成交额为534.93万亿元,占全球总成交量的8.07%。上海期货交易所成交18.2亿手和141.3万亿元;上海国际能源交易中心成交1.2亿手和40.04万亿元;郑州商品交易所成交23.98亿手和96.85万亿元;大连商品交易所成交22.75亿手和123.73万亿元;中国金融期货交易所成交1.52亿手和133.04万亿元;广州期货交易所成交193,636手和158.40亿元。

表1-5 中国大陆地区期货交易所一览表

期货交易所	成立时间	上市品种
郑州商品交易所	1990年10月	普通小麦、优质强筋小麦、早籼稻、晚籼稻、粳稻、棉花、棉纱、油菜籽、菜籽油、菜籽粕、白糖、苹果、红枣、动力煤、甲醇、精对苯二甲酸(PTA)、玻璃、硅铁、锰硅、尿素、纯碱、短纤、花生(23)
上海期货交易所	1991年5月	沪铜、国际铜、铝、锌、铅、镍、锡、黄金、白银、线材、螺纹钢、不锈钢、热轧卷板、原油、低硫燃料油、燃料油、石油沥青、天然橡胶、20号胶、纸浆(20)
大连商品交易所	1993年2月	玉米、玉米淀粉、粳米、黄大豆1号、黄大豆2号、豆粕、豆油、棕榈油、鸡蛋、生猪、纤维板、胶合板、聚乙烯、聚氯乙烯、聚丙烯、乙二醇、苯乙烯、焦炭、焦煤、铁矿石、液化石油气(21)
中国金融期货交易所	2006年9月	2年国债期货、5年国债期货、10年国债期货、沪深300股指期货、中证500股指期货、中证1000股指期货、上证50期货(7)
广州期货交易所	2021年4月	工业硅(1)
上海国际能源交易中心	2013年11月	国际铜、原油、低硫燃料油、20号胶(4)

资料来源:各期货交易所官网

(二)权证与期权市场

1992年6月,沪市推出大飞乐股票配股权证,标志我国开始权证交易,但由于定价机制不完善,权证市场反应平淡。1996年6月底,有关权证政策方面的混乱引发了过度投机行为和价格的暴涨暴跌，整个权证市场（除B股配股权证外）被迫关闭。到2005年8月，伴随着宝钢权证紧锣密鼓地推出，权证作为股权分置改革的对价支付手段重新进入交易所交易。从2005年到2011年，我国权证市场总共有18只认沽权证，37只认购权证。权证具有杠杆性能和做空性能，权证市场投资者追求高的有效杠杆比率，权证杠杆提高过快，而中国权证市场在当时定价机制不完善、回转交易量较大，呈现"末日"现象。2011年，随着"末代权证"长虹CWB1最后交易日的结束，作为股改手段的权证再次退出我国金融衍生市场的舞台。

2015年，上海证券交易所决定推出期权产品——50ETF期权，标志我国正式进入期权时代。经过七年多的发展，到2022年，我国拥有33个期权品种，包括25个商品期货期权、6个ETF期权和2个股指期权，涵盖金融、农产品、能源、化工、黑色金属、有色金属、贵金属等板块。

（三）利率衍生产品市场

由于我国利率在相当长的时间受到严格管制，我国利率类衍生工具发展比较滞后，目前我国利率类衍生工具主要有债券远期、人民币利率互换交易、远期利率协议、国债期货以及利率期权等。2005年始，我国进一步放开金融机构同业贷款利率，开启利率市场化进程。

2005年5月，中国人民银行制定并发布《全国银行间债券市场债券远期交易管理规定》，推出首个银行间利率衍生产品——人民币债券远期交易，标志着我国利率衍生产品市场迈出开创性一步。2006年1月24日，人民币利率互换交易试点工作逐步展开。2007年9月，人民银行发布《远期利率协议业务管理规定》；11月，人民币远期利率协议业务正式开始交易。自此，我国金融衍生工具市场逐渐丰富起来。

2013年9月，中国金融期货交易所重新推出国债期货合约。2015年，开始交易标准债券远期产品，全年共达成交易83笔，成交量19.6亿元。2019年8月，中国人民银行公布关于贷款市场报价利率（LPR）的一系列改革政策。2020年3月，外汇交易中心推出挂钩LPR的利率期权产品，品种涵盖上限期权、下限期权和利率互换期权。利率期权的推出，标志着我国场外利率衍生品市场的基础产品序列与国际市场完全接轨。

（四）外汇衍生品市场

外汇衍生品具有规避汇率风险的功能，可以帮助银行和企业规避很多不该承担的风险。我国外汇衍生品市场包括人民币远期、人民币外汇掉期、人民币外汇货币掉期、人民币对外汇期权等。

2005年8月10日，中国人民银行允许符合条件的市场主体开展远期外汇交易，且具备一定资格的主体可以开展掉期交易。2006年4月，开放人民币与外币掉期交易。2007年8

月,允许开办人民币外汇货币掉期业务。2011年推出人民币对外汇的期权产品。至此,国内外汇衍生品工具品种基本完善。

2021年,我国远期外汇交易金额为60035亿元;外汇和货币掉期交易金额为1320551亿元;期权外汇交易金额为79839亿元。

本章小结

本章为金融衍生工具的概述,介绍了金融衍生工具的起源和发展,产生的条件。金融衍生工具是指从基础金融工具衍生而来,对未来的交易有杠杆效应,具备时间跨期、联动标的、杠杆交易、构造复杂、虚拟性的特点。金融衍生工具在经济金融中既具有套期保值转移风险、优化资源配置、价格发现、促进金融创新的积极作用,也有引发过度投机、放大风险、增加监管难度的不利影响。

金融衍生工具按照不同的标准可以分为不同类型。按照基础资产划分可分为股权式衍生工具(股票期货、股票期权、股票指数期权、股指期货及上述混合交易合约)、货币衍生工具(远期外汇合约、货币期货、货币期权、货币互换及上述混合交易合约)、利率衍生工具(远期利率协议、利率期货、利率期权、利率互换及上述混合交易合约)。按照交易场所划分可分为场内交易和场外交易产品。按自身交易方法可分为金融远期、金融期权、金融期货、金融互换和结构性产品。

最后,本章介绍了我国金融衍生工具市场发展现状和发展前景,当前金融衍生品在多个领域都有了新的发展。

思考题

1. 金融衍生工具的产生背景有哪些?
2. 简述金融衍生工具的作用。
3. 如何看待金融衍生工具在次贷危机中的作用?
4. 金融衍生工具的分类有哪些?
5. 一家中国出口企业半年后将收到一笔美元外汇,请问,现在这家企业面临什么风险?有哪些金融衍生工具可以进行套期保值?

📖 阅读资料

资管大时代金融衍生品重要性凸显

"碳中和将影响大宗商品长期供需格局受内外共振影响""整体配置逻辑偏向结构性机会""推出外汇期货有助于提高在人民币汇率上的定价权""利用股指期货期权进行灵活调整对冲的空间较大"……7月22日,中信期货2021半年度策略会在上海举行。与会经济学者、产业专家、金融机构代表等围绕大宗商品市场下半年走势、在大类资产配置中的作用、商品与金融场内场外衍生品应用全面爆发等热点话题展开深入分析讨论,现场金句频出。

下半年整体配置机会偏结构性对于下半年资产配置机会,中信期货研究部副总经理张革直言:"受库存、基建等传统变量和外部出口、汇率波动等新增因子影响,叠加全面降准因素,整体资产配置偏向结构性机会。"

张革预计,三季度股票市场重心更偏周期、四季度偏成长。从长期角度而言,新能源、科技板块相关标的值得逢低吸纳。债券市场多头暂时以短期机会为主。商品市场方面,三季度建议关注基本金属多头机会,四季度以整体防御为主。人民币汇率整体以"贬值在前,边走边看"逻辑为主。

中信期货研究部副总经理曾宁则从碳中和角度分析了大宗商品后市格局。"2021年是碳中和元年,碳中和对不同商品的供需将产生不一样的影响。从供给端来看,碳中和背景下,钢材、铝、玻璃等品种产能将受限;从需求端来看,随着新能源汽车以及光伏、风电等清洁能源发展,铜、铝、光伏玻璃、镍等品种的需求将长期增长,钢材的原料铁矿、焦炭、焦煤等需求将长期受限。"

曾宁还指出,尽管原油、动力煤等化石能源的长期需求受限,但短期内供给减量大于需求减量,将使得原油和动力煤价格易涨难跌。

金融衍生品工具应用空间广阔

中国证券报记者在策略会上获悉,伴随金融供给侧改革不断深化,资产管理迎来新时代,财富管理开启新征程,大宗商品市场在大类资产配置中的作用日益凸显,商品与金融的场内场外衍生品应用全面爆发。

在张革看来,在市场整体波动率较低、期权费相对便宜的背景下,期权指数增强空间广阔,当前利用期权进行指数增强性价比较高,当市场行情向上时,期权可以放大收益,起到增强的作用。

张革还表示,目前国内期权市场成熟度持续提升,可以关注期权相对期货的替代策略,利用期权复制期货降低对冲成本,提升套利策略丰富度。对冲方面,在隐含波动率持续回落至近一年多来的低位水平后,当前利用期权对冲的性价比较高,持有现货中长期的投资者,利用股指期货及期权进行灵活调整对冲的空间较大。

对于近期市场关注的外汇期货,张革表示,外汇期货可以有效帮助相关企业提高对汇率风险的防范能力,进而促进实体经济长期健康发展。近年来人民币国际化程度不断提高,海外很多市场都推出人民币汇率期货。期货在资产定价中发挥重要作用,我国推出外汇期货有助于提高在人民币汇率上的定价权。从这一角度来说,我国也需要尽快推出和完善外汇期货品种。

——节选自周璐璐《资管大时代金融衍生品重要性凸显》,有改动

参考文献

[1] 门明.金融衍生工具作用辨析[J].国际贸易问题,1999(8):46-50.

[2] 吴建华,吴红华.浅析金融衍生工具的作用[J].北方经贸,2002(10):72-73.

[3] 叶永刚,黄河.从无套利定价理论看我国国债期货市场的过去与未来——兼析"3·27"国债期货事件的深层次原因[J].经济评论,2004(3):92-96.

[4] 周璐璐,资管大时代金融衍生品重要性凸显[N].中国证券报,2021-07-23(5).

第二章 远期合约

【开篇引言】

外贸兴则市场兴,市场兴则义乌兴。为精准服务全市外贸企业和个体工商户,降低国际贸易环境及疫情对市场主体的影响,浙江省义乌市财政局聚焦外贸结售汇关键节点,探索以政策性担保方式破解市场主体汇率"避险难""避险贵"等问题,稳住全市外贸基本盘。

政企合力避险,降综合成本提外贸效率。义乌市财政局积极协同金融、人行、国资等部门,探索开展"汇率避险保"业务,即由市农信担保有限公司出具最高额保函方式,代替小微企业在银行申请远期结售汇业务时需要交纳的保证金或占用其在银行综合授信额度。截至2022年6月,全市已落地首批7笔"汇率避险保"项下的远期结售汇业务,为企业减免保证金1550万元。随着"汇率避险保"不断扩围,预计可为全市外贸类企业释放流动资金10亿元,每年节省融资成本4000万—6000万元。

"真金白银"奖补,降汇率风险提惠企能力。该局将个体工商户"汇率避险保"纳入财政补贴范围,预计可惠及个体工商户7万家。参与出台政策性融资担保实施方案,根据小微企业汇率避险担保业务的发生数,给予农信担保有限公司1%的风险补偿。近3年,累计投入1900余万元资金用于政策性融资担保风险补偿,有效提升了担保公司服务小微企业的能力。

靶向纾困助企,降担保费用提增信服务。义乌市全面降低政策性融资担保机构综合担保费率,根据战疫情抢发展的若干政策举措,参照公共产品标准,将政策性融资担保机构综合担保费率降至1%以下,并免收小微企业汇率避险增信服务担保费用,更大力度帮助外贸小微企业应对人民币汇率双向波动,规避汇率风险。1—4月,全市进出口总额1429.5亿元,逆势增长55.5%,占全省进出口总值的10%。

——节选自宣仲廉《浙江义乌破解市场主体汇率"避险难"》,有改动

第一节　远期合约概述

一、远期合约概念

远期合约,是一种现在签订的非标准化合约,双方协商约定在未来某一确定日交割一定数量特定资产的交易。远期合约并不能保证投资者未来一定盈利,但投资者可以通过远期合约获得确定的未来买卖价格,从而消除价格风险。在远期合约中,未来将买入标的物的一方称为多头方(Long Position);未来将卖出标的物的一方称为空头方(Short Position)。

一份远期合约应至少包含四个要素:

1. 标的

远期合约的标的是指未来双方交付的对象,根据标的物不同可以分为以实物资产为标的的商品远期合约,以股票、债券、外汇为标的物的金融远期合约。

2. 数量(含质量)

远期合约中双方协商约定到期交割标的物的数量,例如股票远期合约中双方可约定到期买卖某公司股票数量10手。值得注意的是,就标的物的质量也应该约定清楚,例如黄金远期合约中关于标的物黄金的含金量应在远期合约中约定清楚。

3. 时间

远期合约的到期交割标的物的时间,也是远期合约的到期时间。这也是远期合约跨期性的体现,双方现在签订合约,在约定的时间进行交割标的物。

4. 价格

远期合约中规定的未来买卖标的物的价格,称为交割价格。如信息是对称的且合约双方对未来预期相同,合约双方选择的交割价格应使合约价值在签约时等于零。这意味着无需成本就可处于远期合约的多头或空头状态。

> **课堂思考与互动**
>
> 某远期合同约定,甲方承诺在6个月后将支付102万元现金交换面值为100万元的固定利率国债,合同的乙方承诺在6个月后支付面值为100万元的固定利率国债以交换102万元现金。
>
> (1)请判断上述远期合约中的头寸方向?
>
> (2)请分析该远期合约中的四个要素。

二、远期价格和远期价值

1.远期价格

远期价格(Forward Price)是指金融市场现在确定所要交易的某种金融产品的价格，但交易要在未来甚至非常远的未来才履行。远期价格是一个无套利的理论价格，是使远期合约价值为零的交割价格。它与远期合约在实际交易中的实际价格(即双方签约时所确定的交割价格)不一定相等，但一旦理论价格与实际价格不相等，就出现套利(Arbitrage)机会。金融远期交易中最常见的远期价格是远期汇率和远期利率。

2.远期价值

远期价值，是指远期合约本身的价值，它是由远期实际价格与远期理论价格的差距决定的。远期价格等于交割价格时，远期价值为零。因为远期价格指远期合约中标的物的远期价格，它是跟标的物的现货价格紧密相连的。

在合约签署时，一般交割价格等于远期理论价格，此时合约价值为零。但随着时间推移，远期理论价格有可能改变，而原有合约的交割价格则保持不变，因此原有合约的价值就可能不再为零。

3.远期价格和远期价值的关系理解

下面通过一个例子来理解远期合约中的交割价格、远期价格和远期价值的概念。假设有一份股票远期合约，买卖双方约定1个月后以50元购买标的股票。

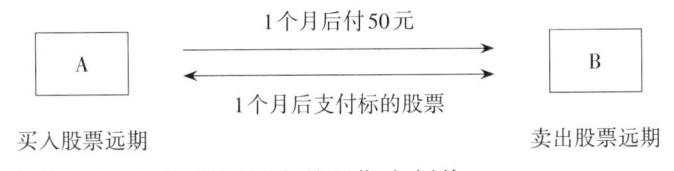

```
            1个月后付50元
    A  ──────────────────▶  B
       ◀──────────────────
            1个月后支付标的股票
买入股票远期              卖出股票远期
```

此时，交割价格(K)=50，即实际约定的远期交割价。

假设现在市场是无套利均衡的，现在市场上同样的股票远期合约价格为55元，那么你赚了还亏了？该合约的远期价值是多少？或者问，如果此时将这份远期合约转让给第三者，多头方应该收(付)多少钱？

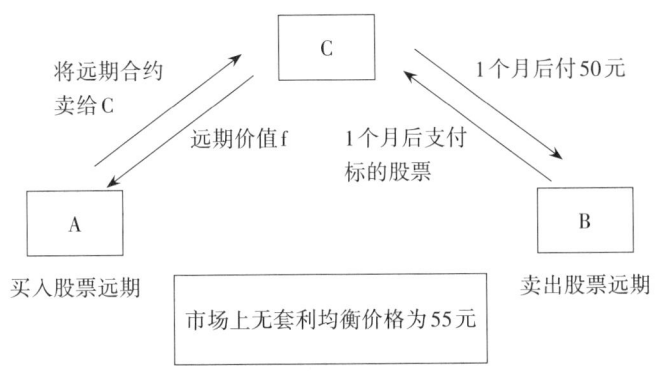

```
                        C
       将远期合约    ╱    ╲    1个月后付50元
        卖给C      ╱      ╲
                 ╱        ╲
           远期价值f    1个月后支付
                        标的股票
         A                    B
      买入股票远期         卖出股票远期
          市场上无套利均衡价格为55元
```

多头的远期价值(f)=(55-50)的现值，即远期合约损益的现值。如果A将该远期合约转让给C，那么C获得这份相对于市场更优惠的合约就需要支付给A费用，这个费用就是远期价值。

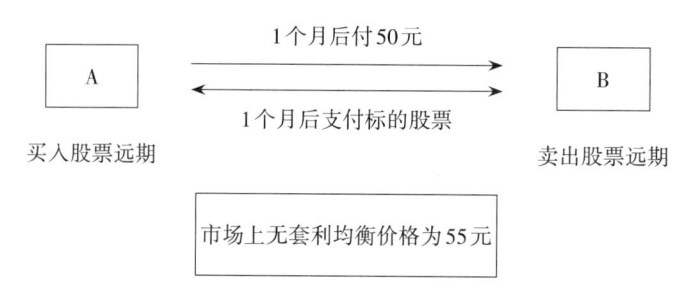

```
                1个月后付50元
        ┌───┐ ─────────────→  ┌───┐
        │ A │                  │ B │
        └───┘ ←─────────────   └───┘
               1个月后支付标的股票
     买入股票远期                  卖出股票远期

           ┌──────────────────┐
           │市场上无套利均衡价格为55元│
           └──────────────────┘
```

综上，此时该远期合约的交割价格（K）=50，即实际约定的远期交割价

远期价格（F）=55，即理论上正确的远期价格

多头的远期价值（f）=（55-50）的现值，即远期合约损益的现值

三、远期合约特点

一是，个性化的非标准化场外交易合约。金融远期合约是通过现代化通信方式在场外进行的，由银行给出双向标价，直接在银行与银行之间、银行与客户之间进行。合约为非标准化合约，由交易双方直接协商后签订，或通过经纪人协商签订。

二是，流动性差，缺乏二级市场。由于合约条款非标准化，远期合约签订适用于交易双方定制而成，不一定适用于其他主体，因此远期约定的流动性较差。

三是，远期合约交易是建立在双方熟悉和信任基础上，信用风险大，缺乏对信用风险的有力约束。金融远期合约交易双方互相认识，而且每一笔交易都是双方直接见面，交易意味着接受参与者的对应风险。

四是，金融远期合约交易不需要保证金，双方通过变化的远期价格差异来承担风险。

五是，金融远期合约大部分交易都选择现金和实物交割。90%以上的远期合约以实物交割，少数采用平仓完成。

课程思政环节

课堂思考与讨论：在远期合约的特点中，交易双方没有保证金要求，是场外交易产品，因此其信用风险相对较高。我们在使用远期合约时应注意什么呢？

思政元素挖掘：

将"大局意识、法治意识、职业道德、金钱观"等思政育人元素融入，引导当代大学生树立和践行社会主义核心价值观。虽然远期合约没有保证金要求，但是交易双方应该本着诚实信用的原则进行交易。

对于金钱,要取之有道,用正当手段赚钱,靠诚实劳动和合法经营的财富是受法律保护的;对于金钱,要用之有益,用之有度,要把钱用到最需要的地方,用于做最有意义的事,花钱要节制,用于做什么要分轻重缓急,能节省的要节省,少花钱多办事、办好事,就能让钱发挥出更大的作用。树立正确的金钱观,指导我们理性地对待金钱,通过合乎道德与法律的正当途径挣钱,把钱用到利于国家、他人的地方,用到有利于自己发展,实现人生价值的地方。树立正确的金钱观,使我们的灵魂更纯洁,道德更高尚,境界和智慧都能上一个层次。

四、远期合约损益分析

决定远期合约损益的关键变量是标的资产的市场价格,下面通过一个例子来加以说明。为方便后面表述,定义符号如下。

T:合约期限,即距远期合约到期的时间。

t:表示当前时间,即签订远期合约的时间,通常取$t=0$。

$T-t$:表示远期合约的持有时间,即从签订远期合约到合约到期时间段。

S_0或S_t:远期合约中标的资产的当前价格。

S_T:远期合约中标的资产到期时的价格。

F_0:当前的远期价格。

F_T:到期时的远期价格($=S_T$)。

K:远期合约的交割价格。

f:当前远期合约的价值。

r:对于T时刻到期的投资适用的按连续复利计算的零息无风险利率。

例1 假设投资者在1995年5月8日签署了一份1,000,000英镑90天期的远期合约,交割汇率为1.6056,当前的即期汇率为1.6000。这样投资者就必须在90天后支付1,605,600美元来购买1,000,000英镑。

$T=90$天或者0.25年,

$K=1.6056$,

$S_0=1.6$。

该远期合约的损益取决于标的资产的到期价格,即90天后的即期汇率S_T。

如果在90天后即期汇率上升,假设其为1.6500,投资者将获利:1 650 000−1 605 600=44 400美元。

如果在90天后即期汇率下降,假设其为1.5500,投资者将损失:1 605 600−1 550 000=55 600美元。

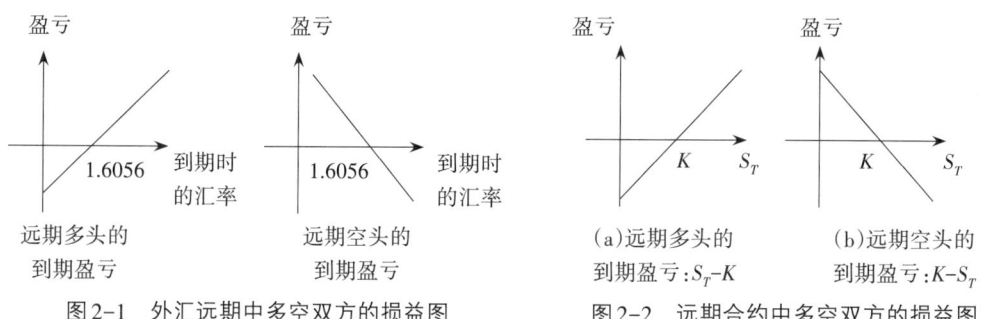

图2-1　外汇远期中多空双方的损益图

图2-2　远期合约中多空双方的损益图

(a)远期多头的到期盈亏：S_T-K

(b)远期空头的到期盈亏：$K-S_T$

将上例抽象出来就可以得到一般远期合约的损益分析图2-2。我们假定K表示交割价格，S_T为合约到期时资产的即期价格，那么一单位资产远期合约多头的损益为：S_T-K。如果到期标的资产的市场价格高于交割价格K，远期多头就盈利，而空头就会亏损；反之，远期多头就亏损，而空头就会盈利。

第二节　远期合约的定价

一、远期合约定价原理

远期合约的定价是指双方对未来标的物价格的确定，即无套利均衡的远期价格，无套利分析法是确定远期价格的主要方法。

远期合约的定价原理是指，当市场上金融资产的价格没有套利机会时，说明市场上资产实现正确定价，此时的远期合约价格即为无套利均衡的远期价格。

套利是指在没有成本和风险的情况下，能够获取利润的交易活动。

从经济学角度看，套利机会的存在意味着经济中存在不均衡的状态。在不均衡的状态下，投资者并不满足他们所持有的证券组合头寸，他们要进行交易，交易的结果将引起价格变动，使价格体系由不均衡走向均衡。在新的均衡条件下，投资者会满意所持有的证券组合，套利机会消失。因此，套利活动将无形中让市场修正错误定价，回归均衡状态。经济均衡状态下产生的价格就是无套利机会的价格。下面将采用无套利分析法对各类远期合约进行定价。

二、一般远期合约的定价

1.远期合约的定价方法

首先，我们考虑最普通的标的物的远期合约定价，假设标的物在远期合约持有期间没有任何的收益和成本产生,双方签订远期合约,到期按照远期价格交割标的资产。下面通过一个例子理解远期合约的定价原理。

例2 考虑某一支不分红股票的预期年收益率为15%,该股票当前的价格是S_0=100元,一年期无风险利率是r=5%(连续复利)。(1)现在该股票的一年期远期价格应是多少?(2)假如股票的远期价格是F=109元,怎么设计套利策略?

整理条件:

股票现在的价格是S_0=100元,

一年期无风险年利率是r=5%(连续复利),

股票预期年收益率=15%,

假如股票的远期价格是F=109元。

分析思路:通过低买高卖实现套利,获取利润。首先判断目前远期价格是否正确,如果认为正确那么这就是远期价格。如果认为当前定价不正确,则可以通过建立套利策略获取无风险无成本的利润。

具体而言,如果认为该远期合约的价格F=109价格偏高,那么就应该卖出股票远期,同时为了对冲风险,现在买入对应股票。由于远期合约当前不产生现金流,因此现在应该借入资金购买股票。反之,如果你认为F=109偏低,就反向操作。下面以109价格偏高为例,来做套利策略,现金流分析中正号表示现金流入,负号表示现金流出。

表2-1 股票远期套利策略及结果分析

套利策略	当前现金流	到期现金流
卖出定价为109元的1股股票远期合约	0	$109-S_T$
以100元的价格购买1份股票现货	−100	$+S_T$
以无风险利率借入100元	+100	$-100\times e^{5\%}$
净现金流	0	+4

根据上面的套利分析可知,通过构建"卖远期+买股票+借钱"的一组套利策略,在远期合约到期时则可获得每股4元的套利利润,而与股票价格的变化无关,无论一年后的股价为多少,套利利润都是确定的,即获取了无风险无成本的利润。这就说明此远期合约定价109元为错误定价。那么正确的远期价格应该是多少呢?前面我们已经知道,正确的远期价格应该是无套利机会的交割价格。因此本例中的远期价格应该是105元,只有当远期价格为105元时才没有套利机会。读者可以自行试试其他价格的推导。

课堂思考与互动

1.远期合约中如果交割价格高于远期价格,则可以进行(　　)套利,获取利润。

A.买入远期　　　　B.卖出远期　　　　C.无法套利

2.考虑一不支付红利股票为标的物的远期合约,3个月到期。假设股票价格为40元,无风险年利率为5%(连续复利)。如果远期价格的报价是K=39.50元,这个价格正确吗?不正确的话应该如何构造套利机会?

2. 远期合约定价的一般公式

将上例中的具体数字抽象为一般形态,可以得到一般远期合约的定价公式。表2-2中分析的套利净现金流在无套利均衡的条件下应为0,即定价正确时没有套利机会。由此可得,远期合约的无套利价格为:远期合约价格=现货价格×持有期间利率。

$$F=S_t e^{r(T-t)} \qquad 式2-1$$

表2-2 一般远期合约套利策略和结果分析

套利策略	当前现金流	到期现金流
卖出定价为F元的1股股票远期合约	0	$F-S_T$
以S_t元的价格购买1份股票现货	$-S_t$	S_T
以无风险利率借入S_t元	S_t	$-S_t e^{r(T-t)}$
净现金流	0	$S_T+F-S_T-S_t e^{r(T-t)}$

从公式中可见,无套利均衡的远期价格为标的资产的现货价格加上一部分的时间价值。这是因为等式左右两边可以看作两种策略,左边为持有一份远期合约,右边为持有一份现货资产。两种策略在合约到期时都可以持有同样一份标的资产,同时标的资产在持有期间不产生收益或成本。因此,两个资产(或策略)在未来带来的收益风险完全相同,那么这两个资产(或策略)的当前价格或成本就应该相同,否则就会出现套利机会。

3. 远期价值的确定

远期合约的价值是远期合约本身的价值,即现在转让合约需收付的金额。它是远期合约损益的现值。无套利均衡条件下,远期合约签署时的价值为零,随后它可能具有正的或负的价值,这取决于标的资产价格的变动。远期合约价值的计算可通过两种方法推导。

方法一:无套利分析法

组合1:持有一份远期多头$Ke^{-r(T-t)}$的现金

组合2:持有一份标的资产

在组合1中,$Ke^{-r(T-t)}$的现金以无风险利率投资,投资期为$(T-t)$。在远期合约到期时,其金额将达到K。这是因为:$Ke^{-r(T-t)} \times e^{r(T-t)}=K$。在远期合约到期时,这笔现金刚好可用来交割换来一单位标的资产。这样,在T时刻,两种组合都等于一单位标的资产。根据无套利原则,这两种组合在t时刻的价值必须相等,组合1的当前价值为$f+Ke^{-r(T-t)}$,组合2的当前价值为S_t。由此可得:

$$f=S_t-Ke^{-r(T-t)} \qquad 式2-2$$

方法二：定义分析法

远期合约价值为远期合约的损益现值。双方在0时刻签订远期合约，在远期合约签订一段时间后（t时刻），由于标的资产价格变化了，市场上远期价格将随之变化，此时（t时刻）的远期价格：$F=S_t e^{r(T-t)}$

```
S₀              S_t              S_T
|————————————————|————————————————|
0                t                T
```

若远期合约若持有到期，损益为t时刻远期价格与期初（0时刻）的交割价格之差，即为(F_t-K)。远期价值则为该损益值的贴现，即：

$$f=(F_t-K)e^{-r(T-t)}=F_t e^{-r(T-t)}-Ke^{-r(T-t)}$$
$$=S_t-Ke^{-r(T-t)}$$

例3 一个6个月期的远期合约，标的证券是一年期的贴现债券，远期合约的交割价格为950元，假设6个月无风险利率为6%（以年为单位表示，连续复利），现在债券价格为930元，远期合约的多头的价值为多少？

$K=950$

$S=930$

$r=6\%$

$T-t=6m=0.5y$

$f=930-950e^{-0.5\times 0.06}\approx 8.08$

三、标的资产产生收益的远期合约定价

金融远期合约的标的资产为股票、债券等金融资产，通常可以无成本存储，但是在远期合约有效期内，标的资产可能产生红利、利息等收益支付。在远期合约持有期间，由于标的资产会产生收益，此时持有一份现货到期，除了可获得一份标的资产外，还可获得持有期收益。持有一份远期合约，到期时只有一份标的资产。因此，产生收益的远期价格将在原有定价基础上做出一定调整，但是基本原理仍为无套利分析。下面仍通过例子理解远期价格的确定。

1. 标的资产产生现金收益

例4 考虑某股票的预期收益率为15%，现在的价格是$S_0=100$元，一年期无风险利率是$r=5\%$。股票在半年后预计分现金红利每股1元，问现在该股票的1年期远期价格应是多少？

假如股票的远期价格是$F=109$元，怎么设计套利策略？

表2-3　股票远期套利策略及结果分析

套利策略	当前现金流	半年后现金流	到期现金流
卖出定价为109元的1股股票远期合约	0		$109-S_T$
以100元的价格购买1份股票现货	-100	+1	$+S_T$
以无风险利率借入100元	+100		$-100*e^{5\%}$
净现金流	0	+1	+4

同样的方法分析,此时由于标的物股票在半年后将产生现金红利,因此在套利操作时现金流将出现持有期间的现金流入。换而言之,此时购买股票所花费的实际成本将由于未来的分红而降低。为方便分析,只保留当前和到期两个现金流,可以将持有期间的分红现金流入进行贴现,作为持有现货成本的降低,记为I。此时构造套利策略得到结果如下表所示。

表2-4　产生现金收益的远期套利策略及结果分析

套利策略	当前现金流	到期现金流
购买1份证券资产	$-S_t+I$	S_T
卖出1份远期合约	0	$F-S_T$
以无风险利率r借美元	S_t-I	$-(S_t-I)e^{r(T-t)}$
净现金流	0	$F-(S_t-I)e^{r(T-t)}$

产生现金收益的远期合约的无套利价格为：

$$F=(S_t-I)e^{r(T-t)} \qquad 式2\text{-}3$$

产生现金收益的远期合约的远期价值为：

$$F=S_t-I-Ke^{-r(T-t)} \qquad 式2\text{-}4$$

其中I为现金红利的贴现值。

例5　10个月到期的远期合约,标的股票的价格为50元,利率为8%。3个月、6个月、9个月各分红0.75元。计算该远期合约的价格。

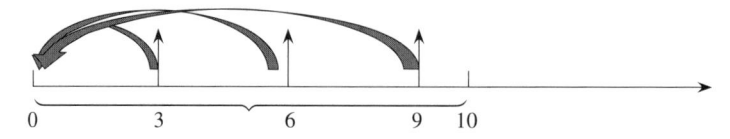

红利的现值为：

远期价格为：$F=(50-2.162)e^{0.08\times 0.8333}$

$$I=0.75e^{-0.08\times 3/12}+0.75e^{-0.08\times 6/12}+0.75e^{-0.08\times 9/12}\approx 2.162$$

> 课堂思考与互动

12个月到期的国库券,价格为1021.39元,票面价值1000元,票面利率为10%,每半年支付一次。假设利率为7.90%,求以此国库券为标的物,9个月到期的远期合约的远期价格。

2. 标的资产产生连续收益

当远期合约的标的资产支付的收益不是现金形式,而是连续发生的红利收益率(Dividend Yield),即把红利表示成资产价格的百分比,可同样用无套利分析法来推导远期价格和远期价值。大多数股票指数可以看成支付连续红利的证券组合,外汇也可看作是产生收益的特殊金融资产。若红利收益率以年率 q 连续支付,支付增加的资产又进行再投资。那么公式推导如下:

表2-5 产生现金收益的远期套利策略及结果分析

套利策略	当前现金流	到期现金流
购买 $e^{-q(T-t)}$ 份证券资产	$-S_t e^{-q(T-t)}$	S_T
卖出1份远期合约	0	$F-S_T$
以无风险利率 r 借 $S_t e^{-q(T-t)}$ 美元	$S_t e^{-q(T-t)}$	$-S_t e^{(r-q)(T-t)}$
净现金流	0	$F-S_t e^{(r-q)(T-t)}$

产生连续收益的远期合约的无套利价格为:

$$F=S_t e^{(r-q)(T-t)} \quad \text{式2-5}$$

产生收益的远期合约的远期价值为:

$$f=S_t e^{-q(T-t)}-Ke^{-r(T-t)} \quad \text{式2-6}$$

例6 以S&P500为标的物的三个月到期的远期合约。假设指数每年的红利收益率为3%,指数现在的值为900,连续复利的无风险年利率为8%。

远期价格为:

$$F=900e^{(0.08-0.03)\times 0.25}\approx 911.32$$

四、标的资产发生成本的远期合约定价

在远期合约中,持有期间标的物也可能产生成本,最常见的就是实物商品类的远期合约。由于标的物具有实物形态,因此商品期货与金融期货的主要区别有:第一,存储商品要花费成本,例如原油、大豆等商品的存放都需要仓储费用、保险费用等,在持有现货期间将产生存储费。第二,部分商品不能卖空。第三,部分商品具有消费价值,持有现货商品可以提供便利收益(Convenience Benefits)。

在进行无套利分析时,需要分析持有期间现货和远期收益成本形成的现金流,为便

于远期合约的定价,将标的物分为两类,一是以投资为目的持有的,如黄金、白银等;二是以消费为目的持有的,如石油、猪肉等。

1.投资型商品远期

投资型商品远期的标的物不考虑消费价值,假设不考虑卖空限制,那么远期合约持有期间,只需增加考虑标的物的存储成本即可。以 U 表示 $t=0$ 至 T 期商品储存成本的现值。对于储存成本,我们将假设:①储存成本在期初已知;②储存成本在当前时刻 $t=0$ 时刻支付。为了支付储存成本,我们以无风险利率融资。下面仍通过例子来分析投资型商品远期的定价。

例7 考虑1年的黄金远期合约。假设每年的储藏成本为2美元/盎司,在每年的年末支付。黄金的现货价格为450美元/盎司,利率为7%。

$T-t=1$

$r=0.07$

$S_t=450$

(1)如果远期价格为490美元,如何构造套利机会?

(2)该1年期黄金远期的价格应该是多少?

同样的方法,先判断当前市场上的远期价格490美元/盎司是否正确,如果认为不正确,则根据低买高卖的原则做出套利策略。此例中,市场远期价格490美元/盎司偏高,因此应该卖出远期合约,同时融资买入黄金现货对冲未来黄金价格变化的风险,见表2-6。

表2-6 黄金远期的套利策略和结果分析

头寸	0	$T=1$年
购买1盎司黄金	−450	S_T-2
卖出1份远期合约	0	$490-S_T$
以无风险利率 r 借钱	450	$-450(1+0.07)$
净现金流	0	6.5

由于现货存储成本在年末支付,可将其看作负收益,为方便定价,将持有期间的存储成本贴现到期初,作为现货购买成本的增加。根据上例可推导出投资型商品远期的一般定价公式。

表2-7 投资型商品远期的套利策略和结果分析

头寸	0	$T=1$年
购买1份标的资产	$-S_t-U$	S_T
卖出1份远期合约	0	$F-S_T$
以无风险利率 r 融资	S_t+U	$-(S_t+U)e^{r(T-t)}$
净现金流	0	$F-(S_t+U)e^{r(T-t)}$

由于 T 时点的收益是预先可知的,因此是没有风险的,为避免无风险套利,可得远期定价公式为：

$$F=(S+U)e^{r(T-t)} \quad \text{式2-7}$$

同理,投资型商品远期合约的远期价值为：

$$f=S_t+U-Ke^{-r(T-t)} \quad \text{式2-8}$$

其中,U 为储藏成本的现值,储藏成本可以视为负的收入。若仓储质检费用为连续发生,将费用率记为 u,则远期定价公式为：

$$F=Se^{(r+u)(T-t)} \quad \text{式2-9}$$

2.消费型商品远期

以上我们得出远期价格的前提是基础资产可以进行现货卖空,一般来讲,满足这个前提条件的商品多是投资性商品,而其他大部分商品如谷物、工业金属,主要是持有供消费或生产的。

具备消费价值的基础资产在持有期间,会带来某种隐含的收益,我们把这种收益称作便利收益。

便利收益反映了保证供应链连续,维持生产线运行的好处,它不容易量化。但是可以知道在期货合约期限内,商品短缺的可能性越大,那么便利收益越高。在利用无套利分析法对这类资产进行远期定价时,应将便利收益考虑在内,于是式2-7改写为：

$$F=(S+U)e^{r(T-t)}-Y \quad \text{式2-10}$$

式中的 Y 代表持有该种资产所产生便利收益的现在价值。由于商品可以消费,由此带来的便利收益往往难以计量,更别说计量现值,因此对于消费性商品的远期合约只能确定出价格上限。即为：

$$F \leqslant (S_t+U)e^{r(T-t)}$$

📝 课堂思考与互动

现有一家火腿肠公司为避免未来价格波动,持有猪肉远期合约,6个月后到期的远期价格为每吨24000元,市场现货生猪价格每吨20000元,如果无风险利率为2%,储存费用率为6%。请判断现在市场上是否存在套利？为什么？

第三节 金融远期合约的种类

一、远期外汇合约

1.远期外汇的概念

远期外汇交易(Forward Exchange Transaction)又称期汇交易,是指外汇买卖双方预先签订远期外汇买卖合同,规定买卖的币种、数额、汇率及未来交割的时间,到了规定的交割日期买卖双方再按合同规定,卖方交付外汇,买方交付本币现款的外汇交易。

```
0                           T
当前约定远期汇率、            到期交割:按照约定
数量、币种                   内容履行合约
```

2.远期外汇的类型

远期外汇交易中,外汇为交易的标的物,远期汇率是双方约定的远期价格。根据交割时间可将远期外汇合约分为三类。

(1)固定交割日的远期外汇交易

它是指事先具体规定交割时间(某星期或某月)的远期交易。这类交易的外汇交割日既不能提前,也不能推后。

(2)不固定交割日的远期外汇交易

它又称为择期交易(Option Forward),是指买卖双方在订约时事先确定交易规模和价格,但具体的交割日期不予固定,而是规定一个期限,买卖双方可以在此期限内的任何一日进行交割。实际中,进出口商往往事先不能确定外汇收入或支出的具体时间,因此用远期合约进行套期保值时,就要求具有足够的灵活性,才能对冲风险,远期外汇择期交易就能满足需求。

(3)掉期交易

掉期是指同时买卖相同金额、相同币种,但不同交割日货币的外汇交易。从金融工程的角度看,掉期交易是由两笔期限不同的外汇买卖构成的,目的是轧平外汇头寸对冲风险,或者投机获利。

3.远期汇率的确定

远期汇率是远期外汇合约中交易双方事先约定的未来某个时间的交割汇率,是远期价格的一种形式。同样可通过无套利分析来推动其均衡定价公式。

例8 假定外汇市场和货币市场的行情如下表所示。思考:这个价格关系是否存在

套利,如果存在该怎么构造套利策略?假设其他条件已经达到均衡,那么均衡的一年远期汇率应该是多少?

表2-8 假定货币市场和外汇市场的行情

货币市场		外汇市场	
美元利率	20%	即期	1美元=2马克
马克利率	10%	一年远期	1美元=2.5马克

经过分析可知,在当前市场行情中,市场上势必发生套利行为。套利者会借入马克,换成美元,同时,作远期交易,对马克卖出美元。

套利者借入2马克,利率为10%,到期须偿还2.2马克的本息。在即期市场上,套利者用2马克换成1美元,以20%的美元年利率,将美元存放一年,到期可获取1.2美元的本息。套利者在即期买入1美元的同时,远期卖出1.2美元。到期时,套利者将1.2美元的本息按远期汇率换成3马克,偿还2.2马克的马克本息后,获利0.8马克。

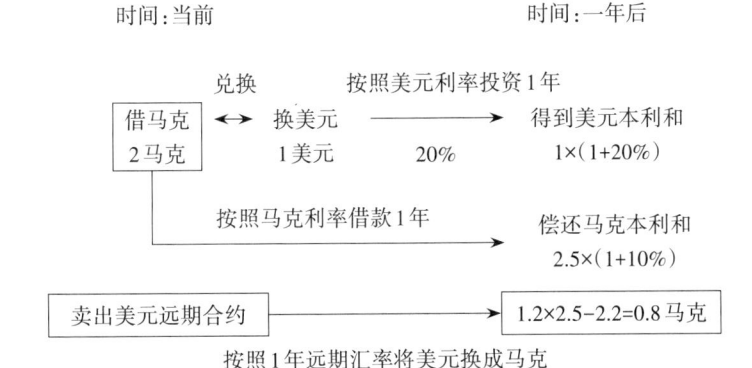

时间:当前　　　　　　　　　　时间:一年后

```
                兑换         按照美元利率投资1年
┌──────┐ ←→  换美元    ───────────→   得到美元本利和
│借马克│      1美元        20%              1×(1+20%)
│2马克 │
└──────┘      按照马克利率借款1年            偿还马克本利和
         ───────────────────→             2.5×(1+10%)

┌──────────────┐
│卖出美元远期合约│ ──────────→  1.2×2.5-2.2=0.8马克
└──────────────┘
         按照1年远期汇率将美元换成马克
```

这种套利活动的进行,势必会使马克的利率上升,美元的利率下降,美元即期汇率上升,美元远期汇率下跌。因此,以r表示报价货币利率,rf为单位货币利率。可知远期汇率为:

$$F = S e^{(r-rf)(T-t)} \qquad \text{式2-11}$$

远期外汇合约价值为:

$$f = S_t e^{-rf(T-t)} - K e^{-r(T-t)} \qquad \text{式2-12}$$

例9 假设美元和欧元的国内6个月利率各为5%和1%(以年利率表示)。现在欧元/美元的汇率为1.5045。求美国国内投资者持有的远期合约的价格。

$T-t=0.5$

$S=1.5045$

$r=5\%$

$rf=1\%$

则均衡的远期汇率为:$F = 1.5045 \times e^{(5\%-1\%) \times 0.5} \approx 1.5349$

4.远期外汇的应用

在国际商品交易中,进出口商为了避免在交易过程中因汇率波动而带来的损失或不确定性,往往需要进行远期外汇交易,以实现避险保值。一般来说:

出口企业:未来收汇,防止外汇贬值,可提前卖出远期外汇,锁定未来外汇换本币的汇率。

进口企业:未来购汇,防止外汇升值,可提前买入远期外汇,锁定未来购汇成本。

例10 9月20日,出口商预计3个月后将收入100万美元。即期汇率:USD/CNY=7.9140,3个月远期汇率:USD/CNY=7.8518。

可见,远期美元贴水,未来美元有贬值趋势,为防止美元进一步贬值。出口商按7.8518的远期汇率卖出美元。如果3个月后,美元汇率跌至7.8033,该出口商仍可按照事先约定的远期汇率7.8518将美元兑换为人民币,避免外汇贬值的损失。

二、远期利率协议

二十世纪七八十年代利率变动非常剧烈,公司财务主管积极向银行寻求某种避免利率变动的金融工具,远期对远期贷款应运而生。

但从银行的角度,这种金融工具并没有真正流行。因为这类贷款从交易日起到最终贷款到期日的整个时期都要银行借入资金作为融资来源。也就是说,在远期对远期贷款协议的开始之初,就要求银行准备相应的资本金,这会大大降低银行资金的利用率,降低资本报酬率。

如果有办法使远期对远期贷款不反映在资产负债表上,就可以不受资本足额要求的约束,从而使银行的利润恢复到原先水平。正是由于这样一种客观需求才导致了1983年的远期利率协议在英国伦敦诞生。

1.远期利率协议的概念

远期利率协议(Forward Rate Agreements,FRA)是交易双方为规避未来利率风险或利用未来利率波动进行投机而约定的一份协议,是在未来某一时刻的某一段时期内固定利率贷款的远期合约。

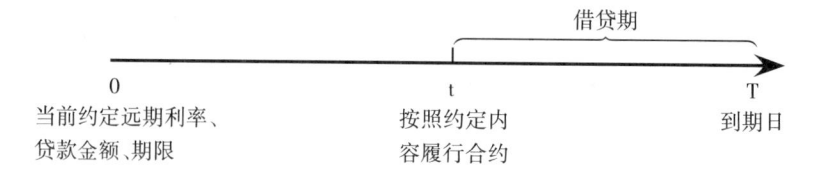

```
                                        借贷期
────────────────────────────────────────────────▶
0                       t                       T
当前约定远期利率、       按照约定内              到期日
贷款金额、期限          容履行合约
```

一份远期利率协议包含的内容：

(1)买方是名义上未来将去借款的一方(向名义上的卖方借一笔款)；

(2)有特定数额的名义上的本金；

(3)以某一币种标价；

(4)固定利率；

(5)特定的期限；

(6)在未来某一双方约定的日期开始执行。

远期利率协议最核心的特点是：名义本金，差额结算。即买卖双方现在确定未来某个时刻开始的贷款，贷款利率现在确定，但不会发生本金的交付，只是交割利息的差额。

2.远期利率的定价

远期利率，是与即期利率相对应的概念，是指现在确定的未来某个时间的借贷利率，远期利率不是从现在开始的利率，它也是远期价格的一种形式。

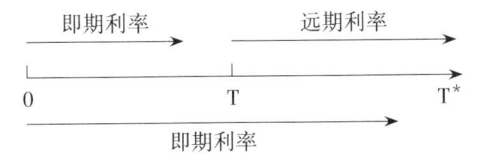

下面还是通过一个例子采用无套利分析法推导远期利率的定价公式。

考虑一个为期两年的投资，在无套利的情况下，无论分成几期进行投资，最终的本利和应该相同。假设初始有100元，1年期即期利率为10%，2年期即期利率为12%，一年后1年期远期利率f=11%，其他条件相同的情况下，同样的100元经过一年的投资，无论是分段投资一年还是一次性投资一整年，在无套利的条件下应该得到相同的本利和，否则就可以借低成本资金进行高收益投资来获取套利利润。

套利分析：

一次性投资两年：$100 \times e^{12\% \times 2}=127$

由此可知，存在套利：借1年期资金100元，投资2年期，同时买入1年后开始的1年期远期利率协议。这样可获利差7元。

先投资1年，再投资1年：$(100 \times e^{10\% \times 1})e^{11\% \times 1}=123$

由此可知，存在套利：借1年期资金100元，投资2年期，同时买入1年后开始的1年期远期利率协议。这样可获利差3元。

要实现无套利均衡，即远期利率f的定价应满足套利利润为零。

$100 \times e^{12\% \times 2}=100 \times e^{10\% \times 1} \times e^{f \times 1}$

即：$12\% \times 2 = 10\% \times 1 + f \times 1$

可得：$f = \dfrac{12\% \times 2 - 10\% \times 1}{2-1}$

根据上例,可知远期利率的决定是由包含期间的两个即期利率来定的。一般的,定义 T 年期的即期利率为 r,T^* 年期的即期利率为 r^*,其中 $T^*>T$。那么,T 和 T^* 之间蕴含的远期利率 f 为:

$$f = \frac{r^*T^* - rT}{T^* - T} \qquad 式2\text{-}13$$

课堂思考与互动

一客户要求银行提供100万美元的贷款利率,期限半年,从6个月后开始执行。假定此时6月期贷款年利率为9.5%,12月期贷款年利率为9.875%

为了锁定风险,银行提供的这笔贷款利率应该是多少才合适?

3.远期利率协议的结算

(1)远期利率协议的时间概念

远期利率协议有一个标准化文件,即英国银行家协会远期利率协议(简称FRABBA)该协议制定于1985年,文件中除了确定远期利率协议交易的合法范畴之外,还规定了一系列重要的术语,如下。

交易日(dealing date):远期利率协议成交的日期。

结算日(settlement date):名义贷款开始的日期。

到期日(maturity date):名义贷款到期的日期。

确定日(fixing date):参考利率确定的日期,通常为结算日前两个工作日。

起算日(starting date):开始计算远期持有期的日子,通常为交易日后两个工作日。

合同期(contract period):结算日至到期日之间的。

合同金额(contract amount):名义上借款的本金总额。

合同货币(contract currency):表示合同数额的货币币种。

合同利率(contract rate):在远期利率协议条件下商定的固定利率。

参考利率(reference rate):在确定日用以确定结算金的以市场为基础的利率。

结算金(settlement sum):在结算日,根据合同利率和参考利率之间的差额,由交易一方付给另一方的金额。

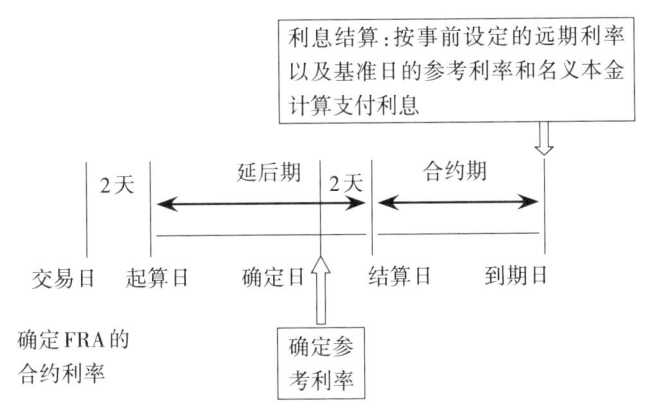

图2-3 远期利率协议时间概念示意图

(2) 远期利率协议的报价

远期利率协议报价采用"m×n"形式，表示等待m个月后开始的远期利率协议，总合约期n个月，即借款期限为(n-m)个月。

例如"6×9"(6个月对9个月，英语 six against nine)表示从交易日(7月13日)起6个月末(即次年1月13日)为起息日，交易日后的9个月末为到期日，协议利率期限3个月。

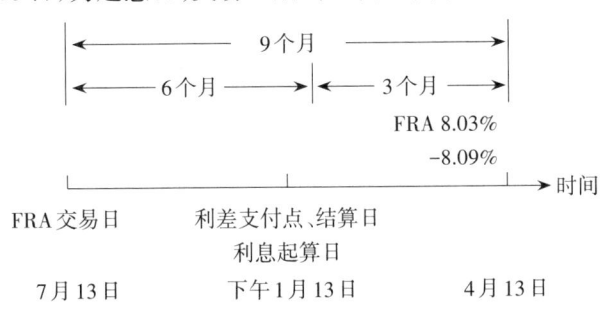

课堂思考与互动

某远期利率协议报价方式如下："3×9,8%"，其含义是（　　）。

A. 于3个月后起息的27个月期协议利率为8%

B. 于3个月后起息的6个月期协议利率为8%

C. 于3个月后起息的9个月期协议利率为8%

D. 于9个月后起息的3个月期协议利率为8%

(3) 远期利率协议的结算金计算

远期利率结算金按照确定日的参考利率和合同利率的差额，来计算买卖双方应收付的结算金，实行名义本金，差额结算。通常，借贷合同的利率支付是在到期日支付，并且以360天作为一年，那么，多头方的结算金计算公式如下：

结算金=(参考利率—合约利率)×合约金额×合约期/360

但在远期利率协议市场上,习惯在结算日支付结算金,所以要对FRA结算金加以贴现。因此FRA的结算金公式为：

$$SS = \frac{(i_r - i_c) \cdot A \cdot \frac{D}{B}}{1 + i_r \cdot \frac{D}{B}} \qquad 式2\text{-}14$$

式中,i_r表示参考利率;i_c表示合同利率;A表示合同金额;D表示合同天数;B为一年天数。所有的利率均以单利计算。

如果:结算金数额>0,FRA的卖方支付给买方结算金;结算金数额<0,FRA的买方支付给卖方结算金。

例11 某公司买入一份3×6的FRA,合约金额为1000万元,合约利率为10.5%,到结算日时市场参考利率为12.25%,问(1)合约结算金是多少？(2)买方是收钱还是付钱？

结算金 $= \dfrac{(12.25\% - 10.5\%) \times 90/360 \times 10000000}{1 + 12.25\% \times 90/360}$

$= 43750/1.030625 = 42449.97$

该远期利率协议的结算金大于零,说明买方盈利,应由卖方支付42449.97元给买方。

本章小结

本章详细介绍远期合约的基本概念、远期定价和远期合约的品种。首先,远期合约是双方现在签订的事先约定好未来交割的标的、时间、数量和价格的非标准化金融合约。远期合约具有灵活性强、流动性差、违约风险高、以实物交割为主的特点。其损益取决于到期标的物的市场价格和交割价格。

远期合约中远期价格和远期价值是重要的概念。远期价格是无套利均衡的理论价格,远期价值是合约本身的价值,是合约损益的现值。在不同的远期合约中远期价格和远期价值的表现形式有所不同。本章通过无套利分析法,具体介绍了一般远期合约、产生收益的远期合约和支付成本的远期合约的定价问题。

最后,本章介绍了常见的金融远期合约品种。一是远期外汇合约,远期外汇是以外汇资产为标的物的金融远期合约,远期汇率是其远期价格。远期外汇合约包括固定交割日和非固定交割日两种类型,广泛应用于外汇风险的套期保值和投机中。第二种是远期利率协议,它是以未来的借贷资金为标的物的金融远期合约,远期利率是其远期价格。远期利率协议在交易的时间概念上存在交易日、结算日和到期日的区分,实际结算通常是在结算日双方采用名义本金、差额结算的方式完成交易。远期利率是未来借贷资金的理论,它是由包含其间的两个即期利率来决定的。

思考题

1.关于远期合约以下说法错误的是(　　)。

A.远期合约的流动性较差

B.远期合约的违约风险较大

C.远期合约是场外交易产品,即OTC交易

D.远期合约大多数采取冲销平仓方式完成合约

2.下列关于远期价格和远期价值的说法中,不正确的是(　　)

A.远期价格是使得远期合约价值为零的交割价格

B.远期价格等于远期合约在实际交易中形成的交割价格

C.远期价值由远期实际价格和远期理论价格共同决定

D.远期价格与标的物现货价格紧密相连,而远期价值是指远期合约本身的价值

3.甲购买了一份6个月的远期股票合约,合约签订的股票价格为42元,若已知市场无套利均衡价格为40元,以下说法正确的是(　　)。

A.远期合约的交割价格为42元

B.远期合约的交割价格为40元

C.远期合约的远期价格为40元

D.甲是该远期合约多头方,若转手卖掉合约,可获得正现金流

E.该远期合约空头价值为正数

4.一个交割价格为10元,交易量为100单位,距到期日还有1年的远期合约,如果标的资产当前的市场价格为15元,市场无风险连续复利率为10%,试计算多头的远期价值。

5.假设目前白银价格为每盎司80元,储存成本为每盎司每年2元,每3个月初预付一次,所有期限的无风险连续复利率均为5%,求8个月后交割的白银的远期价格。

6.在"2×5FRA"中,合同期(名义借贷期间)的时间长度是(　　)。

A.2个月　　　B.5个月　　　C.3个月　　　D.7个月

7.远期利率协议的卖方相当于(　　)

A.名义借款人　B.名义贷款人　C.实际借款人　D.实际贷款人

8.在一个以LIBOR为基础3×9的FRA合约中,下列说法正确的是(　　)。

A.即期日到到期日为3个月　　B.即期日到结算日为3个月

C.即期日到交易日为9个月　　D.交易日到结算日为6个月

9.2019年11月,我国某公司预计其在2020年8月到11月有季节性闲置资金,具有投资需求,平均余额为300万。公司为了避免利率风险,决定卖出一个FRA来锁定9个月的远期利率,交易的具体内容如下:

交易品种:9×12FRA

名义本金:300万

交易日:2019年11月18日

结算日:2020年8月20日

合同期限:94天

合约利率:7.23%

到期日:2020年11月22日

假定在2020年8月18日(确定日),美元的LIBOR定为6.54%

要求:(1)画图列出该远期利率协议中的时间点;(2)计算该公司在此FRA中收(付)的结算金数额。

10.假设3个月期利率是6%,9个月期利率是7%,12个月期利率为8%,则3×9FRA的理论价格为( )

A.6.5%　　　　　B.7%　　　　　C.7.5%　　　　　D.8%

📖 **阅读资料**

锁成本　降风险　树立汇率风险中性意识

"赌汇率,不灵了。"这是福建一家小微企业的财务负责人对《金融时报》记者的感慨。

"我们公司一直运用持币观望、逢高结汇策略,但近期汇率双向波动加剧,这招变得不灵了,即期结汇汇率经常低于订单的换汇成本,汇兑损失不少。"该负责人表示。这是一家主营竹、木、藤、瓷器、玻璃等工艺品加工销售的公司,其产品主要出口欧美地区,月均收汇约200万美元,平均收汇账期3至6个月。然而,由于缺乏汇率风险管理机制和专业管理人员,企业出口收汇在近年来人民币汇率双向波动中经常承受较大汇兑损失。

怎样才能减少损失,规避汇率风险?这是所有涉汇企业的共同挑战。国家外汇管理局国际收支司司长贾宁在接受《金融时报》记者采访时强调,当前人民币汇率双向波动逐步增强,汇率风险管理成为涉外企业必须面对的一个重要课题。提升实体经济防范汇率风险的意识和能力,是做好"六稳""六保"特别是稳外贸、保市场主体的实际行动,是进一步夯实汇率市场化形成机制的重要举措和基础性工作。

福建万家鑫轻工发展有限公司是一家民营企业,主营业务是制鞋业。"我们公司与欧美国家、韩国、越南、中国香港地区等贸易往来较为频繁,大都采用美元结算。在外汇方面的需求较大,每年用汇额2000万美元左右。"该公司财务总监林悦武对《金融时报》记者介绍。

2015年，当时人民币汇率持续下行，该企业一度采取持币观望择机结汇的策略。然而，2016年、2017年人民币汇率双向宽幅波动，该企业对2016年、2017年换汇成本核算分析后发现，部分订单的外汇收入即期结汇汇率低于其换汇成本，产生了一定损失。

"公司管理层发现，汇率是双边波动的。靠赌汇率升降来进行贸易风险太大了。"林悦武表示，为了更好控制风险，该公司开始采用远期结售汇来规避汇率风险。

所谓远期结售汇，是指企业与银行协商签订远期结售汇合同，约定将来办理结汇或售汇的人民币兑外汇币种、金额、汇率以及交割期限。在交割日当天，企业可按照远期结售汇合同所确定的币种、金额、汇率向银行办理结汇或售汇。"这种方式支持择期交割，并可根据实际贸易情况办理展期、平仓等交易，为应对收付款不确定性提供便利，这能够更好帮助企业应对人民币汇率双向波动。"林悦武介绍。

"我们根据订单的换汇成本，设定大致目标汇率区间和止损点位。"林悦武解释，订单签约时，若远期汇率落在目标区间内，则全额锁定订单远期汇率，若远期汇率未达目标区间，则先锁50%订单金额，其余部分在1至3个月内锁定。在此期间触及止损点位，则立即锁定风险敞口。正是通过这种方式，尽管近几年人民币对美元汇率双向波动明显，但均未对企业的经营造成重大影响。

不少受访企业也承认，他们也了解过类似远期结售汇这样的汇率避险工具。但是，也有企业表示，"如果汇率变动不利于我们，提前锁定可以避免风险。但汇率也可能朝着对我们有利的方向变动，这样提前锁定不就有损失吗？"出于类似的考量，一些企业管理层对于使用汇率避险工具仍存顾虑。

对于这种心态，贾宁对《金融时报》记者表示："业内有句话叫'企业是否套保，关键在老板'。避险工具不是稳赚不赔的买卖，但是可以将风险控制在合理范围。"为了让"老板们"了解到汇率避险工具的重要性，牢牢树立风险中性理念，外汇局做了多方努力。外汇局副局长、新闻发言人王春英多次通过季度发布会强调企业要坚持汇率风险中性，做好汇率风险管理。此外，还通过在国家外汇管理局官方微信公众号上开设"企业汇率风险管理"专栏，启动"企业汇率风险管理"宣传活动等多重方式加强引导企业树立风险中性意识。而多地外汇局精准对接服务企业，加大走访企业力度，开展"一企一策"上门调研宣传。通过多次与企业老板面对面沟通、探讨，部分企业老板转变了对赌市场的汇率风险非中性理念。

记者了解到，在外汇局、金融机构的大力宣传和引导下，已有不少企业更好理解了汇率风险中性。据王春英1月21日在国新办举行的2021年外汇收支数据新闻发布会上披露的数据统计，2021年，企业利用远期、期权等外汇衍生产品管理汇率风险的规模同比增长59%，高于同期银行结售汇增速36个百分点，推动企业套保比率同比上升4.6个百分点至21.7%，显示企业汇率避险意识增强，风险中性经营理念提升。

"下一步,外汇局将突出靶向宣传、精准施策原则,以中小微企业为重点,引导更多企业更好应对汇率风险。继续加强企业风险教育,普及汇率风险中性理念,指导企业更加稳健经营。"贾宁表示。此外,他强调,外汇局将持续扩展市场深度和广度,丰富外汇衍生产品,为市场主体外汇风险管理提供更为便利的政策环境。

——节选自马若梅《汇率风险中性为企业发展保驾护航》

参考文献

[1]马梅若.汇率风险中性为企业发展保驾护航[N].金融时报,2022-03-10(2).

第三章 期货合约

【开篇引言】

2021年,我国社会消费品零售总额约44.1万亿元。我国已成为全球第二大消费市场,全球第一货物贸易大国。2022年3月,《中共中央国务院关于加快建设全国统一大市场的意见》发布,成为中国特色社会主义市场经济的重要顶层设计,对于释放内需潜力,推动国内国际双循环相互促进,增强我国超大规模市场优势至关重要。

在2022中国(郑州)国际期货论坛上,专家们表示,期货市场具有独特的功能和优势,与全国统一大市场"高效规范、公平竞争、充分开放"的建设目标高度契合,特别是在加快建设全国统一的市场制度规则,打破地方保护和市场分割,打通制约经济循环的关键堵点,促进大宗商品等要素资源在更大范围内畅通流动等方面,将发挥更加重要的作用。

期货和衍生品市场专业、复杂、小众,但对国计民生、经济运行和市场秩序的影响却很大。每个上市的商品期货品种,背后都有相应的实体产业支撑。期货和衍生品合约标的、交割制度设计,也都体现国家产业政策的导向。期货市场是资源配置的重要场所,也是建设全国统一大市场的重要抓手。期货市场具有发现价格、管理风险、配置资源三大功能,发挥这三大功能,是服务全国统一大市场建设的具体实现方式。目前我国期货市场已具备进一步服务统一大市场建设、构建新发展格局的条件。

——节选自祝惠春《期货有效服务统一大市场建设》,有改动

第一节 期货交易概述

一、期货合约的起源和发展

1. 期货的起源

期货交易最早源于农产品买卖。约700年前的欧洲和17世纪的日本就出现了期货市场。100多年前,美国芝加哥开办了谷物的期货交易,并迅速成为了世界领先的期货市场。

1848年,芝加哥的82名商人发起并组建了芝加哥期货交易所(CBOT),旨在弥补原有远期交易存在的流动性差、信息不对称、违约风险高等缺陷。

1865年,芝加哥期货交易所推出了标准化协议,同时实行保证金制度。至此,远期交易发展为现代期货交易。

金融期货合约交易又是在现代商品期货交易的基础上发展起来的。1972年5月,芝加哥商业交易所(CME)设立国际货币市场(IMM)分部,推出世界上第一张外汇期货合约;1975年10月,CBOT推出第一张利率期货合约——政府国民抵押贷款凭证;1982年2月,美国堪萨斯城期货交易所(KCBT)开办价值线综合指数期货。由此奠定了金融期货三大类别的主要架构。

2. 我国期货市场发展概况

期货合约是在交易所内交易的合约,截至2022年,我国现有5家期货交易所,其中4家为商品期货交易所,1家为金融期货交易所,不同交易所的交易品种有所不同。

上海期货交易所:铝、铜、燃油、橡胶等。

大连期货交易所:大豆、玉米、豆粕、豆油等。

郑州商品期货交易所:棉花、绿豆、白糖、小麦等。

中国金融期货交易所:股指期货、利率期货等。

2020年10月9日,证监会称,广州期货交易所筹备组正式成立,这标志着广州期货交易所的创建工作进入实质阶段。2021年4月19日,广州期货交易所揭牌仪式举行,广州期货交易所主要交易对象为碳排放权等16种期货品种。

二、期货合约和期货市场

1. 期货合约的概念

期货合约(Futures Contract)是指由期货交易所统一制定的,规定了某一特定的时间和地点交割一定数量和质量商品的标准化合约。从概念上可以看到,期货合约和上一章的远期合约有相似的地方,但是期货最核心的特点就是其价格是通过公开竞价而达成的,它是标准化的场内交易合约。

2.期货合约的功能

(1)价格发现

价格发现(Price Discovery)是指通过期货市场推断现货市场的未来价格。

在期货合约的买卖中,交易者同意于未来某特定时间,根据目前决定的价格,进行或接受某特定商品的交割。在这种情况下,期货价格与期货合约未来交割的预期现货价格之间应该存在某种特定的关系,而且,这种关系具有高度的可预测性。

运用目前期货价格中蕴含的资讯,市场观察者可以估计某种商品在未来某特定时间的可能价格,期货价格是反映未来价格的最佳估计值。

(2)避险(套期保值)

许多期货市场的参与者利用期货交易来对冲现货交易的风险,用期货交易替代现货交易。具体做法是,针对已经持有的现货风险头寸而在期货市场进行相反的操作进行避险。未来现货市场将发生的交易可以提前在期货市场进行交易,将期货市场发生的交易取代未来预期的现货市场交易,锁定价格,消除风险。

阅读资料

证监会批准开展液化石油气期货及期权交易

2020年3月19日,中国证监会发布通知,批准大连商品交易所(以下简称"大商所")开展液化石油气(LPG)期货及期权交易,期货合约2020年3月30日挂牌交易。LPG期货及期权作为大商所首个能源品种,有效拓展大商所服务领域和品种板块,将在助力企业应对价格波动风险、完善贸易定价机制等方面发挥积极作用,对于衍生品市场服务实体经济意义重大。

LPG价格影响因素众多,上游原油价格、国际贸易、船期、库容、季节、极端天气、炼厂检修等因素都会对国内价格产生影响,导致价格大幅波动。在国内价格上,2015年以来LPG价格波动幅度分别为56.8%、65.9%、86.8%、56.3%、66.7%。在进口价格上,我国受原主要进口国日韩与出口国之间形成的阿格斯远东价格指数(FEI)、沙特合同价格(CP)的影响,缺少与贸易规模相匹配的国际价格影响力。众多产业企业对上市衍生品、提供反映市场真实供需的价格信号和避险工具的诉求由来已久。

在此背景下,大商所推出LPG期货及期权对服务相关生产、贸易和消费企业具有重要意义。一方面,上市LPG期货能够有效发挥价格"指南针"作用,为企业提供公开、透明和连续的价格参考,提高我国在国际定价中影响力。

同时,LPG期货有望成为管理实体经济风险的"避风港",为企业提供有效的避险工具。众多产业链企业可以利用LPG期货进行套期保值,有效对冲价格波动风险,便于企业集中精力搞好日常生产经营,增强抵抗风险能力,提升企业核心竞争力。

此次同步上市的LPG期权也将为市场提供更丰富多元的避险工具和策略。

3. 期货交易的特点

(1)场内交易

期货交易是在组织严密的交易所内进行,有固定的交易时间和交易地点,通常采用会员制形式,即由具有会员资格(席位)的个人在交易所内进行交易。一般而言,席位可买卖或转让。

例如中国金融期货交易所(以下简称"中金所")使用费按年收取,席位年申报量不超过20万笔的,年使用费为人民币2万元;席位年申报量超过20万笔的,年使用费为人民币3万元。截至2021年12月31日,中金所席位共有会员153家,其中:期货公司全面结算会员27家、交易结算会员95家、交易会员26家;非期货公司交易结算会员5家。

公开喊价是期货价格形成的重要机制。但是随着信息化技术的发展,期货的公开喊价逐步变为电子交易的公开竞价形式。2015年7月,芝加哥期货交易所关闭了绝大部分期货合约的场内公开喊价交易,改由电子平台交易完成,目前仅有不到1%的交易量来自公开喊价。竞争激烈却拥有兄弟般友情的场内交易,交易员声嘶力竭的场景可能只能在电影中见到了。

期货清算机构,或称清算所,是负责对交易所内的期货合约进行交割、清算和结算操作的独立机构,是期货市场运行机制的核心,具备期货合约的清算功能和中介作用。由于清算所充当买方的卖者和卖方的买者,既向买方保证了卖方的履约,也向卖方保证了买方的履约,极大地降低了期货交易的违约风险。

(2)标准化合约

期货合约中的标的资产品种、数量、质量、等级、交货时间、交货地点等条款都是由交易所统一制定的,期货价格是期货合约的唯一变量。期货合约标准化给期货交易带来极大便利,交易双方不需对交易的具体条款进行协商,节约了交易时间,大大提高了交易效率和合约流动性,减少交易纠纷。

期货合约一般都具有以下几个方面的基本条款和结构:交易数量和单位(Trading unit)、最小变动价位(Minimum Price Charge)、每日价格最大波动幅度限制(Daily Price limit)、合约月份、最后交易日(Last Trading Day)。表3-1和3-2为相应的商品期货和金融期货标准化合约条款。

表3-1 上海期货交易所锌期货合约条款

交易品种	锌
交易单位	5吨/手
报价单位	元/吨
最小变动价位	5元/吨
涨跌停板幅度	上一交易日结算价±4%
合约月份	1~12月
交易时间	上午9:00~11:30,下午1:30~3:00和交易所规定的其他交易时间
最后交易日	合约月份的15日(遇国家法定节假日顺延,春节月份等最后交易日交易所可另行调整并通知)
交割日期	最后交易日后连续三个工作日
交割品级	标准品:锌锭,符合国标GB/T470-2008Zn99.995规定,其中锌含量不小于99.995%。 替代品:锌锭,符合BS EN 1179:2003 Z1规定,其中锌含量不小于99.995%。
交割地点	交易所指定交割仓库
最低交易保证金	合约价值的5%
交割方式	实物交割
交割单位	25吨

表3-2 沪深300指数期货标准化合约条款

合约标的	沪深300指数
合约乘数	每点300元
合约价值	沪深300指数点×300元
报价单位	指数点
最小变动价位	0.2点
合约月份	当月、下月及随后两个季月
非最后交易日交易时间	9:15~11:30,13:00~15:15
最后交易日交易时间	9:15~11:30,13:00~15:00
涨跌停板幅度限制	上一个交易日结算价的正负10%
合约交易保证金	合约价值的8%
交割方式	现金交割
最后交易日	合约到期月份的第三个周五,遇法定节假日顺延
最后结算日	同最后交易日
手续费	100元/手(含风险准备金)
交易代码	IF

课程思政环节

课堂思考与讨论:中国共产党的十九大报告明确指出:"要健全金融监管体系,守住不发生系统性金融风险的底线"。讨论:期货合约的标准化对防范金融风险有什么作用?防范金融风险对我国金融经济发展有什么意义?

思政元素挖掘:

(1)期货市场的标准化合约设计以及品牌交割等制度安排,可以通过市场化手段体现产业政策导向,有利于促进产业升级,淘汰落后产能,进而"推动经济发展质量变革、效率变革和动力变革。

(2)确保市场稳健运行是金融衍生品市场为实体经济服务的前提保障,为此需不断完善风险防控手段。同时也是推进人民币国际化、参与全球经济治理、建立新的国际贸易秩序中的关键力量。

4.期货市场的交易机制

(1)保证金交易

违约风险(Default Risk)指远期或期货合约中一方违背以约定价格履行约定交易的承诺的风险。远期合约仅与合格交易对手名单进行交易,通常要求担保品,可以要求追加担保。期货交易中通常用保证金账户来预防违约风险。

期货市场实行保证金制度,即在期货合约签订期初,买卖双方需缴纳一定比例的保证金金额。保证金可分为两个类型,一是结算保证金,它是期货会员预先准备的资金,未被合约占用;另一类是交易保证金,它是买卖双方按持仓合约价值比例交付的保证金,被合约占用并且根据每日行情调整,又可分为三小类。

初始保证金:期货交易者在开始建立头寸时所需要支付的保证金,一般为合约价值的一定百分比。保证金的多少会对交易的杠杆效应和活跃程度产生影响。

维持保证金:追缴保证金的临界值,当期货价格发生变动造成保证金成数不足时所需补缴之金额。如果保证金账户降至低于最低维持保证金,交易者会收到来自经纪商的保证金催付通知,指明应向保证金账户中追加的现金数额;如果投资者没能存入追加现金,经纪商有权进行强制平仓。

变动保证金:补缴至初始保证金的部分。

(2)逐日盯市结算制

期货合约的所有头寸每天都要"盯市",即假定按照当天的结算价平仓,计算每个交易者头寸的盈亏。在逐日结算制度下,亏损一方的资金将被从账户提取出来,放入盈利一方的账户。

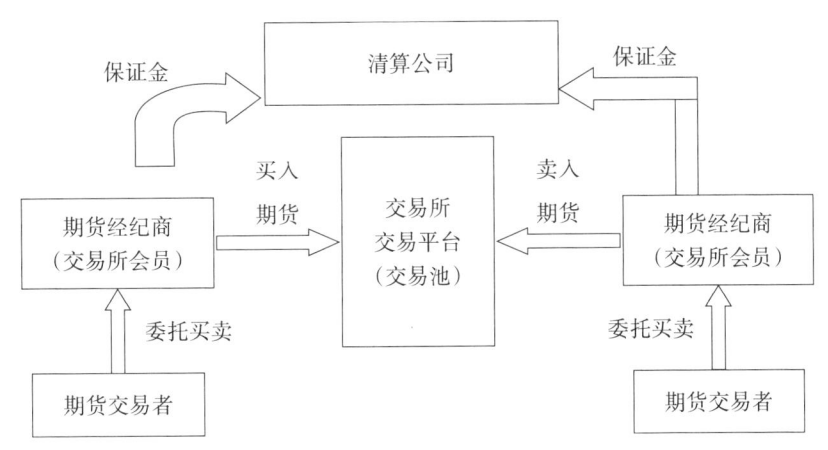

图 3-1 期货市场交易机制示意图

期货市场的交易机制是其区别于远期合约的核心,由于期货和远期本质相同,因此两类衍生品的定价原理相同,一般条件下可近似认为远期价格等于期货价格,本书不再赘述。作为场内交易的标准化合约,在保证金制度和逐日盯市结算制下,期货市场的违约率很低,在交易中有三道防线:一是,保证金制度和逐日盯市结算制度的严格无负债运行机制,若有一方违约将以保证金补偿;二是,交易会员必须对其他会员的清算负无限连带清偿责任,即当交易保证金无法补偿违约损失时,将用会员的结算保证金进行清偿;三是清算机构自身资本雄厚,是最后的保障。正是在这样严格保障下,期货市场几乎没有违约风险。

(3)期货交易机制案例分析

例1 现有2张黄金期货合约多头,合约规模为100盎司,当前的期货价格为400美元/盎司。假设交易所规定初始保证金为合约价值的5%。维持保证金以初始保证金为限。

(1)请问该投资者应该交多少初始保证金?
(2)如果第二天黄金期货价格变为397美元/盎司,该投资者的保证金账户余额变成了多少?
(3)该期货的杠杆多少倍?

分析:

(1)每张合约的初始保证金为:100×400×5%=2000美元,两张合约总额4000美元。

(2)如果第二天黄金期货价格变为397美元/盎司,则当日该多头损益为:(397-400)×100×2=600美元。保证金账户余额为:4000-600=3400美元。

表3-3 期货合约逐日盯市保证金变化表

日期	期货价格(美元)	每日盈利(美元)	累计盈利(美元)	保证金账户余额(美元)
建仓时	400			4000
6月1日	397	−600	−600	3400

(3)6月1日,黄金期货价格从400跌至397,投资者的收益率为：

(3400-4000)÷4000=-15%。

而黄金期货的价格变动为：(397-400)÷400=-0.75%。

因此该期货合约的杠杆倍数为：-15%÷(-0.75%)=20倍。

课堂思考与互动

上例中,如果黄金期货的价格继续下跌到393.3美元,请大家思考此时多头方的保证金账户余额是多少？是否应该追缴保证金？请尝试将下表中6月9日和6月10日的数据填列完整。

日期	期货价格（美元）	每日盈利（美元）	累计盈利（美元）	保证金账户余额（美元）	保证金缴付（美元）
	400			4000	
6月1日	397	-600	-600	3400	
6月2日	396.1	-180	-780	3220	
6月3日	398.2	420	-360	3640	
6月4日	397.1	-220	-580	3420	
6月5日	396.7	-80	-660	3340	
6月8日	395.4	-260	-920	3080	
6月9日	393.3				
6月10日	393.6				

第二节 期货交易策略

一、套期保值策略

1.套期保值的概念

期货套期保值是指,利用期货合约对其现存的风险进行保值。具体做法是,在现货市场和期货市场同时对同一种类的商品进行数量相等但方向相反的买卖。即买进现货同时卖出等量期货,或者卖出现货同时买入等量期货。

套期保值的目的是,以期在未来某一时间通过卖出(买进)同样的期货合约来抵补这一基础资产因市场价格变动而带来的实际的价格风险。由此可知,套期保值交易中期货与现货应具备以下四个特点：

①同一数量，

②同一品种，

③同一时间，

④相反操作。

2. 套期保值的原理

套期保值是通过一种暂时性、替代性的买卖活动来实现对另一种未来的实质性的交易对象的保值。更确切地说，可以理解为：由于期货价格和现货价格受同种因素影响，因此买进（卖出）与现货市场上经营的基础资产数量相当、期限相近，但交易方向相反的期货合约，以期在未来某一时间通过卖出（买进）同样的期货合约来抵补这一基础资产因市场价格变动而带来的实际的价格风险。

（1）期货价格与现货价格走势的相同性

期货价格与现货价格同涨同跌。这是因为同一种商品的价格受到相同经济因素的影响和制约，同一标的资产的各种衍生证券价格之间也保持着密切的关系。这样，我们就可以用衍生证券为标的资产保值，也可以用标的资产为衍生证券保值，还可以用衍生证券为其他衍生证券保值。

（2）期货价格与现货价格的趋合性

随着到期日的临近，期货价格会收敛于现货，即满足 $F_T=S_T$。

3. 套期保值的类型

（1）多头套期保值

多头套期保值，又称为买入保值或做多避险，是指现在买入期货，到期平仓，利用期货的先买后卖规避价格上升的风险，适用于将来需买入现货的情形，锁定购买成本。

例2 某建筑企业2010年3月在国外招标签订了一份合同。经过生产计划安排，需要在2010年6月使用线材20000吨，若上海期货交易所已上市钢材期货。为避免原料大幅上涨，该企业在期货市场做买入保值。

表3-4 多头套期保值盈亏分析表

时间	现货市场	期货市场
3月	当前线材价格4900元/吨	买入6月份线材合约20000吨，价格5050元/吨
6月	买入20000吨线材，价格为5400元/吨	卖出6月份线材合约20000吨，价格5650元/吨
盈亏计算	现货每吨需多花500元，因价格上涨导致亏损1000万元	期货市场对冲 盈利600×20000=1200万元

结果分析：

在钢价大幅上涨的情况下，通过多头套期保值能有效规避原材料"采购价格风险"。

若供货方违约,也可考虑在期货市场交割接货,从而有效地规避了"商业信用风险"。若选择交割,则接到的钢材是期货合约交割标准下的产品,品质有保证,有效地规避了"原料品质质量风险"。

(2)空头套期保值

空头套期保值,又称卖出保值或做空避险,是指现在卖出期货合约,到期平仓,利用期货的先卖后买规避价格下降的风险,适用于将来要卖出现货,锁定收益。

例3 某年5月10日,白银现货价格为1071美分/盎司,现有某银矿业主担心白银价格下跌,影响矿场的收益。就目前的生产情况估计,这家矿场未来两个月可以交割50000盎司白银。业主对当前7月的期货价格1068美元/盎司非常满意。

套期保值策略:卖空7月到期的白银期货

请大家思考:如果到期时白银现货价格为1060美分/盎司,该业主的净损益如何?每盎司白银的实际卖价是多少?

假设7月到期时,白银的市场价格为1060美分/盎司,损益分析如下:

表3-5 空头套期保值盈亏分析表

时间	现货市场	期货市场
5月	1071	1068
7月	1060	1060
盈亏计算	1060-1071=-11	1068-1060=8

由于此例中期货合约的到期时间为7月,根据期货套期保值的原理可知,到期时期货价格将与现货价格趋合,即7月到期的期货价格应等于7月的现货价格。由此可知:

每盎司白银净损益:现货损益+期货市场损益=-11+8=-3美元/盎司

该业主净损益:50000×(-3)=150000美分

每盎司白银的实际卖价是:1060+8=1068美分/盎司

> **课堂思考与互动**

上例中,如果到期时白银现货价格是1080美分/盎司那么该业主的净损益如何?每盎司白银的实际卖价又是多少?请用盈亏分析表来分析,并说明这是不是完美套期保值。

二、套期保值与基差风险

1.完美套期保值

完美套期保值是指能够完全消除价格风险的套期保值。套期保值的作用是规避风险,有利于企业稳定、可持续发展,套期保值策略的目的不是盈利。因此完美套期保值是通过期货买卖能够完全规避市场价格变动的影响,它要求期货的到期日、标的资产和交易金额的设定恰好与现货相匹配。

完美的套期保值能比不完美的套期保值得到更为确定的套期保值收益,但其结果并不一定会总比不完美的套期保值好。例如,一家公司对其持有的一项资产进行套期保值,假设资产的价格呈现上升趋势。此时,完美的套期保值完全抵消了现货市场上资产价格上升所带来的收益;而不完美的套期保值有可能仅仅部分抵消了现货市场。注意区分套期保值策略的效果和结果。

套期保值的效果:看是否锁定价格,消除不确定性。

套期保值的结果:看盈亏损益。

在实际情况中,进行套期保值时的交易价格是能确定的,但是未来市场上的现货和期货价格却是未知数,这就是价格风险所在。仍以例3为例,以S2表示到期时白银现货的市场价格,F2表示到期时白银期货的市场价格。此时,套期保值表格分析如下。

表3-6 空头套期保值盈亏分析表

时间	现货市场	期货市场
5月	1071	1068
7月	S2	F2
盈亏计算	S2-1071	1068-F2

对于空头期保值来讲,其实际卖出现货收到的价格为:现货市场价格+期货市场损益

$$=S2+1068-F2=1068+(S2-F2)$$

由于例3中期货到期时间与现货相同,因此有F2=S2,所以例3中套期保值是完全套期保值,即无论未来市场上的白银价格是多少,该业主未来白银的实际售价都锁定在1068美分/盎司。

2.基差与基差风险

前面我们已经学过,完美套期保值是指能够完全消除价格风险的套期保值,影响套期保值效果的因素有很多,主要包括期货与现货的时间差异、地点差异、品质规格差异、数量差异、商品差异、正向市场与反向市场的变化等。其中最典型的就是期货与现货的到期时间存在差异所引起的风险,叫作基差风险。

基差(Basis),是指同一个时点上,现货价格与期货价格的差距,可表示为:

$$基差 B = 现货价 S - 期货价 F$$

基差变强指的是基差值变大(代数值),现货价格的增长大于期货价格的增长。基差变弱指的是基差值变小,期货价格的增长大于现货价格的增长。

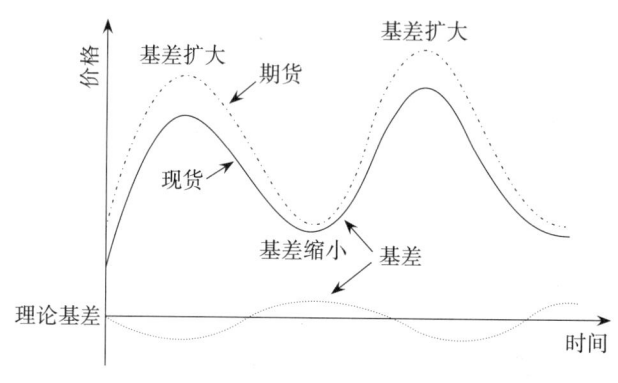

图 3-2 基差的概念

基差风险(Basis risk):由于期货到期时间与现货不一致,现货到期时期货现货价格不能完全收敛,存在基差(b_2)的不确定性,导致期货不能对现货进行完全套期保值。用期货保值后的价格仍不能锁定,此时基差风险代替了价格风险。为更清楚地分析基差风险,假设S_1表示当前现货价格,F_1表示当前期货价格,B1和B2分别表示当前和现货到期的基差。

(1)基差风险对套期保值效果的影响

套期保值后现货的实际买卖价格为:$S_2-(F_2-F_1)=F_1+b_2$

(2)基差风险对套期保值结果的影响

对于空头保值来讲,套期保值后的利润(避险程度)为:$S_2+(F_1-F_2)-S_1=b_2-b_1$

对于多头保值来讲,套期保值后的利润(避险程度)为:$S_1-[S_2-(F_2-F_1)]=b_1-b_2$

由此可知,基差的不确定性将影响套期保值的效果和损益盈亏。空头保值中,基差突然扩大,则空头头寸盈利增加,基差缩小则情况恶化;多头则相反。

例4 某年8月份,某油厂预计11月份需要500吨大豆作原料。当时大豆的现货价格为2650元/吨,该油厂预测未来大豆价格可能上涨,于是在期货市场进行大豆套期保值,当年12月的大豆期货价格为2820元/吨。

若3个月后,大豆的现货价格涨到2750元/吨,期货市场上当时交割的价格为2960元/吨。

问:(1)该厂商应如何套期保值,计算盈亏;(2)计算基差,并说明此例中是否存在基差风险。

套期保值策略:买入大豆期货

表3-7 大豆现货市场价和期货市场价

时间	现货市场价(元)	期货市场价(元)	基差(元)
8月	$S_1=2650$	$F_1=2820$	$B_1=-170$
11月	$S_2=2750$	$F_2=2960$	$B_2=-210$

净损益为:$b_1-b_2=-170-(-210)=40$元

$40\times500=20000$元

大豆实际买价：-2750+(2960-2820)=-2610元

多头套保，基差变小，盈利40元/吨，由于b_2不等于零，不是完全套期保值。

三、构建最佳套期保值策略

1. 最佳套期保值策略的考虑因素

当期货与现货的到期时间一致，期货标的资产与现货一致，期货合约数量与现货一致，那么通过构造期货与现货的相反头寸就可以实现完美套期保值。但是实际中，由于期货合约的标准化特性，期货品种、数量和到期时间都不一定能够恰好满足需求，因此，实际中的套期保值往往无法做到完全消除风险，更多的时候我们需要退而求其次，做一些选择取舍。

①选头寸，合约头寸方向选择（多头/空头）。

②选时间，最好让合约到期与现货到期相匹配，次之选择合约到期日应比现货月份晚但尽量接近。均无法做到及时利用展期套保策略。

③选期货品种，需要进行套期保值的资产与期货合约的标的资产的价格相关性应足够高，由于期货合约种类有限，确定是否有对应的期货合约来保值，如果标的资产不同，那么基差可能会很大。应选择具有足够流动性且与被套期保值的现货资产具有高度相关性的合约品种。

④选数量，确定期货份数，考虑最佳套保比率，与现货数量匹配。

期货数量不一致带来的影响。

例5 某年4月1日，一家美国公司与一家日本公司签订了医疗设备的合约，合约规定美国公司将于10月20日收到两亿五百万日元。美国公司关心的是这笔现金流的美元价值，它从现在到10月20日暴露于外汇风险之下。CME提供以下日元期货：

到期月份：3、6、9、12月；

每一个合约交割的金额为1250万日元。

思考：美国公司进行套期保值规避外汇风险时，应如何构建策略？日元期货方向是买入还是卖出？数量是多少份？选择几月到期的日元期货来保值？

根据最佳套期保值考虑因素，应卖出16份12月到期的日元期货。

分析该套期保值策略的结果：

10月20日美国公司最终收到的美元：

$$205S_2+200(F_1-F_2)=200\times F_1+200(S_2-F_2)+5S_2$$

在这个策略中，只有F_1是事先确定的价格，S_2和F_2均为未知数，存在价格风险，这个风险又可分为两个部分：

$200(S_2-F_2)$是由于期货与现货时间不匹配带来的基差风险。10月20日收到日元，如果用10月20日到期的期货来对冲，该项则为0（收敛性）。

S_2是由于期货数量与现货不匹配导致的,因为期货是标准化合约,必须整手交易。期货品种不一致带来的影响。

例6 用股票指数期货(F)为某一只股票(S*)保值的效果分析。假设现在持有股票,买入价为S_1^*,为防止股价下跌做空头避险。

S:期货合约基础资产(股票指数)价格;

S*:需要保值的资产价格。

表3-8 用股指期货为单只股票套期保值分析

时间	股票市场价格	股指点数	期货市场价
t_1(开仓)	S_1^*	S_1	F_1
t_2(平仓)	S_2^*	S_2	F_2

用股票指数期货(F)为股票(S)保值后,保值者卖出股票得到的有效价格是:

$$S_2^* + F_1 - F_2 = F_1 + (S_2^* - S_2) + (S_2 - F_2)$$

括号中的两项代表基差风险的两个组成部分:

$S_2 - F_2$:时间不匹配,基差风险;

$S_2^* - S_2$:期货品种不同而带来的额外风险。

2.最佳套期保值比率

(1)套期保值比率的概念

考虑了各种风险对套期保值效果的影响,在进行套期保值时,就需要考虑套期保值比率。在套期保值中,不一定1:1的保值是最好的。

套期保值比率实际上就是每一单位现货部位保值者所建立的期货合约单位,即期货价格变动1单位,被套保的现货价格变动的量。保值者在套期保值中所使用的期货合约数和套期保值比率具有如下关系:

$$h = \frac{Q_F}{Q_S} = \frac{N \times V_F (单张期货)}{Q_S}$$

其中h为套期保值比率,Q表示期货和现货的价值,N表示期货合约数量,V_F表示一张期货合约的价值。根据套期保值比率的定义,可以计算出需要的期货合约数量:

$$N = \frac{h \times Q_S}{V_F} \qquad 式3\text{-}1$$

(2)最佳套期保值比率

最佳套期保值比率是指,为了规避价格风险,套期保值者在建立交易头寸时所确定的期货合约的总价值与所保值的现货合同总价值之间的比率。即使得整个套期保值组合(包括用于套期保值的资产部分)收益的波动最小化的套期保值比率,具体体现为整个资产组合收益的方差最小。

假设：

$\triangle_S$=保值期间现货价格变化；

$\triangle_F$=保值期间期货价格变化；

σ_S=$\triangle_S$的标准差；

σ_F=$\triangle_F$的标准差；

ρ=$\triangle_S$和$\triangle_F$的相关系数；

h=套期比率。

通过数学推导(略)，最小方差套期比率为：

$$h^*=\rho\frac{\sigma_S}{\sigma_F} \qquad 式3\text{-}2$$

期货套期保值的比率由三个因素决定：期货与现货价格的相关性，相关性越强，保值效果越好；现货价格变化的波动率；期货价格变化的波动率。

例7 某公司将在3个月后购买100万加仑航空燃油，为规避未来油价上涨的风险，拟购入期货进行套期保值。已知：

$$\sigma_S=0.032, \sigma_F=0.04, \rho=0.8$$

可计算得到最佳套期比率为：

$$h^*=\rho\frac{\sigma_S}{\sigma_F}=0.8\times\frac{0.032}{0.04}=0.64$$

一张期货合约是42000加仑，因此公司应购买期货合约数量为：

$$h=\frac{Q_F}{Q_S}\longrightarrow 0.64=\frac{N\times 42000}{1000000}$$

$$N=0.64\times\frac{1000000}{42000}=15.2份合约$$

四、投机策略

投机商进入期货市场交易的目的在于获利，并因此创造原本不存在的风险，他们进入期货市场主动承担风险。投机商的存在是期货市场正常运行不可或缺的，他们承担市场价格波动的风险并提供风险资金；平抑期货价格的波动；增强市场流动性；促进了信息的流动。

投机商大体上可以根据头寸持有的预期时间长短而分为三大类：短线帽客(scalpers)、当日冲销者(day traders)与头寸交易者(position traders)。

1.单纯投机

期货的单纯投机是指，只做一笔单项头寸。通过预测未来期货价格来构建头寸，如果预测价格上涨，则买入期货合约；预测价格下跌，则卖出期货合约。如果未来期货价格走势与预测一致那么就会盈利，不一致则会亏损。由于期货合约存在杠杆交易，因此单纯的期货投机具备风险大，收益高的特点。

例8 甲、乙投资者对香港恒生指数的升降预期不一,甲认为两个月后恒指会上升,乙认为会下降,双方订立恒指期货交易合同进行操作,如果未来股票市场上升,那么甲乙的损益如表3-8所示。

表3-9 期货投机损益分析表

	甲投资者	乙投资者
2022年10月1日	因预期恒指会上升,故买入一张12月的恒指期货合约,其期货市场内的作价为8100点	与甲作反向预测,卖出12月的一张恒指期货合约,作价为8100点
2022年12月30日	股市果然上升,收市恒指为8185点,结果净赚4250港元[(8185-8100)×50](其他费用支出未计)	股市走势与预测相反,结果亏损4250港元[(8185-8100)×50](其他费用支出未计)

2. 价差投机

价差投机,又称为套利性投机,是指同时买卖有关联的期货合约,属于对冲操作。其风险来源于两个期货合约的价差变化,获利来源是期货之间的相对价格,是对市场价差进行预测判断,而不是纯粹的价格变化,因此它的风险比单纯投机的风险更小。价差投机可分为商品间价差投机和商品内价差投机。

商品间价差投机是指,相关标的资产的价差交易,即同时买入并卖出两个不同期货品种的合约。对那些认为可以预测两个不同期货品种价格之间的相对变化,但不能预测任何一种期货的价格变化的投资者有吸引力。

例如,小麦期货和玉米期货同属于粮食类期货合约,其价格同受主粮市场的供求关系影响,具有一定关联性。如果预测未来玉米相对小麦的价格将上涨,则可构建商品间的价差策略来获利:买入玉米期货合约,同时卖出到期时间相同的小麦期货合约。这样,无论未来粮食市场价格是上涨还是下跌,只要玉米价格相对小麦价格上涨,即可获利。

📝 课堂思考与互动

分析商品间价差投机策略:玉米多头和小麦空头的损益

	情形一	情形二	情形三	情形四
粮食市场行情	涨	跌	涨	跌
小麦的波动性比玉米	大	大	小	小

问题:试分析以上四种情形,价差策略什么时候可以盈利?什么时候会亏损?

商品内价差投机是指,标的物相同但到期月份不同之间价差交易,即买入并卖出同种期货品种的不同交割月份合约。如买入沪深300指数8月份期货合约同时卖出沪深300指数9月份期货合约。商品内价差交易主要体现在买卖合约的时间不同,考虑随着时间变化两个合约的价差变化应该有一定理论规律(参考远期定价公式)。当市场上期货价格走势存在较大的偏离均衡,则可对未来两个期货合约的价差做出合理的走势预测,回归均衡时即可获利。

(1)牛市价差策略(bull spread)

牛市价差策略是对两个同品种但是不同到期时间的期货合约进行买近卖远,获得价差缩小的收益。这是因为,对于大多数商品期货来说,当市场是牛市时,较近月份的合约价格上涨幅度往往要大于较远期合约价格的上涨幅度。

只要两个不同到期月份合约的价差趋于缩小,交易者就可以实现盈利,而与期货价格的涨跌无关。

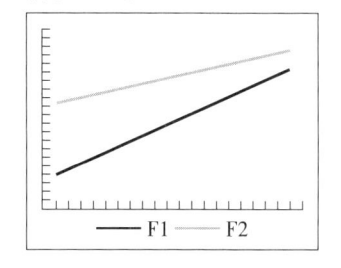

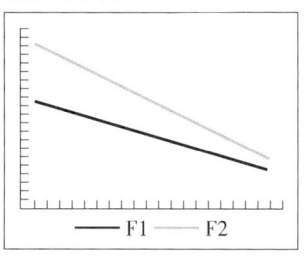

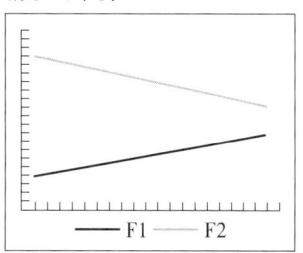

图3-3 牛市价差适用的三种情形

例9 某年10月26日,市场上次年5月份棉花合约价格为27075元/吨,次年9月份合约价格为27725元/吨,两者价差为650元/吨,交易者预计棉花价格将上涨,5月和9月期货合约的价差有可能缩小。

策略:交易者买入50手5月份棉花期货合约的同时卖出50手9月份棉花期货合约。

情形一:12月26日,5月和9月的棉花期货价格分别上涨为27555元/吨和28060元/吨,两者的价差缩小为505元/吨。交易者同时将两种期货合约平仓,从而完成价差交易。

表3-10 牛市价差投机分析(上涨情况)

	5月棉花期货	9月到期期货	价差
10月26日	买入50手5月份棉花期货合约,价格为27075元/吨	卖出50手9月份棉花期货合约,价格为27725元/吨	价差650元/吨
12月26日	卖出50手5月份棉花期货合约,价格为27555元/吨	买入50手9月份棉花期货合约,价格为28060元/吨	价差505元/吨
盈亏情况	盈利480元/吨	亏损335元/吨	价差缩小145元/吨

总盈利=145×50×5=36250元

情形二：如果12月26日，5月和9月的棉花价格不涨反跌，价格分别下跌至26985元/吨和27280元/吨。两者的价差仍然缩小，到期交易者同时将两种期货合约平仓。

表3-11　牛市价差投机分析（下跌情况）

	5月棉花期货（多）	9月到期期货（空）	价差
10月26日	−27075	+27725	650元/吨
12月26日	+26985	−27480	495元/吨
盈亏情况	亏损90元/吨	盈利245元/吨	价差缩小155元/吨

总盈利=155×50×5=38750元

（2）熊市价差策略（bear spread）

熊市价差策略是对两个同品种但是不同到期时间的期货合约进行卖近买远，获得价差扩大的收益。这是因为对于大多数商品期货来说，当市场是熊市时，较近月份的合约价格下跌幅度往往要大于较远期合约价格的下跌幅度。

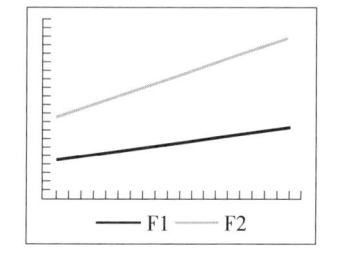

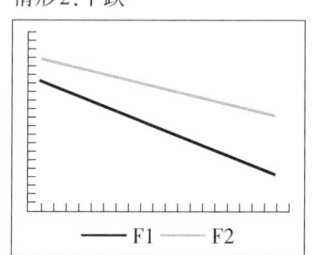

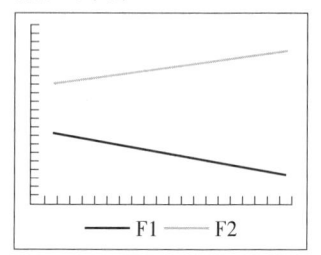

图3-4　熊市价差适用的三种情形

（3）蝶式价差（butterfly spread）

投资者认为中间交割月份的股指期货合约与两边交割月份合约价格之间的价差将发生变化。相当于在近期与居中月份之间的牛市（或熊市）套利和在居中月份与远期月份之间的熊市（或牛市）套利的一种组合。理论上来看，蝶式价差的风险和利润都比普通的价差投机更小。

表3-12　蝶式价差策略构建

反向蝶式价差交易		正向蝶式价差交易	
买入（N1）	近期	卖出（N1）	近期
卖出（N1+N2）	中期	买入（N1+N2）	中期
买入（N2）	远期	卖出（N2）	远期

> 课堂思考与互动

多选题：一个5月到期的鸡蛋期货，预计价格将上升20%。一个7月到期的鸡蛋期货，预计价格将上升10%。以下哪些方式可以投机盈利（　　）
A.买入5月期货　　　　　　　　B.卖出5月期货
C.买入7月期货　　　　　　　　D.卖出7月期货
E.买入5月期货同时卖出7月期货　F.买入7月期货同时卖出5月期货

五、套利策略

套利（arbitrage）是指，人们利用暂时存在的不合理的价格关系，通过同时买进或卖出相同或相关期货合约而赚取其中的无风险价差收益的交易行为。由于在市场运行中，金融期货是由基础资产衍生而来，因此期货与期货之间、期货与现货之间存在一定的价格关系。当市场价格过度偏离均衡的价格关系，就可以通过套利交易来获利。

套利交易从操作方式和对象来看可分为同一种期货合约平仓套利和跨商品套利。其中同品种期货的套利主要包括跨市套利、期现套利和跨期套利。

1.跨商品套利

在两个价格联动性较强的品种上开立相反头寸的交易方式，可分为相关商品套利和可转换商品间的套利。

（1）相关商品间的套利

相关商品间价差的判断主要依据相关商品间的某种关系，比如豆油和棕榈油都是食用油，存在消费上的替代关系，这种替代关系就决定了它们之间的价差有一个合理的区间。

（2）可转换商品间的套利

原料和它的制成品之间的价差主要依据原材料和制成品之间的转化关系以及企业的利润来判断。例如大豆和豆粕存在原料与成品间的合理价格区间。

2.同品种套利

（1）市场间套利

市场间套利是指投资者在不同交易所同时买进和卖出相同交割月份的两种期货合约以赚取价差利润的套利行为。一般而言，市场间套利常见于货币期货和商品期货交易中。例如上海铜期货和伦敦铜期货在正常的进出口贸易下，国内外现货铜之间存在着一个正常水平的价格差。当同期合约价格差偏离正常水平产生扭曲时，此时即可以进行跨市套利交易。

例10　某年7月1日，KCBT（堪萨斯城期货交易所）12月份小麦期货合约价格为7.50美元/蒲式耳，同日CBOT（芝加哥期货交易所）12月份小麦期货合约价格为7.60美元/蒲式耳。

套利者认为虽然KCBT合约比CBOT合约价格低10个美分,但和正常情况相比仍然稍高,预测价差将会扩大,于是进行了以下操作(每手期货5000蒲式耳)。

表3-13 跨市套利分析

时间	5月棉花期货(多)	9月到期期货(空)	价差
7月1日	卖出1手12月KCBT小麦合约,价格7.5美元/蒲式耳	买入1手12月CBOT小麦合约,价格7.6美元/蒲式耳	价差0.1美元/蒲式耳
8月1日	买入1手12月KCBT小麦合约,价格7.4美元/蒲式耳	卖出1手12月CBOT小麦合约,价格7.55美元/蒲式耳	价差0.15美元/蒲式耳
盈亏情况	盈利0.1美元/蒲式耳	亏损0.05美元/蒲式耳	

净盈利:(0.1-0.05)×5000=250美元

(2)期现套利

期现套利是指现货与期货反向操作进行套利的方式,在利率期货和股指期货市场这种方式是比较多的,套利者会在现货市场买入或卖出现货,同时在期货市场以相同的规模卖出或买入同一标的资产的某种期货合约,并在未来的同一时间平仓。现实中,由于成分股的买卖需要较长的时间,而且市场行情不断变化,所以在实际操作中,人们大多使用计算机程序进行自动交易。即一旦出现现货指数与期货的平价关系被打破的情况,计算机就会按照预先设计的程序进行相关的套利交易。

例11 假设现货市场玉米1600元/吨,期货市场玉米合约价格1700元/吨,请问是否存在套利机会?价差100元是否合理?

怎样判断价差是否合理?

标准:从现货市场买入现货储存至期货市场卖出(交割)的费用。

包括:运输费用、质检费用、入库费用、仓储费用、交易交割手续费、增值税、资金成本等。

合理价差:期货合约-现货价格=运输费用+质检费用+入库费用+仓储费用+交易交割手续费+增值税+资金成本。

经过分析,得到相关费用如下。

表3-14 玉米现货持有到交割的相关费用

运输费用(取决于现货买入的地点到交易所仓库的交通状况)	5元/吨
质检费用	1元/吨
入库成本(包括入出库费用+杂项作业费用)	10元/吨
交易交割费用	期货交易手续费1元/吨+交割费1元/吨
仓储费	0.5元/吨天,10元/吨

续表

理论增值税	9元/吨
资金成本 (持仓资金成本+现货资金成本+合理收益)	40元/吨
总计	77元/吨

由此判断期货与现货之间存在不合理价差的:期货合约−现货价格>运输费用+质检费用+入库费用+仓储费用+交易交割手续费+增值税+资金成本

实际价差100>合理价差77→存在套利机会

套利策略:现货市场买入玉米同时在期货市场卖出玉米合约,将现货市场买来的玉米运输至交易所仓库入库变成仓单,到期办理玉米期货合约的实物交割(卖出),则可获得100−77=23元/吨的套利收益。

(3)跨时间套利

一般情况下,跨期套利在不同期限的同一期货品种间进行,前文所介绍的价差投机即为期货跨期套利的一种。具体来说,就是在买入或卖出某一较短期限的金融期货的同时,卖出或买入另一相同标的资产的较长期限的金融期货,在较短期限的金融期货合约到期时或到期前同时将两个期货对冲平仓的交易。跨期套利与期现套利相比限制是比较少的。同时跨期套利没有卖空的限制,是在同一市场进行的。

例12 某年11月份交割的玉米1890元/吨(合约代码811),次年1月份交割的玉米1978元/吨(合约代码901)。请问价差88元是否合理?怎样判断价差是否合理?

标准:买入"玉米811"在当年11月份交割接货储存至次年1月份卖出(交割)的费用包括:交易交割手费、仓储费用、增值税以及资金成本等

合理价差:1月合约>11月合约+交易交割费用+仓储费+增值税+资金成本

经过分析,得到相关费用如下:

表3-15 玉米现货持有到交割的相关费用

交易交割费用	期货交易手续费2元/吨+交割费2元/吨
仓储费	0.5元/吨天,30元/吨
理论增值税	9元/吨
资金成本 (持仓资金成本+现货资金成本+合理收益)	40元/吨
总计	83元/吨

由此判断存在套利机会,构建套利策略:买入"玉米811"同时卖出"玉米901"合约,若至11月底,价差没有出现缩小就准备实物交割,办理"玉米811"合约的实物交割(买入),在1月底对"玉米901"合约交割(卖出)。若至11月底,价差出现缩小则利用对价差的统计分析择机获利平仓头寸。

3.套利交易中应当注意的一些问题

尽管套利交易的风险比单项投机小,但它仍是一种具有一定风险的交易活动,以下一些问题应当在交易中引起注意:

(1)正确认识套利交易的风险;

(2)套利能否获利与对后市的判断有关;

(3)注意交易费用,正确认识套利限制;

(4)正确认识套利交易的利润水平;

(5)必须掌握各种套利交易类型的适用范围;

(6)不要在陌生的市场做套利交易;

(7)研究价差的历史资料很重要。

第三节 商品期货交易

一、商品期货的概念

商品期货是指标的物为实物商品的期货合约。商品期货的种类众多,各期货合约各不相同,但其基本内容还是相似的。我国郑州交易所于1993年5月28日推出了绿豆标准化期货合约。商品期货是最早出现的期货合约,最初是用于对冲商品价格的波动风险,通过相应的衍生工具的套期保值。

表3-16 郑州交易所绿豆期货合约条款

交易单位	10吨
交割等级	标准品:国标二等杂绿豆(GB10462-89) 替代品:国标一等/三等杂绿豆,国标一等/二等/三等明绿豆
最小价格变动	每吨不高于或不低于上一交易日结算价120元
到期月份	1月,3月,5月,7月,9月,11月
最后交易日	合约交割月份倒数第七个交易日
交割日期	合约交割月份第一交易日到最后一个交易日
订单符号	GN
交易保证金	合约价值的10%
交易手续费	每张6元
交割方式	实物交割

二、商品期货的定价

1. 黄金和白银：投资类商品

黄金、白银是众多投资者所拥有的贵金属资产，如果不考虑存储成本，黄金和白银类似于无收益证券。设 S 表示黄金的现货价格，则期货价格 F 为：

$$F=Se^{r(T-t)}$$

存储成本可看作是负收益，设 V 为期货合约有效期间所有存储成本的现值，则期货价格 F 为：

$$F=(S+U)e^{r(T-t)}$$

若任何时刻的存储成本与商品价格成一定的比例，存储成本可看作是负的收益率。在这种情况下，期货价格 F 调整为：

$$F=Se^{(r+u)(T-t)}$$

这里，u 表示每年的存储成本与现货价格的比例。

例13 考虑1年的黄金期货合约。假设每年的储藏成本为3美元/盎司，在每年的年末支付。黄金的现货价格为500美元/盎司，利率为7%。

（1）请计算黄金期货的价格应该是多少？
（2）如果期货价格为540美元，如何构造套利机会？

根据题意，可知条件：$T-t=1$，$r=0.07$，$S_t=500$ 美元

计算存储成本现值：$U=3e^{-0.07}=2.7975$ 美元

计算黄金期货的价格：$F=(500+2.7975)e^{0.07}=538.8$ 美元

根据分析，黄金期货市场价格540美元>无套利均衡价格538.8美元，因此存在套利机会。可构建套利策略：借入500美元买1盎司黄金，同时卖一份期货合约。这样到期时则每盎司黄金可获得无风险无成本的利润1.2美元。

2. 其他商品

对于持有目的主要不是投资的商品来说，以上讨论不再适用。个人或公司保留的现货库存是因为其有消费价值，并非投资价值。因此他们不会积极主动地出售商品购买期货合约，因为期货合约不能消费，这就是持有期货的成本。

因此 $F<(S+U)e^{r(T-t)}$ 可以长久存在下去，而 $F>(S+V)e^{r(T-t)}$ 不能长久成立，故有：

$$F \leqslant (S+U)e^{r(T-t)}$$

若存储成本是连续发生的，储藏费用率为 u，则有：$F \leqslant Se^{(r+u)(T-t)}$

当 $F<e^{(r+u)(T-t)}$ 时，商品使用者会认为持有实物的商品比持有期货合约更有吸引力。这些好处可包括：从暂时的当地商品短缺中获利或者具有维持生产线运行的能力，这些好处有时称为商品的便利收益（Convenience Yield）。

三、我国商品期货市场的发展概况

中国期货市场从无到有、从小到大，经历了20世纪90年代初期的盲目发展和1994年之后的规范整顿，中国期货交易步入了规范试点发展时期。1990年10月，中国郑州商品期货市场建立。至1993年底，全国期货交易所50多家，期货公司300多家，交易品种包含七大类50多个品种。当初各地盲目发展起来的50多家期货交易所，经清理整顿，到1998年底只剩下14家作为试点的期货交易所，这些交易所全部实行会员制，总共拥有会员2000多个。

1998年8月，国务院再次对我国期货市场进行规范、调整，经撤销、停止部分交易品种的交易，全国商品交易所合并为3家，分别为上海、大连、郑州交易所，交易品种确定为12种。1998年后开始恢复性增长，新品种不断上市，商品期货交易品种已有40多种，以农产品、工业品为主。截至2022年3月底期货上市交易品种有70余种。2021年我国新上市两个商品期货品种，一是2021年1月8日大连商品交易所生猪期货正式挂牌交易，第二个是2021年2月1日郑商所上市的花生期货。

未来将有更多的新品种商品期货上市，为实体经济的稳定发展提供更有效的避风港。大商所筹备上市期货品种：开发纯苯、LDPE，推动豆粕、豆油国际化，推进干辣椒期货、鸡肉期货上市，开展乙醇、果葡糖浆、原木等储备品种的可行性研究，筹备集装箱运力期货、豆油期权、棕榈油期权、焦煤期权、焦炭期权等。上期所计划上市期货品种：推动氧化铝、稀土、铬铁、冷轧薄板期货、集装箱运价指数期货上市。郑商所可能上市期货品种：推进马铃薯、葵花籽等的研发，加快咖啡、PX、瓶片、玻璃期权上市。

📖 **阅读资料**

2021年1月8日大连商品交易所生猪期货正式挂牌交易

套期保值交易保证金水平为合约价值的8%，投机交易保证金水平为合约价值的15%。

根据交易所最新通知做一手生猪期货多少钱呢？

以LH2109为例，

投机：1手生猪期货=30680元/吨×16吨×15%=73632元；

套保：1手生猪期货=30680元/吨×16吨×8%=39270元。

总结：个人客户做1手生猪期货7万-8万；产业套保1手生猪期货4万左右。

第四节 金融期货交易

金融期货合约交易是在现代商品期货交易的基础上发展起来的。根据标的资产不同,金融期货可分为三大类。一是股票指数期货:指以特定股票指数为标的资产的期货合约,S&P500股指期货合约就是其典型代表。二是外汇期货:以货币作为标的资产,如美元、德国马克、法国法郎、英镑、日元、澳元和加元等。三是利率期货:指标的资产价格依赖于利率水平的期货合约,如欧洲美元期货和长/短期国债期货等。

1972年5月,芝加哥商业交易所(CME)设立国际货币市场(IMM)分部,推出世界上第一张外汇期货合约;1975年10月,芝加哥期货交易所(CBOT)推出第一张利率期货合约——政府国民抵押贷款凭证;1982年2月,美国堪萨斯城期货交易所(KCBT)开办价值线综合指数期货。由此奠定了金融期货三大类别的主要架构。

一、利率期货

1.利率期货的起源和发展

(1)利率期货的产生

从第二次世界大战结束到20世纪60年代中期,世界经济处于相对较好的平稳发展阶段。在布雷顿森林体系下,各国不但汇率保持相对稳定,而且在利率政策上也基本一致。各国中央银行大多奉行凯恩斯主义的扩张性宏观经济,为刺激消费和投资需求而推行低利率政策。在当时,金融市场的利率一直处于低水平并且相对平稳的状态。在债券市场上,以美国为主的各国国债价格也处于相对平稳的走势。然而,60年代中期以后,特别是进入70年代以来,扩张性货币政策的负面经济效应日益显现出来,各国经济发展缓慢下来,财政赤字越来越大,失业越来越多,通货膨胀率越来越高。在严峻的经济滞胀形势下,各国政府纷纷改弦易张,开始青睐弗里德曼的货币主义政策。弗里德曼认为,市场经济具有达到充分就业的自然趋势,政府过多干预经济,反而会加剧经济的动荡。因此弗里德曼主张减少政府对经济的干预,严格控制货币的发行,这是根治通货膨胀的唯一出路。

从美国国内情况来看,60年代美国对越南发动战争,为了维持庞大的军费开支,执政的约翰逊政府一改原来以赋税筹措战争费用的做法,大量增发货币,引发了严重的通货膨胀。进入70年代以后,1974年和1979年又先后发生两次危及世界经济的"石油危机"。石油危机给包括美国在内的整个西方世界带来了巨大冲击,西方各国经济很不景气,物价迅速攀升,世界经济进入"滞胀"阶段。为抑制美国国内出现的严重通货膨胀,美国政府被迫采取了高息政策,大幅上调了资金利率。紧缩的利率政策暂时缓解了通货膨胀,却加剧了美国经济的停滞,失业率上升,社会矛盾加剧。为此,主管美国货币政策的美联储又不得不降低利率,以寻求经济的适度增长。可是利率一降,物价再度上升。如此循环往复,利率波动频繁,且波动幅度也日趋扩大。

从国际情况来看,1971年尼克松上台后,宣布将美元贬值,1973年美国宣布退出布雷顿森林体系,实行浮动汇率制,取代固定汇率制,维系国际货币金融秩序的布雷顿森林体系宣告瓦解。在浮动汇率制度下,各国政府纷纷通过利率调整来干预汇率,以维护本国的国际收支状况。汇率浮动使得利率波动更加频繁剧烈。

频繁而剧烈的利率波动使得金融市场中的借贷双方特别是持有各国国债的投资者面临着越来越严重的利率风险,投资者的经济利益已无法得到基本的保证。在这种情况下,为了规避利率风险,人们迫切需要一种既有利又有效的管理利率风险的工具,利率期货便在这种背景下应运而生。

在对金融市场进行了长达6年的周密调查研究之后,美国芝加哥期货交易所(CBOT)借助开办谷物和其他商品期货交易的经验,于1975年10月20日开始在其国际货币市场上推出了一种全新的期货交易业务,即使用政府国民抵押协会的抵押证券签订的合约(Government National Mortgage Association Certificate),简称抵押凭证期货,这是有史以来第一张利率期货合约,这标志着利率期货的诞生。抵押凭证期货是美国住房和城市发展部批准的银行或金融机构以房屋抵押方式发行的一种房屋抵押债券,平均期限12年,最长可达30年,是一种流通性较好的标准化息票信用工具。

(2)利率期货的发展现状

根据FIA的统计数据,2021年全球有18家交易所开展国债期货交易。从成交量来看,2016年至2021年,全球国债期货成交量总体稳步提升,仅2020年成交量较前一年有所下降,2021年重回上升趋势,成交量达到20.03亿手的近6年新高。2016至2021年,全球国债期货年均成交量达17.74亿手。从占比来看,国债期货成交量占总体利率期货成交量比例近6年始终维持在50%以上,平均占比在51.81%。国债期货在利率期货中成交量占比总体呈上升态势,2020年占比达阶段性高点54.21%,2021年略有下降,但仍维持52.88%的相对高位,是所有利率期货中成交量占比最高的品种。投资者应用国债期货进行利率风险管理的需求强,主要国债期货品种整体相对其他类型的利率期货交投更为活跃。

北美和欧洲地区国债期货交易起步较早,品种较为齐全,交易也更为活跃。2021年,欧美地区国债期货成交量占全球国债期货成交总量的90%,剩下10%基本分布在亚太地区。

按交易所来看,2016—2021年间全球国债期货成交集中度较高,主要分布在几个代表性交易所。成交量占比最高的为芝加哥期货交易所(CBOT),6年年均成交量占比达

55.2%。CBOT不仅集中了北美地区绝大部分的国债期货交易,也是全球范围内国债期货成交量占比最大的交易所,近年成交量占比相对2016年略有提升。成交量占比排在第二位的是欧洲期货交易所(Eurex),近6年年均成交量占比为28.94%。近年来Eurex国债期货在全球范围的成交量占比相较2016年有一定下降。CBOT和Eurex国债期货交易量加总占据全球国债期货交易总量的八成以上,2021年两家交易所国债期货成交量占比全球国债期货总成交量共计84.10%。

从亚太地区来看,澳大利亚证券交易所(ASX)成交量占比较高,6年年均占比为6%;韩国证券期货交易所(KRX)6年年均占比达2.44%。我国国债期货成交量不断提高,目前在全球体量中年均成交量占比在0.9%,2021年占比达1.25%。其他亚洲交易所中,日本的大阪交易所(Osaka Exchange)也占据一定比例,2021年成交量占比为0.41%。

总体上看,欧美地区国债期货交易发展多年,品种较为齐全,成交量在全球相对领先,投资者类型也较为广泛,市场结构相对均衡、成熟。而亚太地区国债期货交易起步相对较晚,经过多年发展规模不断扩大,在全球体量中也占据一定份额。

近年来,我国国债期货成交量占比不断提升,同时我国也正在逐步完善市场投资者结构,引入更多类型的机构投资者入市,让期货市场更好地发挥套期保值、价格发现等功能。另外,澳大利亚、韩国、日本等国,其国债期货类型、市场对外开放程度、投资者结构各有差异,本书选取具有代表性的KRX作为研究对象,分析其投资者结构情况,以期为我国国债期货市场发展提供参考经验。

2.利率期货的概念

利率期货合约是标的资产价格仅依赖于利率水平变动的期货合约。利率期货交易,是指在交易所中,通过公开喊价的方式在未来某一时期按照事先约定的价格进行买卖标的债券的交易活动。在理解利率期货时,有以下需要注意的地方。

①利率期货的标的资产并非利率本身,而是一些与利率关系密切的固定收益证券。常见的标的证券包括短期货币市场工具及中长期资本市场工具,前者如国库券、欧洲美元定期存单等,后者则有中、长期国库债券、地方政府债券及不动产抵押担保债券。

②利率期货仍具有规避风险的功能,主要目的是规避银行利率波动所引起的证券价格变动的风险。利率上升,债券价格下跌,两者反向变动。一般来说,预期未来利率上升,为规避利率上升增加融资成本的风险,可以构建空头利率期货套期保值策略。如果市场利率上升,则平仓利率期货,可获得期货价格下跌的收益做补偿。

③利率期货的头寸,利率期货多头是未来将按照约定价格买入债券,进行投资。空头则是未来将按照期货价格卖出债券,进行融资。

④利率期货的价格即未来买卖标的资产的价格,它与远期利率密切相关。确定远期利率的方法是把它看作弥补即期市场上不同到期日之间的缺口的工具,在上文中已经详细介绍过,这里不再赘述。假设T年期的即期利率为r,T^*年期的即期利率为r^*,其

中 $T^*>T$。那么，T 和 T^* 之间蕴含的远期利率 f 为：

$$f=\frac{r^*T^*-rT}{T^*-T}$$

3. 短期利率期货

（1）概念

短期利率期货是利率期货合约时间在一年以内的各种类型的利率期货为标的物，主要包括以货币市场各种类型债务凭证为标的物的利率期货。

现在市场上较为活跃的短期利率期货有两种，第一种是短期国债期货合约，其标的资产为短期债务工具（短期存款、短期国债等），如IMM交易所交易的3个月期、面值为100万美元的短期国库券。第二种是欧洲美元期货合约，标的资产为伦敦银行间的、3个月期的美元定期存款，合约面值100万美元。下面以短期国债期货为例进行详细介绍。

（2）短期国债期货的报价

短期国债期货合约的标的资产为90天的国库券，国库券是贴现发行，到期偿还面值。期货合约到期日前，标的资产是期限长于90天的短期国债。

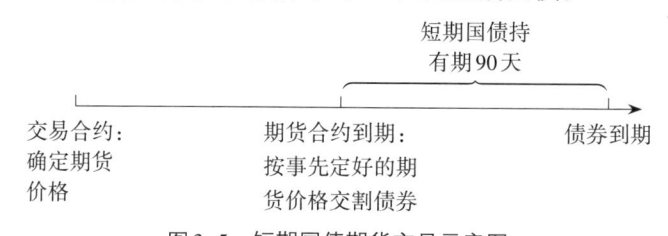

图3-5 短期国债期货交易示意图

IMM交易所采用指数报价法报出短期国债期货的交易价格，短期国债期货合约规模为100万美元，报价是以面值100美元进行报价，即报出的是合约价值百分比。

短期国债期货报价则为：Z=100-相应短期国债的报价

短期国债（现货）的报价通常是以面值为$100的国库券标价。假设S为距到期日还有n天时间的短期国债的现货价格，其报价（年化贴现率）为：

$$360(100-S)/n$$

例：90天到期国债现货价格98美元，则其报价为：$(100-98)×360/90=8$ 美元

以该国债为标的期货报价为：100-8=92美元

短期国债期货的现金价格（公式计算出）为：$F=100-(100-Z)×剩余到期天数/360$

> **课堂思考与互动**
>
> 某140天国债利率为8%，230天期国债的利率为8.25%，那么介于两者之间的90天期的短期国债期货的现金价格和报价为多少？

(3)短期国债期货的定价

假设期货到期日T与国债现货到期日T*的无风险复利率分别为r和r*,若合约标的面值$100,由于短期国债为贴现发行,到期偿付面值,因此可知在债券到期时将产生现金流100,其间无利息支付。

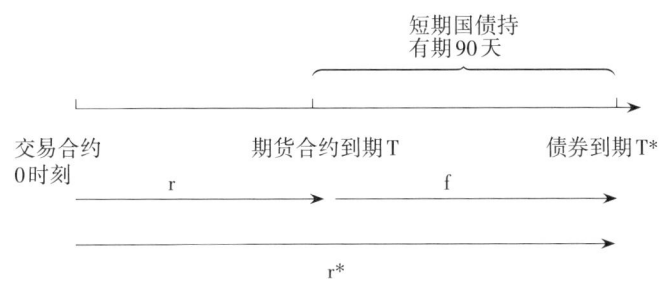

图3-6 短期国债期货中的利率关系

标的现值S(债券价格)为:

$$S=100e^{-r^*T^*}$$

由于在此期间短期国债没有支付收益(贴现发行),由期货定价公式知:

$$F=Se^{rT}=100e^{-r^*T^*+rT}=100e^{-f(T^*-T)}$$

从中可以看出,短期国债期货合约中隐含着远期利率。

课堂思考与互动

【多选题】一张还有20天到期的短期国债期货,如果20天的即期利率为3%,90天的即期利率为4%,110天即期利率为5%,以下说法正确的是:(　　)

A.从现在开始算,该期货的标的债券还有90天到期

B.该期货标的债券的价格计算为:100×e-5%×110/360

C.20天后可以进行国债交割

D.该期货隐含的远期利率为:4.28%

E.预期未来利率下降,则可以买入该期货

(4)短期利率期货的应用

短期利率期货同样具备期货的一般功能,即对利率风险进行套期保值。投资者可以通过短期利率期货固定未来的贷款利率:利率期货合约可以用来固定从经营中所获得的现金流量的投资利率或预期债券利息收入的再投资率。也可以固定未来的借款利率:债券期货合约可以用来锁定某一浮动借款合同的变动利息支付部分。以某投资者在欧洲市场上进行英镑的短期投资为例。

例14 某年2月18日,投资者认为英镑利率将下跌,为了对已有的进行保值,并进一步地继续投资2500万的英镑,因此该投资者买入12月份的欧洲英镑期货。

报价如下:

英镑3个月的LIBOR为13.125%

12月份的期货价格为89.58

策略:买入短期利率期货适用于进行长期投资的投资者,用于短期利率下降的投资保值。

表3-17 英镑现货市场和期货市场

现货市场	期货市场
2月18日 英镑3个月LIBOR为13.125%	2月18日 买入50手12月份欧洲英镑期货合约,IMM指数为89.58
如果未来12月 英镑利率下降为10%	12月 卖出50手欧洲英镑期货合约(平仓),IMM指数为90
-3.125%	+0.42%

该投资者的实际收益率=10%+0.42%=10.42%

4.中长期利率期货

(1)概念

中长期利率期货则是指期货合约标的的期限在一年以上的各种利率期货,即以资本市场的各类债务凭证为标的的利率期货均属长期利率期货,包括各种期限的中长期国库券期货和市政公债指数期货等。

美国财政部的中期国库券偿还期限在1年至10年之间,通常以5年期和10年期较为常见。中期国库券的付息方式是在债券期满之前,每半年付息一次,最后一笔利息在期满之日与本金一起偿付。长期国库券的期限为10年至30年之间,以其富有竞争力的利率、保证及时还本付息、市场流动性高等特点吸引了众多外国政府和公司的巨额投资,国内购买者主要是美国政府机构、联邦储备系统、商业银行、储蓄贷款协会、保险公司等。在各种国库券中,长期国库券价格对利率的变动最为敏感,正是70年代以来利率的频繁波动才促成了长期国库券二级市场的迅速扩张。

拓展学习

历经10年,我国商业银行正式进入金融期货市场

商业银行2020年4月10日正式进入中国金融期货市场。首批入市的是中国工商银行、中国农业银行、中国银行、中国建设银行和交通银行。

2019年末,中国国债余额为99万亿元,列全球第二位。中国金融期货交易所是国

债期货交易的运行市场,是发现国债价格的平台。我国国债的最大持有者是各大商业银行。但在此之前,最大的国债持有者却没法进入国债期货的市场交易,利用期货工具。在中金所金融期货推出初期,商业银行进入金融期货交易所就是一个重要的议题。历经十年,这个问题终于得以解决,这是重要的突破,标志银行债券市场与证券市场迈出了跨市场融合的步伐。

中国证监会副主席方星海在视频连线的致辞中表示,商业银行正式加入中金所的会员队伍,参与国债期货交易,这凝聚了业界的智慧与汗水,成果来之不易,标志着我国国债期货市场发展迈上了一个新台阶,对形成统一高效的金融市场具有重要的意义。

利率是最重要的金融市场价格,作为利率发现和管理利率风险的工具,国债期货是我国金融市场重要的组成部分,经过6年多的发展,中金所已经形成了包括2年、5年、10年三个关键期限产品的国债期货市场,市场运行良好,对提升债券现货市场流动性和定价效率,完善国债收益率曲线发挥了重要的作用。作为国债最大持有者的商业银行参与国债期货交易,必将进一步提高国债期货价格的有效性和代表性,推动各类金融要素市场的内在有机地连为一体,提升金融市场配置资源的效率。

与此同时,商业银行参与国债期货交易后,一方面可以充分利用国债期货工具管理利率风险稳定资产价格,另一方面在债券市场出现波动期间,还可以利用国债期货流动性好、成交快速的优势分流债券市场抛压平缓现货市场波动,从而促进债券市场整体稳定运行。

交通银行董事长任德奇表示,商业银行进入国债期货市场,有利于商业银行提高利率风险管理能力,提升服务实体经济能力,有利于提升国债期限或市场的深度和广度,促进我国金融市场交易创新,加快上海国际金融中心的建设,有利于培养金融专业人才队伍,为维护国家金融安全奠定坚实的基础,必将成为中国深化金融领域改革进程中的又一重要里程碑。

中国工商银行副行长廖林表示,商业银行试点参与国债期货市场是我国深化金融体制改革,推进利率市场化的重要实践,工行将积极发挥大行担当作用,助力国债期货市场平稳健康运行。

中国银行副行长孙煜表示,当前中国金融业加速交流开放,中国银行业转型发展,将国债期货纳入商业银行的投资范围,有利于商业银行进一步丰富利率风险的对冲工具,提高利率风险的管理效率。

——节选自北晚新视觉综合,有改动

(2)中长期国债期货的报价

我国利率期货市场起步较晚,自"327国债期货事件"后一直处于停滞状态。1992年12月,上海证交所率先推出了国债期货交易。1994年下半年到1995年5月,开办国债期货交易业务的交易所和证券交易中心已近10家。由于当时我国国债的数量偏少,监管体系不健全，交易者总体上十分不成熟，在利率不断上升，国债期货价格持续大幅度上扬的情况下，违规事件接连不断。接连发生了"314事件""319事件"和"3·27事件"。其中"3·27事件"尤为严重。1995年5月17日，证监会决定暂时停止国债期货试点。2013年，我国国债期货市场重启，5年期国债期货在中国金融期货交易所上市交易。此后初步形成了2年、5年、10年三个关键期限的国债期货产品体系。由于我国国债期货市场还在建设完善中，因此下文以国际市场中较为成熟的10年期国债期货为例进行介绍。

表3-18 芝加哥期货交易所(CBOT)的10年期国债期货合约条款

合约规模	面值10万美元的美国国债
合格的可交割国债品种	剩余到期期限从交割月份第1天起不超过10年，且不低于6年6个月的美国国债。发票价格等于期货结算价格乘以转换因子，再加上应计利息。
发票价	期货价格×转换因子+应计利息
最小变动价位	1/32点，相当于每份合约价值31.25美元。面值为100个点，1个点等于1000美元
报价	价格报价法，面值的百分比+小数/32
交易时间	周日至周五，美东时间下午6:00—下午5:00（下午5:00—下午4:00，美中时间），每天从美东时间下午5:00（美中时间下午4:00）起有60分钟短暂休市时间
最小价格波动幅度	直接交易：1点的1/32的1/2（15.625美元/合约，四舍五入为最近的美分值）价差交易：1点的1/32的1/4（7.8125美元/合约）。
产品代码	CME Globex 电子交易：ZN CME ClearPort：21 清算所（Clearing）：21
上市合约	3个季月合约（3月、6月、9月和12月）
结算方法	实物交割

在国际债券市场上，国债价格以美元和1/32美元报出，所报的价格是面值为100美元债券的价格，即报价为面值百分比。中长期国债期货的报价与国债现货报价方式相同。

例如期货报价118-220，换算为十进制表示为118+22/32=118.6875，代表期货价格的百分比，对应的期货合约价值为100000×118.6875%=118687.5美元。

需要注意的是，在债券市场上报价通常采用净价报价，全价结算的形式，国债期货报价也相同。全价即包含交割债券应计利息的价格，是期货合约的现金价格，它与净价的关系为：

全价=净价+应计利息

应计利息=上一个付息日以来的累计利息

假设A现购买一份刚发行的5年期债券,票面100美元,利率10%。按年付息。持有3个月后将债券卖给B。通过分析可知,在交割债券时,B应支付给A债券价格加上2.5美元的应计利息。

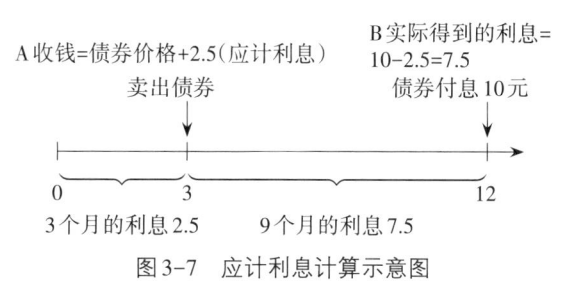

图3-7 应计利息计算示意图

(3)中长期国债期货的发票金额

发票金额是指,期货到期时多头方为获得空头方提供的国债支付的价格(全价),是期货合约的现金价格的面值百分比。空头方报出的交割价格等于转换因子乘以期货报价。考虑累计利息,对交割每一个面值为$100的债券。

$$发票金额=期货报价\times 交割债券的转换因子+应计利息$$

转换因子(Conversion Factor,CF)是中长期国债期货交易的特点之一。由于国债期货到期交割时,合约空头方可选择任一种符合条件的长期国债交割,那么如何为那么多种国债统一定价呢?解决办法就是采用标准债券作为标的,而实际中这样的债券可能根本不存在,通过将合格债券先转换成标准债券,才能计算其价格。转换因子的实质就是面值1美元的可交割国债在其剩余期限内所有现金流按照国债期货合约的票面利率折现的现值。例如CME中10年期国债期货的转换因子是1美元面值,到期收益率为6%情况下可交割国债的价格。

转换因子一般由交易所公布,与债券的期限和票面利率有关。当一个债券票面利率高于标准债券票面利率时,其转换因子大于1;当一个债券票面利率低于标准债券票面利率时,其转换因子小于1;转换因子是剩余期限的单调减函数。

例15 2002年6月份的10年期国债期货的最终清算价为99-16,用息票利率为5%,半年付息一次,到期时间为2011年2月15日的国债进行交割,转换因子为0.9342。

期货最后交割日为2002年6月28日。请计算该国债期货的发票价格。

分析步骤:首先找标的债券的付息日,然后找期货到期交割时间,计算应计利息,最后计算发票金额。

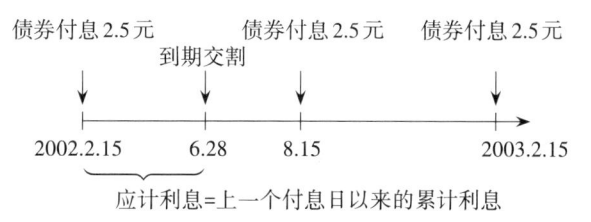

应计利息=计息天数/息票期天数×半年利率=100×5%/2×133/181=1.837元
发票金额=期货报价×交割债券的转换因子+应计利息
=(99+16/32)×0.9342+1.8370=94.7899元
所以,该国债期货的现金价格为:100000×94.7899%=94789.9元

(4)最便宜的交割债券

中长期国债期货在进行交割的时候,空头方具有品种选择权,空头方在交割时可以使用任何一种芝加哥交易所认可的可接受债券来进行交割,最便宜的交割债券(Cheapest To Deliver,CTD)概念就由此而来。中长期国债期货在进行交割的时候,大概有30种债券可用来交割CBOT的长期国债期货合约,考虑利息和到期日,它们之间的区别是很大的,空头方可选择最便宜的债券进行交割,即选择净成本最小的交割债券。

在交割时,空头方收到的发票价格为:

(标准债券期货价格×转换系数)+交割债券所含利息

空头方用于交割的债券,他从现货市场上直接购买形成的机会成本为:

交割债券现货价格+债券所含利息

净成本=交割债券现货价格−(期货价格×转换系数)

当净成本最小时,这种债券是最便宜交割债券。交割最便宜的债券能使下式的值最小:

债券的报价−(期货报价×转换因子)

例如某长期国债期货报价为101-08,用来交割的国债转换因子为1.05,债券市场价格为98元。则空头方的净成本为:98−(101+8/32)×1.05=−8.3125元

(5)中长期利率期货的定价

假定交割最便宜的债券和交割日期是已知的,长期国债期货合约则是这样一种期货合约,即该合约的标的资产可向其持有者提供已知的收益,由此可得该期货合约的理论价格。

由于中长期利率期货的标的物为中长期债券,持有期间可能产生利息收益,因此期货价格F与现货价格S的关系是:

$$F=(S-I)e^{r(T-t)}$$

式中:I:期货合约有效期内息票利息的现值;T:期货合约的到期时刻;t:现在的时刻;r:在t和T期间内适用的无风险利率;F:期货的现金价格;S:债券的现金价格。

标准期货合约报价的计算过程如下。

第一,计算现货价格S。根据债券报价计算最便宜债券交割的现金价格(报价+应计利息);

第二,运用期货价格公式根据债券的现金价格计算期货的现金价格(到期发票价F);

第三,根据期货的现金价格计算出期货的报价;

第四,考虑到交割最便宜的债券和标准的15年期8%的债券的区别,将以上求得的期货报价除以转换因子CF,得到标准期货合约的报价Q。

例16 计算期货的现金价格和报价。一份息票利率为12%的国债,报价120,半年付息一次,上一次付息日在60天前,下一次付息日在122天后,再下一次付息是在305天后。以该国债为标的资产的国债期货合约,转换因子为1.4,该期货合约还有270天到期。假设利率期限结构水平,年利率10%保持不变。

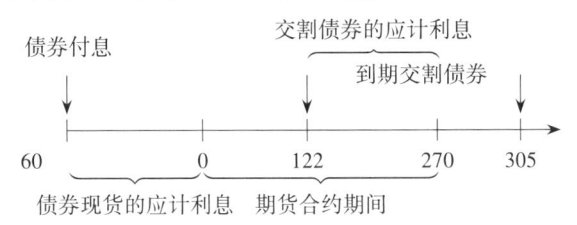

```
             债券付息           交割债券的应计利息
                                  到期交割债券
      ↓                    ↓            ↓
   ———|—————————|—————————|———————|——————→
     60         0         122     270   305
          债券现货的应计利息   期货合约期间
```

① 计算现货债券的现金价格S

$$S=120+100\times 12\%/2\times 60/182=121.9780\text{元}$$

② 计算期货现金价格F

已知现货现金价格$S=121.9780$,无风险年率$r=10\%$,期货合约持有期$T-t=270/365$,期货合约持有期间标的债券产生的利息收益只有122天后的一次,即$I=100\times 12\%/2\times e^{-10\%\times 122/365}=5.8028$元

$$F=(121.9780-5.8028)e^{10\%\times 270/365}=125.0948\text{元}$$

③ 计算标准期货合约的报价Q

中长期国债期货中,发票金额$F=$报价$Q\times$转换因子+交割债券的应计利息,代入得到:

$$125.0948=Q\times 1.4+100\times 12\%/2\times (270-122)/(305-122)=85.89\text{元}$$

二、股指期货

1.股指期货的概念

股指期货是指证券市场中以股票价格综合指数为标的物的金融期货合约。交易双方买卖的既不是股票,也不是抽象的指数,而是代表一定价值的股指期货合约。投资者利用股价和股指变动的趋同性,采用在现货和期货两大市场中方向相反的操作以减少、抵消价格变动的不利因素,进行套期保值或投机获取风险利润。

我国首次开展股票指数期货交易是1994年1月海南证券交易中心推出的保证指数期货交易,共6个期货合约,包括深证综合指数当月、次月、隔月合约,每个合约单位为深证指数乘以500元,但还不到一个月,便被证监会责令停止交易,总共成交合约111手。2010年2月22日9时起,证监会正式接受投资者开户申请,沪深300股指期货合约自2010

年4月16日起正式上市交易。截至2022年,我国上市的股指期货品种有3种,分别为沪深300股指期货(IF),中证500股指期货(IC)和上证50股指期货(IH)。

表3-19 沪深300指数期货合约要素

合约标的	沪深300指数
合约乘数	每点300元
合约价值	沪深300指数点×300元
报价单位	指数点
最小变动价位	0.2点
合约月份	当月、下月及随后两个季月
非最后交易日交易时间	9:15—11:30,13:00—15:15
最后交易日交易时间	9:15—11:30,13:00—15:00
涨跌停板幅度限制	上一个交易日结算价的正负10%
合约交易保证金	合约价值的8%
交割方式	现金交割
最后交易日	合约到期月份的第三个周五,遇法定节假日顺延
最后结算日	同最后交易日
手续费	100元/手(含风险准备金)
交易代码	IF

2.股指期货的特点

(1)现金结算

合约到期时,以股市收盘点数与合约事先约定的股票指数的点数差额折算的现金进行收付。投资者可以参与股市但不需要持有股票,不需要过户,节约交易费用,能够把握股市大盘走势,避免股票个别风险。

(2)高杠杆,交易成本低

股指期货交易不需要全额支付合约价值的资金,只需要支付一定比例的保证金就可以签订较大价值的合约。例如,假设股指期货交易的保证金为12%,投资者只需支付合约价值12%的资金就可以进行交易。这样,投资者就可以控制8倍于所投资金额的合约资产。当然,在收益可能成倍放大的同时,投资者可能承担的损失也是成倍放大的。

(3)市场流动性高

由于股指期货产品具有交易费用低,杠杆率高等特点,吸引许多投资者,尤其是机构投资者进入股指期货市场,提高股票市场的活跃度。同时,由于股指期货与现货市场具有联动性,套保套利等交易将可能提高现货市场流动性。

3.股指期货合约的定价

大部分股票指数可看作支付红利的证券,通过近似计算,可认为红利是连续支付的。设 q 为红利收益率,通过指数套利,可以得到股票指数期货价格公式。

红利收益率形式:$F=Se^{(r-q)(T-t)}$

例17 以中证500指数为标的物的三个月到期的股指期货合约。假设指数每年的红利收益率为3%,指数现在的值为4800,连续复利的无风险年利率为8%。中证500股指期货每点价值200元。如果3个月后中证500指数上涨到4900点。

(1)计算该股指期货的无套利价格。

(2)该期货多头方的损益为多少?

分析:

股指期货的无套利价格:$F=Se^{(r-q)(T-t)}=4800\times e^{(8\%-3\%)\times 0.25}=4860.4$ 元

多头方的损益为:$(4900-4860.4)\times 200=7920$ 元

4.股指期货合约的应用

股指期货的推出,意味着我国股市将正式引入做空机制。届时投资者将不仅可以通过股价上涨来获利,也可以卖空股指期货,在下跌行情中获利。换言之,当投资者看好股市未来的表现时,不仅可以买入股票,也可以买入股指期货合约;若投资者看空未来股市走势,则可以卖出股指期货合约。这样不仅可以在下跌行情中获利,不必再像以前那样为熊市无法做多而发愁,也可以通过卖出股指期货来对冲风险,不用担心自己之前买入的股票被套,可谓一举两得。

此外,股指期货为机构投资者提供了有效的避险工具,机构投资者通过合理运用股票、期货两个市场的风险对冲来减小股票市场中的系统性风险,尤其是针对一些高度分散化股票组合风险,可避免大规模的追涨杀跌行为,进而减缓股票市场的波动,这从某种程度上来说也是对中小股民自身利益的有效保护。

系统性风险是指不可分散的市场风险,通常可以用 β 系数来衡量,它是测度某一资产组合与市场一起变动时证券收益变动的程度。如果某一资产的 β 值高于1,那就说明该资产收益率的波动大于市场组合收益率的波动;如果资产的 β 值低于1,那就说明该资产收益率的波动小于市场组合收益率的波动。

(1)利用股指期货进行套期保值

有效的股票指数对冲将使得对冲者的头寸近似以无风险利率增长。通过买卖相应的股指期货,能够调整投资组合的 β 值。根据 β 的定义,可知最佳套期保值比率即为 β。因此对冲股票组合时,最佳的卖空合约数量为:

$$N=\beta \times \frac{S}{F}$$

例18 某投资者持有价值500万的股票升华拜克,为了防止股价下跌,决定利用沪深300股指期货进行套期保值。经测算,升华拜克的β系数为1.6。8月1日,沪深300指数为2882点,12月份到期的指数期货为2922点。

因此,为了给500万的股票进行保值,该投资者卖出合约
$$5000000/(2922×300)×1.6=9.126 份$$

(2)利用股指期货调整组合风险

套期保值的目的是完全消除风险,实际运用中根据需要不一定将组合的风险完全消除。投资者可根据自身预期和特定的需求利用股指期货改变股票投资组合β系数,具体而言可以通过构建股票多头+股指期货的策略,灵活地改变股票组合的β值,调整系统性风险的大小。特殊的,当对冲组合的β值为零时,就是套期保值。

设股票组合的目标风险值为$β^*$系数,股票投资组合现在风险值为β系数,则需要交易的股指期货合约数量为:

$$N=(β^*-β)×\frac{S}{F}$$

计算得到的结果为负数则表示需要卖空的期货数量,正数则表示需要买入的期货数量。

例19 某基金公司拥有一个系数为2.2,价值1亿元的A投资组合,1个月的沪深300指数期货价格为2500点。如果该公司希望将系统性风险降为原来的一半,应如何操作?

分析:该公司希望降低原组合的风险,因此可以卖空股指期货。交易份数为:
$$(1.1-2.2)×100000000/2500×300≈-147 份$$

因此,该公司应卖空标准普尔500指数期货合约147份。

三、外汇期货

1.外汇期货的概念

外汇期货是指,外汇交易双方在外汇期货交易所通过经纪公司或经纪商以公开喊价的方式,买入或卖出未来某一特定日期的标准化外汇期货合约的交易。

目前,外汇期货主要在芝加哥商业交易所(CME)、伦敦国际金融期货期权交易所(LIFFE)和纽约棉花交易所(NYCE)交易。在CME上市的外汇期货为英镑、马克、日元、法国法郎、瑞士法郎、荷兰盾、墨西哥比索,用美元进行买卖。

2.外汇期货合约的要素

①交易币种,各外汇交易所分别规定特定的外汇期货交易币种。

②合约面额(标准化),各交易所对期货合约面额有具体规定,每笔交易必须是合约面额的整数倍。

③交割月份和日期,外汇期货的到期日期。交易所一般以3月、6月、9月和12月作为交割月份,交割日期是进行期货交割的具体日期。

④价格波动,外汇期货价格的最低限度,即买卖外汇期货时,合约每次变动的最低数额。日价格波动的最高限度是指一个营业日内期货合约波动的最高幅度。

表3-20 外汇期货行情

项目	英镑	日元	澳元	加元	瑞士法郎	新西兰元	欧元
报价方式	1.4364USD/BP	0.07639USD/JY	0.5282USD/AD	0.6274USD/CD	0.6004USD/CD	0.4356USD/NE	1.1701USD/EC
合约规模	62500英镑	12500000日元	100000澳元	100000加元	125000瑞法郎	100000新元	125000欧元
刻度/刻度值	0.0002/$12.5	0.000001/$12.5	0.0001/$10.00	0.0001/$10.00	0.0001/$12.50	0.0001/$10.00	0.0001/$12.50
最大价格波动	无						
合约月份	3月、6月、9月、12月						
交易时间	星期一到星期五的7:20a.m.~2:00p.m.(美国中部时间)						
最后交易日	合约月份的第三个星期三的前第二天(通常为星期一)的上午9:16停止交易						
交割	结算所指定的货币发行国						

3. 外汇期货的作用

①价格发现:真实、全面地反映了市场供求状况的汇率价格。

②投机赚取利润,承担风险,有盈有亏。

③套期保值:现货商为回避现货市场的价格风险而在期货市场上做与现货市场相反操作的行为。可分为买入套期保值和卖出套期保值。买入套期保值是通过预测外汇价格上涨,持有期货合约多头,锁定购汇成本。卖出套期保值适用于担心外汇价格下跌,持有期货空头的情况。

例20 某年3月1日,美国A公司向瑞士出口一批货物,总价值1000000瑞士法郎,3个月后收款。为避免瑞士法郎贬值遭受汇兑损失,A公司委托其外汇期货经纪人卖出8份6月期的瑞士法郎期货合约。当时的即期汇率为USD1=CHF1.2740/50,期货价格为1CHF=USD0.7830。

6月1日,即期汇率为USD1=CHF1.2860/70,期货价格为1CHF=USD0.7800。

分析:A公司出口货物,未来收到瑞士法郎,需兑换成美元。如果未来瑞士法郎相对于美元贬值,那么将影响A公司的实际收益。因此为规避未来外币价格下跌的风险,可做卖出套期保值。

表3-21　空头套期保值损益分析

现货	期货
3月1日 卖出货物收入1 000 000法郎 即期汇率1.2750瑞士法郎=1美元，即0.7843美元/法郎 总价值784 300美元	3月1日 卖出8份6月份法郎期货合约，每份CHF125 000，共CHF1 000 000 期货价格:0.7830美元/法郎 总价值:0.7830×125000×8=783 000美元
6月1日 收到货款1 000 000法郎 即期汇率1.2870瑞士法郎=1美元，即0.7770美元/法郎 总价值777 000美元	6月1日 买回8份6月份期货合约 期货价格:0.7800美元/法郎 总价值:0.7800×125000×8=780 000美元
损失:7300美元	盈利:3000美元

课堂思考与互动

某年5月8日，美国的一个进口商从日本出口商那里购进价值512,500,000日元的货物，约定6个月后付款。当时的即期汇率为USD1=JPY110.10/20，为避免日元升值增加进口成本，美国公司委托其外汇期货经纪人买入41份12月日元期货合约，期货价格为1JPY=USD0.009090。

11月8日，即期汇率为USD1=JPY108.40/50，期货价格为JPY1=USD0.009350。

试分析美国公司在套期保值前后的损益状况。

本章小结

本章详细介绍期货市场和期货合约，主要包括期货市场概述、期货合约的交易策略和期货品种三个部分。首先，期货市场与远期合约在本质上类似，都是双方现在签订的事先约定好未来交割的标的、时间、数量和价格的合约。期货合约的主要特点是标准化合约和场内交易，具有交易所和清算所的专门组织机构，以及保证金和逐日盯市结算的交易机制。因此，期货合约具有价格发现和规避风险的两大功能。

第二部分介绍了期货的交易策略，主要包括套期保值、投机和套利。这三个策略在交易目的和交易风险方面都存在差异。套期保值是通过期货对已有的现货风险进行对冲，分为多头套保和空头套保。套期保值的效果受到期货品种、数量、到期时间的影响，由于期货与现货的到期时间不一致将导致基差风险的出现，基差风险对期货套保的效果和结果都有所影响。期货投机分为单纯投机和价差投机，其中价差投机根据不同期货的价差变化来构建策略,分为牛市价差、熊市价差和蝶式价差交易。期货套利是通过期货对市场上不合理的定价进行对冲操作,从而获取无风险无成本的利润。

最后,本章介绍了期货的品种。一是商品期货合约,商品期货是以实物商品为标的物的期货品种。第二种是金融期货合约,常见的金融期货包括利率期货、股指期货和外汇期货,均具备规避价格风险的功能。利率期货是以与利率变化相联系的固定收益证券为标的物的期货,分为短期利率期货和中长期利率期货,期货的报价和交易机制是由交易所制定的特色规则。股指期货是以股票指数为标的的期货品种,实行现金结算,可用于对冲投资组合的系统性风险。外汇期货是以外汇资产为标的物的期货品种,主要应用于进出口贸易中外汇风险的管理。

思考题

1.在期货交易中,由于每日结算价格的波动而对保证金进行调整的数额称为( )。

A.初始保证金　　B.维持保证金　　C.变动保证金　　D.以上均不对

2.【判断】根据逐日结算制,期货合约潜在的损失只限于每日价格的最大波动幅度。( )

3.【判断】买入期货比卖出同一品种期货所交的保证金更多。( )

4.在期货交易中( )是对每笔新开仓交易必须交纳的保证金。

A.基础保证金　　B.初始保证金　　C.追加保证金　　D.变更保证金

5.关于保证金,以下哪种说法错误( )。

A.期货的卖方需要缴纳保证金

B.期货的买方不需要缴纳保证金

C.保证金制度是期货与远期合约的根本区别之一

D.期货的买方需要缴纳保证金

6.【判断】以交割月份相同但头寸相反的另一份期货合约来对冲原来持仓的合约,称为合约的交割。( )

7.进口商一般套期保值的方向为( )。

A.多头套保　　　B.空头套保　　　C.无法确定

8.假设某投资公司有$20,000,000的股票组合,他想运用标准普尔500指数期货合约来套期保值,假设目前指数为1080,每点代表250美元。股票组合收益率的月标准差为1.8,标准普尔500指数期货收益率的月标准差为0.9,两者间的相关系数为0.6。问如何进行套期保值操作?请回答套期保值策略的方向和数量。

9. 【判断】在利率期货交易中,若未来利率上升则期货价格下降。（   ）

10. 【判断】利率期货的标的资产是利率。（   ）

11. 【多选】如果预期利率上升,一个投资者很可能（   ）

　　A. 出售美国中长期国债期货合约　　B. 卖出远期利率协议
　　C. 买入标准普尔指数期货合约　　D. 在美国中长期国债中做多头
　　E. 买入远期利率协议

阅读资料

创新、开放、服务……从上海衍生品市场论坛透视期市发展动能

上市品种量破百、保证金超万亿元、场外市场发展提速……近年来国内期货衍生品市场发展成绩亮眼。

作为观察行业发展的"窗口",第十九届上海衍生品市场论坛26日在上海举行,一场论坛,几乎"浓缩"半部期货行业发展史。今年论坛上,创新、服务、开放、优化……一系列的高频词,不仅释放市场的空间,也是行业发展的动能。

万亿时代:期货逐渐嵌入产业链

期货业,一直以来是金融子行业中实力最弱的行业,在市场发展31年后的2021年,我国期货市场保证金规模步入万亿时代,尽管与基金等市场动辄十几万亿甚至上百万亿的规模相比有差距,但近年来增速亮眼。

中国证监会副主席方星海在论坛致辞时表示,2022年以来,我国期货市场总资金已突破1.6万亿元,总持仓突破3600万手,均创下历史新高。"近几年市场规模都在经历迅速成长,特别是疫情以来保证金年增长幅度超千亿元。"上海一位期货业内人士坦言,作为风险管理工具,每一次"风险",都会吸引一批相关投资者运用这一工具。

资金为何涌入期货市场? 在业内人士看来,期货衍生品市场迅速发展,是供应端和需求端共同拉动的结果。在供应端,随着创新加快,持续推进市场的对外开放,期货衍生品新品种大扩容。

数据显示,到目前,国内期货期权品种数量已"破百",达到101个。其中过去3年多里,主要期货交易所累计上市近40个期货期权品种,开启了衍生品市场规范发展后的最快发展时期。

之所以能不断"上新",在期货专家常清等众多业界人士看来,是基于市场规范发展以来建立的适合国内市场实际的严格制度体系,特别是包括期货交易所、期货保证金监控中心等在内的"五位一体"监管体系,市场能够经受冲击。目前,一系列经过检验的制度也通过期货和衍生品法进一步得到保障。

在需求端,随着期货市场功能发挥,加上不确定因素增多,越来越多的产业链相关

企业利用期货期权衍生工具进行风险管理。"从实践经验来看,期货市场套期保值功能为企业规避价格风险提供有力保障。"中国上市公司协会会长宋志平表示,越来越多的上市公司借助期货、期权等衍生工具有效应对风险挑战,数据显示,2021年,A股上市公司发布套期保值管理制度、业务开展等相关公告1188份,2022年仅上半年就达到928份,增长迅速。

"引入期货交易的初期,市场一度投机盛行,随着市场规范发展以及功能的发挥,期货已逐渐嵌入更多行业。"一家铜冶炼企业期货管理部负责人表示,对于铜等有色金属企业,多数企业基本已在期货市场进行100%套期保值,并按照期货价格的"信号"安排经营生产。

从0到1、从1到N 期货价格国际影响力渐强

开放,是激发市场生命力的又一"催化剂"。数据显示,从2018年原油期货作为首个对外开放品种以来,期货市场已有近10个期货期权品种引入境外交易者。论坛也传递出,油脂油料期货期权品种将纳入特定品种,市场对外开放有望继续扩容。

"引入境外交易者,最直观的是让国内市场价格真正具备成为全球定价基准的基础。"黄金市场专家王其博认为,国内商品期货市场连续多年的交易量均位居全球首位,但此前外资相关机构不能买也不能卖,市场价格只能是"国内市场价格"。

而随着期货市场推进国际化,尤其是原油期货的对外开放模式复制推广,目前包括20号胶、上海油、国际铜等多个品种价格出现在国际贸易场景。以20号胶期货为例,数据显示,随着上海国际能源交易中心20号胶期货市场功能发挥,挂钩20号胶期货价格的实物贸易量近年来持续提升,目前国内天然橡胶进口的近三成贸易量已采用20号胶期货价格作为定价基准。

联益中国公司首席执行官马文军表示,对企业而言,利用期货作为定价基准实际上节省不少成本。"以往协商价格往往要双方不断谈判,改用期货作为定价基准后就只需要每年确定一个升贴水,对方在认为有利的市场时机进行点价就可以完成交易。"

从国际市场到国际价格,看不见的服务必不可少。此前,上期所推动建立了包括20号胶、国际铜等品多种贸易定价期现合作"朋友圈",吸引境内外企业采用"上海价格"作为定价基准。同时创新推出包括钢材、低硫燃料油等品种的"期货稳价订单",助力实体企业利用期货工具实现保供稳价。此外,针对月度平均价在能源现货贸易中广泛使用的状况,上期所及时公开发布包括原油、低硫燃料油期货月均结算价,并计划研发推出月均结算价期货合约,满足市场需求。

"必须办好服务实体经济的实事。"上期所理事长田向阳坦言,在大变局环境下,上期所正是与各方牢记使命携手奋进,全力办好自己的事,才赢得市场总体向好的发展态势。

红海？蓝海期市迎新发展期

上百个上市品种，基本涵盖了国民经济发展的主要领域，一些业内人士也担心，期货市场是否已开启"存量博弈"？对此，田向阳在论坛致辞中就表示，只要汇集市场主体力量，用足国家和区域性利好政策，未来几年将成为期货市场积厚成势、跨越赶超的黄金发展期。

他介绍，未来上期所将聚焦"三强两优"，致力于市场提质增效。一是以统一大市场建设为牵引"强创新"，压茬推进场内全国性大宗商品仓单注册登记中心建设，并协同物流行业，强化期货市场交割仓储基本盘，推动建设现代仓储物流体系。

二是以对外开放为抓手"强改革"，不断深耕已有国际化品种，改革优化规则制度，加强与境外市场的互动与对接，打造具有全球竞争力的产品服务。

三是以双碳目标为指引"强工具"，进一步完善期货市场品种体系，加快上市天然气、成品油、电力等能源品种，助力油气行业应对价格波动，同时积极布局动力电池材料、氢、氨等新能源品种开发，增创绿色相关的风险管理工具和信息服务，为实体企业稳妥有序、安全降碳保驾护航。

四是以区域发展战略为载体"优服务"，借力上海建设国际金融中心升级版、浦东打造引领区、长三角一体化等战略，构建更健全的大宗商品价格体系，并最大限度调动一切积极因素，讲好期货故事，提升实体风险管理意识和水平。

五是以期货和衍生品法出台为契机"优监管"，认真领悟并准确把握立法精神，切实提升监管效能，正确认识和把握资本特性和行为规律，依法规范和引导资本在衍生品市场健康发展。

随着期货和衍生品法的实施，在专家看来，期货行业也正迎来高质量发展新机遇。"将场外衍生品纳入监管的范围，是《期货和衍生品法》的一大亮点。"中国期货市场监控中心总经理杨光则表示，从全球范围来看，场外衍生品市场规模已达场内市场的6倍到7倍。

对于场外市场，交易所正积极介入。此前，上期所将上期标准仓单交易平台更名为上期综合业务平台，并发布了商品互换业务相关规则。"金融服务实体企业没有止境。"上期所副总经理陆丰表示，后续将继续推动各项准备工作，争取业务早日上线。

——选自陈云富《创新、开放、服务……从上海衍生品市场论坛透视期市发展功能》

第四章

互换合约

【开篇引言】

2022年7月4日,时任中国人民银行副行长、国家外汇管理局局长潘功胜在"债券通"五周年论坛暨"互换通"发布仪式上表示,"互换通"和常备货币互换安排的启动实施,将进一步提升两地金融市场的联通效率,巩固香港国际金融中心和离岸人民币业务枢纽地位。

当日,中国人民银行、香港证券及期货事务监察委员会(以下简称"香港证监会")、香港金融管理局发布联合公告,开展香港与内地利率互换市场互联互通合作(以下简称"互换通"),6个月之后正式启动。同日,中国人民银行还发布公告称,近日中国人民银行与香港金融管理局签署常备互换协议,将双方自2009年起建立的货币互换安排升级为常备互换安排,协议长期有效,互换规模由原来的5000亿元人民币/5900亿元港币扩大至8000亿元人民币/9400亿元港币。这也是中国人民银行第一次签署常备互换协议。

所谓"互换通",是指境内外投资者通过香港与内地基础设施机构连接,参与两个金融衍生品市场的机制安排。

根据联合公告,"互换通"初期先开通"北向通",即香港及其他国家和地区的境外投资者(以下简称"境外投资者")经由香港与内地基础设施机构之间在交易、清算、结算等方面互联互通的机制安排,参与内地银行间金融衍生品市场。未来将适时研究扩展至"南向通",即境内投资者经由两地基础设施机构之间的互联互通机制安排,参与香港金融衍生品市场。

——节选自解旖媛《"互换通"将于6个月后登场便利境外投资者使用利率互换》,有改动

第一节 互换交易概述

一、互换交易的起源和发展

1. 互换交易的起源

互换交易是国际贸易理论中的绝对成本说和比较成本说在国际金融市场上的应用,它最早源于20世纪70年代英国与美国企业之间安排的英镑与美元的平行贷款。

(1) 平行贷款

20世纪70年代初,由于国际收支恶化,英国因此实行了外汇管制,并采取了针对对外投资进行征税的办法,以限制资金外流。一些企业为了逃避外汇监管便采取了平行贷款(parallel loan)的对策。平行贷款涉及两个国家的母公司,其各自在国内向对方在境内的子公司提供与本币等值的贷款。

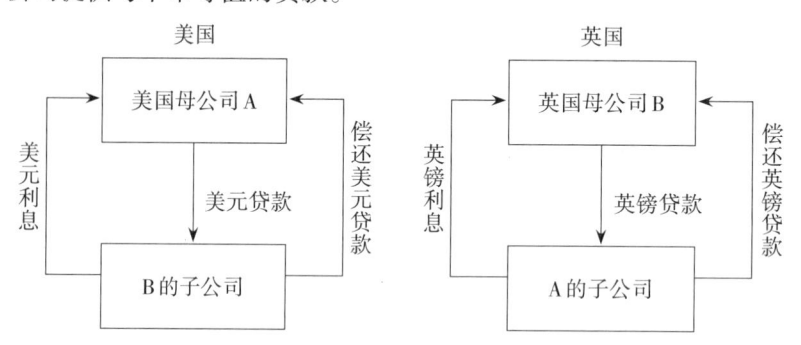

图4-1 平行贷款资金流

平行贷款既能规避国内资本管制,又能满足双方子公司的融资需求,因此深受欢迎。但是平行贷款存在信用风险,因为平行贷款包含了两个独立的贷款协议,分别由两个不同的母公司各自贷给对方设在本国境内的子公司。贷款由银行作为中介完成,子公司的贷款分别由母公司提供担保。平行贷款期限一般为5~10年,大多采用固定利率计息,按期每半年或一年互相向对方支付利息,到期各自偿还借款金额。由于平行贷款涉及两个单独的贷款合同,两份协议具有独立的法律效力:一方出现违约时,另一方不可以解除履约义务。于是,为了降低违约风险,背对背贷款由此产生。

(2) 背对背贷款

背对背贷款(back-to-back loan)是指两个国家的公司相互直接提供贷款,贷款的币种不同但币值相等,并且贷款的到期日相同,双方按期支付利息,到期各自向对方偿还借款金额。

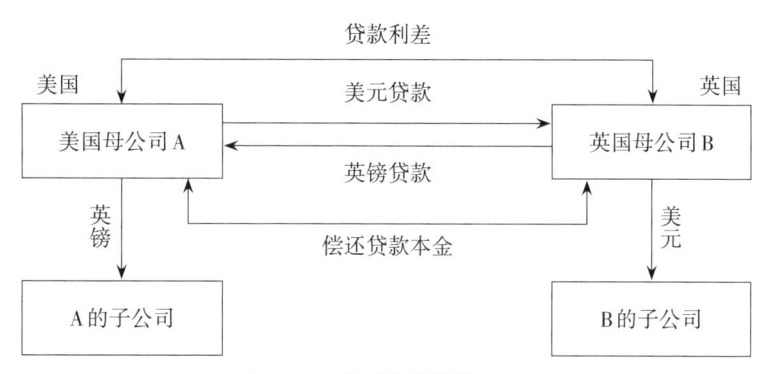

图 4-2 背对背贷款资金流

背对背贷款与平行贷款在贷款结构上不同,效果却相同。结构不同之处在于:它是两公司之间直接提供贷款,双方签订一个贷款合同。若一方违约导致另一方遭受损失,另一方有权不偿还对它的贷款债务以抵消该损失,从而使双方的贷款风险降低。

背对背贷款已经非常接近现代货币互换。但就其本质而言,它还是借贷行为,在法律上产生了新的资产与负债,双方互为对方的债权人和债务人;而货币互换则是不同货币间负债或资产的交换,属于表外业务,不会产生新资产与负债。可见,背对背贷款的现金流与互换基本相同,但仍然是借贷行为,可能产生新的资产和负债,影响资产负债表。

(3)互换合约

1981年所罗门兄弟公司促成了IBM与世界银行之间基于固定利率的一项货币互换,这被认为是互换市场发展的里程碑。当时在所罗门兄弟公司的安排下,世界银行发行债券所筹集的2.9亿美元与IBM公司发行债券所筹集的德国马克和瑞士法郎进行了货币互换。

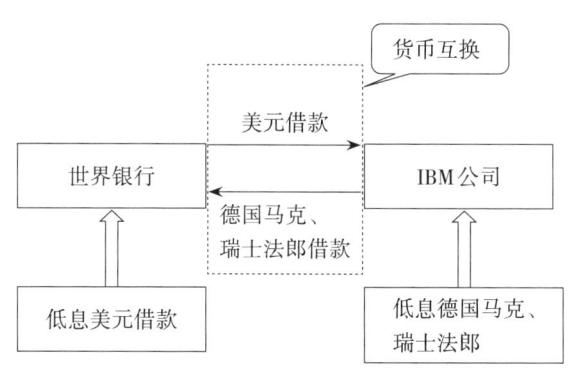

图 4-3 世界银行与IBM的货币互换

第一个利率互换于1981年出现在伦敦,并于1982年被引入美国。Student Loan Marketing Association发行了中期固定利率债券,由投资银行作为中介,将利息支付互换成3个月国债收益为标准的浮动利息支付。通过互换,它获得了与其浮动利率资产相匹配的负债现金流。利率互换自其问世以来市场规模迅速增长,1985年底未清偿利率互换名义本金为170亿美元,到1997年底达到22291亿美元,而到了2006年底这一数字已上升为2292410亿美元。可以说,互换市场是增长速度最快的金融产品市场之一。尤其是利率互换,已经成为所有互换交易乃至所有金融衍生产品中交易量最大的一个品种,影响巨大。

2. 我国互换市场的发展概况

(1)我国利率互换市场

人民币利率互换市场自2006年2月正式启动以来,逐渐成为我国衍生产品市场的主要产品,吸引了越来越多的市场成员的关注。2006年2月9日,中国人民银行发布《中国人民银行关于开展人民币利率互换交易试点有关事宜的通知》后,以国家开发银行与中国光大银行完成首笔人民币利率互换交易为标志,我国人民币利率互换市场创立。试点当年,成交额达355.7亿元,一批机构通过互换达到了避险目的,几家主要报价机构也经受了考验和锻炼,并初步形成了境内人民币互换利率曲线。

2008年2月18日,中国人民银行发布了《中国人民银行关于开展人民币利率互换业务有关事宜的通知》,人民币利率互换业务正式开展。

我国的人民币利率互换交易的交易品种也在不断增加。2006年,国家开发银行与全国银行间同业拆借中心联合推出了银行间回购定盘利率(Fixing Repo Rate),先推出了隔夜(FR001)和七天(FR007)两个品种。中国人民银行于2014年12月15日开始对外发布DR007,即银行间存款类机构以利率债为质押的7天期回购利率。也是目前利率互换种类之一,但流动性不如FR007。2020年11月,以FR007和Shibor_3M为浮动端参考利率的利率互换产品市场占比分别为87.83%、9.81%,其中1年期及5年期交易规模最大,9个月合约也较为活跃。截至2022年,人民币利率互换以FR007和SHIBOR为主。

从银行间市场推出利率互换交易以来,浮动端参考利率从1年期定期存款利率拓展到Shibor_O/N、Shibor_3M、FR007、LPR、FDR001以及债券收益率等,不同参考利率和期限组合出了近100种利率互换产品,实际交易中挂钩FR007与Shibor_3M的互换交易最为活跃。

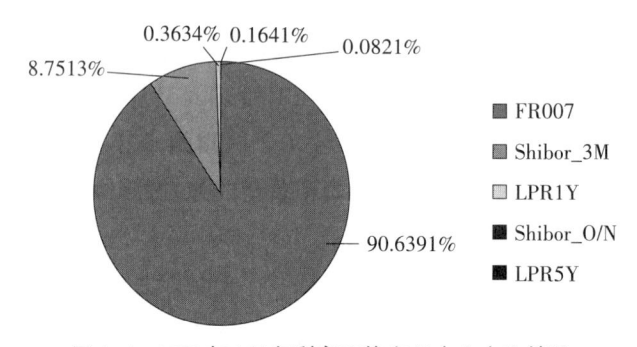

图4-4　2022年4月各利率互换名义本金占比情况

(2)我国货币互换市场

我国加入WTO后,经济活动日益国际化,汇率风险日益成为影响成本与收益的首要因素。在这种情况下,我国金融衍生品市场不断开放,货币互换逐渐获得发展。

2008年金融危机之前,与多个合作国家签订货币互换协议。在2000年5月于泰国清迈举行的"10+3"财长会议上,各方一致通过了关于建立货币互换协议网络的《清迈倡议》,决定扩大东盟原有货币互换网络的资金规模,并号召东盟国家及中、日、韩在自愿的基础上,根据共同达成的基本原则建立双边货币互换协议。2001年,我国与泰国银行签署总额为20亿美元的货币互换协议;2002年,与日本签订约30亿美元的货币互换协议;这一时期,我国还相继与俄罗斯、缅甸、蒙古、越南等周边国家签订互换协议。

表4-1 金融危机后我国货币互换的发展

年度	缔约国家或地区	缔约数
2008	韩国	1
2009	中国香港、马来西亚、白俄罗斯、印度尼西亚、阿根廷	5
2010	冰岛、新加坡	2
2011	新西兰、乌兹别克斯坦、蒙古、哈萨克斯坦、泰国、巴基斯坦	6
2012	阿联酋、土耳其、澳大利亚、乌克兰	4
2013	巴西、英国、匈牙利、阿尔巴尼亚、欧元区	5
2014	瑞士、斯里兰卡、俄罗斯联邦、卡塔尔、加拿大	5
2015	苏里南、亚美尼亚、南非、智利、塔吉克斯坦、格鲁吉亚	6
2016	摩洛哥、塞尔维亚、埃及	3
2018	尼日利亚、日本	2
2019	中国澳门	1
2020	老挝	1

2012年,中国人民银行与乌克兰国家银行在北京签署中乌双边本币互换协议,互换规模为150亿元人民币/190亿格里夫纳,有效期3年,经双方同意可以展期。除乌克兰央行外,我国央行已陆续与阿联酋中央银行、澳大利亚储备银行等5国央行签署了货币互换协议。

2018年底中国人民银行与乌克兰国家银行续签了中乌双边本币互换协议,展期3年。截至2019年,我国目前已经与近40个国家或地区签署货币互换协议,互换总金额已经超过了3万亿元人民币。比如,同日本签署了规模约为2000亿元人民币互换协议,同俄罗斯签署了规模约为1500亿元人民币的货币互换协议,同阿根廷签署了规模约为700亿元人民币的货币互换协议。截至2021年,与中国签订货币互换协议的国家达41个,总额度超过3.8万亿元。

(3)我国商品互换市场

根据中国期货业协会的数据,2018年以来我国场外衍生品市场发展迅速,其中2019

年商品互换累计名义本金达到403.68亿元,同比增长近4倍;2020年1~7月,商品互换累计名义本金为202.27亿元。

近年来国内商品互换、场外期权等商品类场外衍生品业务规模持续增长,但大宗商品类场外衍生品的名义本金总规模仍不及场内期货市场总持仓金额的十分之一。境外发达国家场外衍生品市场规模远大于场内衍生品市场,从境外市场发展经验和实际情况来看,我国场外衍生品市场仍具有较大的发展空间。

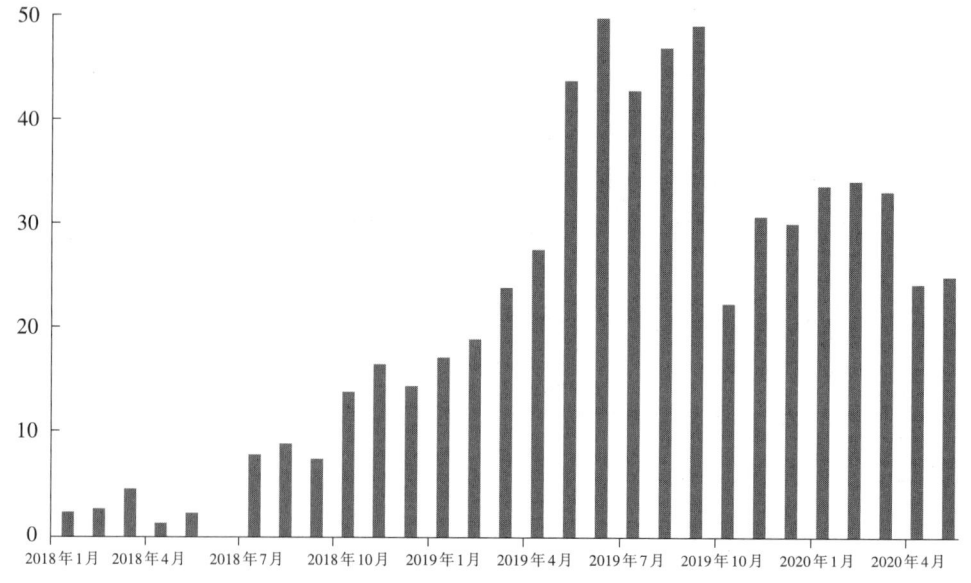

图4-5 我国商品互换名义本金情况(单位:亿元)

数据来源:中国期货业协会

2018年12月,大连商品交易所推出商品互换业务,以大商所期货价格和商品指数为商品互换交易标的提供交易登记、盯市、资金管理和双边清算等服务。截至2020年9月,大商所商品互换业务共有70家交易商(8家银行、10家券商、52家风险管理公司)参与,累计完成360余笔交易,累计名义本金超过40亿元。

二、互换交易的概念

互换(swap),是指互换双方达成协议并在一定的期限内转换彼此货币种类、利率基础及其他资产的一种交易。即双方约定在未来交换一系列现金流的合约,根据现金流产生的基础不同,可分为不同的互换品种。与其他衍生工具相比,互换具有以下特点:

第一,互换交易是在表外进行的。表外交易是指不会产生资产和债务,但可以为商业银行创造利润或降低风险的一种中介服务。

第二,互换是一种建立在平等基础之上的合约,互换是以交易双方互利为目的的,灵活性比较强,对于交易者的各种个性化需求都能够较好地满足。

第三,互换所载明的内容是同类商品之间的交换,但是同类商品之间必须有差异。

第四,互换是场外交易,非标准化合约,因此其金融互换的周期弹性比较大,短期为2年,长期则可以达到20年,所以交易双方的操作自由度比较高。

三、互换交易的基本种类

对互换进行分类,一般依据的是互换所赖以建立的基础资产。这些基础资产包括银行贷款、外汇、商品、有价证券(如债券、股票)等,因此也便有了利率互换、货币互换、商品互换、有价证券互换等区别。除了这些一般性的互换品种之外,还有建立在衍生资产之上的互换和经买卖双方认同的其他条件之上的互换。其中,利率互换和货币互换是互换交易的两个基本种类,下面将详细介绍这两个品种。

(1)利率互换(interest rate swap)

利率互换是指,交易双方在约定的一段时间内,根据双方签订的合同,在一笔象征性本金数额的基础上互相交换具有不同性质的利率(浮动利率或固定利率)款项的支付,即同一币种的固定利率与浮动利率交换。互换的期限通常在2年以上,有时甚至在15年以上。

利率互换的买方是支付固定利率,收取浮动利率。

利率互换的卖方是支付浮动利率,收取固定利率。

在利率互换交易中,交易双方无论在交易的初期、中期还是末期都不交换本金。

例1 假设一个2003年9月1日生效的3年期的利率互换,名义本金是1亿美元。B公司同意支付给A公司年利率为5%的利息,同时A公司同意支付给B公司6个月期LIBOR的利息,利息每半年支付一次。

分析:A公司 ⇌ B公司(LIBOR / 5%)

此例中B公司支付固定利息,收取浮动利息,是多头方。由于利率互换期初不交换本金,因此9月1日无现金流交换,第一次现金流发生在半年后的2004年3月1日,双方交换利息。利率互换中买方B公司的现金收支如下表。

表4-2 利率互换中B公司(多头)现金流情况

单位:百万美元

日期	LIBOR	收到的浮动利息	支付的固定利息	净现金流
2003.9.1	4.20			
2004.3.1	4.80	+2.10	−2.50	−0.40
2004.9.1	5.30	+2.40	−2.50	−0.10
2005.3.1	5.50	+2.65	−2.50	+0.15

续表

日期	LIBOR	收到的浮动利息	支付的固定利息	净现金流
2005.9.1	5.60	+2.75	−2.50	+0.25
2006.3.1	5.90	+2.80	−2.50	+0.30
2006.9.1	6.40	+2.95	−2.50	+0.45

（2）货币互换（currency swap）

货币互换是指交换具体数量的两种货币的交易，交易双方根据所签合约的规定在一定时间内分期摊还本金及支付未还本金的利息，即不同货币的固定利率与固定利率互换。由于互换的币种不同，货币互换通常会交换本金。主要包括三个步骤：

期初，双方签订合约，按照当时汇率进行初始本金的互换；

持有期间，双方按照事先约定的利率，交换一系列的利息（以期初汇率换算）；

期末，到期本金的互换（以期初的汇率）。

例2 2014年3月17日，假设在未来5年内，中国银行需要2亿美元，日本银行需要1亿欧元，当前的汇率为2美元兑换1欧元。为解决资金需求，考虑两个方案：

方案一：两个银行直接去市场上借所需的货币。

方案二：两个银行利用自身的比较优势借款，然后互换。

表4-3 中国银行和日本银行的融资条件

	欧元市场	美元市场
中国银行	10.0%	5.0%
日本银行	13.0%	6.0%

分析：

方案一，直接从市场上按照需求币种融资，则中国银行的融资成本为美元5%，日本银行的融资成本为欧元13%。

方案二，通过比较优势融资，然后互换使用。假设中国银行与日本银行达成互换协议，双方按照2美元兑换1欧元的汇率进行互换，中国银行按照美元6.5%的利率计算利息支付给日本银行，日本银行按照欧元12.5%的利率计算利息支付给中国银行。

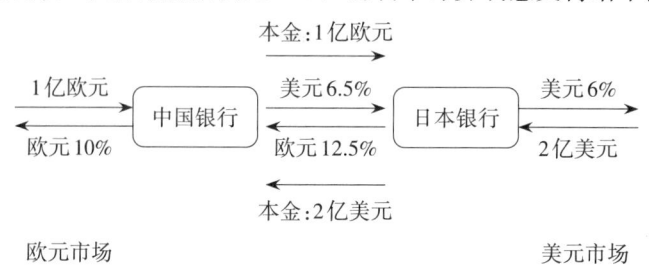

图4-6 中国银行与日本银行互换方案设计图

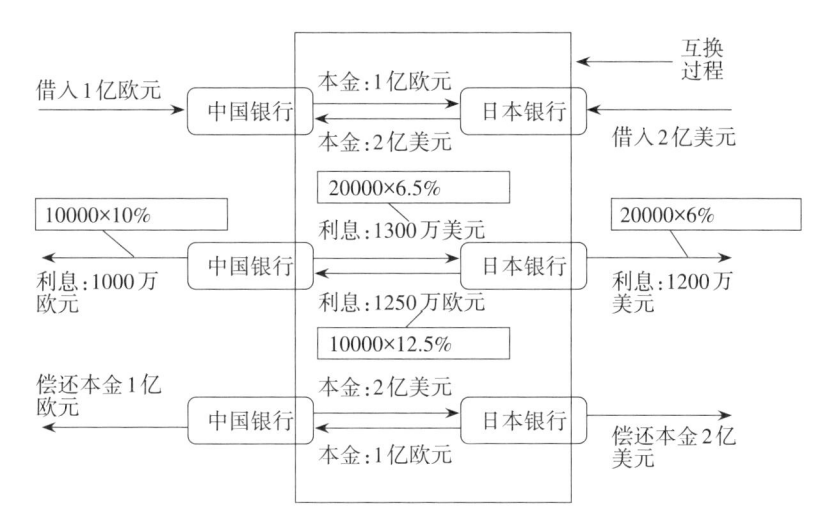

图4-7 中国银行与日本银行互换流程图

假设在互换期间内,汇率保持不变,那么中国银行的现金流量如表4-4所示。

表4-4 中国银行的现金流量表

日期	收到现金流	支付现金流	净现金流
2014.3.17	2亿美元	1亿欧元	0
2015.3.17	1250欧元	1300美元	+1200美元
2016.3.17	1250欧元	1300美元	+1200美元
2017.3.17	1250欧元	1300美元	+1200美元
2018.3.17	1亿+1250欧元	2亿+1300美元	+1200美元

可以看到,中国银行通过货币互换将其原先的欧元借款转换成了美元借款。在欧洲市场上,它按照10%的利率支付利息;同时在货币互换中,收到12.5%的欧元利息,支付6.5%的美元利息,从而避免汇率风险。如果假设汇率不变的话,其每年的利息水平大约为:

$$6.5\%+(10\%-12.5\%)=4\%$$

同理,可分析日本银行的实际借款利率,在美元市场上按照6%利率支付利息;同时在货币互换中,收到6.5%的美元利息,支付12.5%的欧元利息,如果汇率不变,其每年实际的融资成本为:

$$6\%+(12.5\%-6.5\%)=12\%$$

对比方案一,经过货币互换后的融资成本比直接从市场融资更低。可知,货币互换交易除了有利于企业和金融机构规避汇率风险,降低筹资成本,获取最大收益外,还有利于企业和金融机构进行资产负债管理。

课程思政环节

课堂思考与讨论：1995年2月27日，英国中央银行宣布，英国商业投资银行——巴林银行因经营失误而倒闭。同年3月27日我国金融市场爆发327国债期货事件。讨论：期货、互换合约等衍生工具都有套期保值的功能，如何理解套期保值在我国经济发展中的作用？

思政元素挖掘：

金融的本质是为实体经济提供服务，通过利率互换、货币互换、商品互换等金融工具为实体经济提供风险管理、流动性以及优化资产配置的功能，使实体经济抵御风险的能力增强，实现可持续发展。期货市场与现货市场在大多数情况下价格联动，但期货市场占用资金少、反应更为灵敏，并且能够反映除基本面外更多的宏观与微观因素。如果能够有效地设计与现货对应的期货投资组合，企业可以锁定未来收益，许多风险能够得到化解。套期保值是指企业通过持有与其现货市场头寸相反的期货合约，或者把期货合约作为其现货市场未来要进行的交易的替代物，来对冲价格风险的方式。套期保值可以为企业提供有效的避险工具，成为实体经济风险的"避风港"，提升企业核心竞争力。

通过套期保值策略的构建和损益分析，引导学生切实增强投身高质量经济建设的责任感、使命感，牢牢把握新一轮历史发展机遇，坚守初心使命，成为一名合格的金融服务人员。

第二节 金融互换的原理

一、比较优势原理

1.比较优势的概念

比较优势（Comparative Advantage）理论是英国著名经济学家大卫·李嘉图（David Ricardo）提出的。比较优势理论认为，国际贸易的基础是生产技术的相对差别（而非绝对差别），以及由此产生的相对成本的差别。每个国家都应根据"两利相权取其重，两弊相权取其轻"的原则，集中生产并出口其具有"比较优势"的产品，进口其具有"比较劣势"的产品。比较优势理论在更普遍的基础上解释了贸易产生的基础和贸易利得，大大发展了绝对优势贸易理论。

具体而言,在两国都能生产两种产品,且一国在这两种产品的生产上均处于有利地位,而另一国均处于不利地位的条件下,如果前者专门生产优势较大的产品,后者专门生产劣势较小(即具有比较优势)的产品,那么通过专业化分工和国际贸易,双方均能从中获益。

例如,A国和B国都能生产电视和冰箱,A国生产1台电视平均耗时1小时,生产1台冰箱平均耗时2小时;B国生产1台电视平均耗时6小时,生产1台冰箱平均耗时4小时。由此可见,A国的生产能力更强,无论是生产电视还是冰箱,都具备更高的生产效率。但是相对而言,A国在电视生产方面的优势更大。在总生产时间不变的条件下,如果让A国只生产电视,B国只生产冰箱,然后通过贸易交换,那么整个世界经济的产量将得到提升。

表4-5 A国和B国自给自足的产量

初始状态	电视	冰箱	总产量
A国	1小时	2小时	1+1
B国	6小时	4小时	1+1
世界总产量	2	2	4

表4-6 A国和B国利用比较优势生产后交换的产量

分工后	电视	冰箱	最终所得
A国	3/1=3		2+1
B国		10/4=2.5	1+1.5
总产量	3	2.5	5.5
国际贸易交换:A用1台电视换1台冰箱			

分工后,A按原工时3个小时集中生产电视能生产3台,B按原工作时间10小时集中生产冰箱能生产2.5台。这说明在资源消耗不变的情况下,世界总产出增加了,两国也可以从分工和交换中得到更多可供消费的产品。由此可见,通过分工与贸易就可实现双赢。

2. 比较优势在金融领域的应用

李嘉图的比较优势理论不仅适用于国际贸易,而且适用于所有的经济活动。比较优势是指相对优势,即一方具有更大优势,或者更小的劣势。互换是比较优势理论在金融领域最生动的运用。互换双方在浮动利率和固定利率的借款条件上存在比较优势,即双方的优势或者劣势存在差异才有互换的意义。

在下面的例子中,甲公司的融资利率比乙公司更高,在融资方面处于劣势。但是在表4-6中乙公司的融资条件处于绝对优势,无论是固定利率还是浮动利率都比甲公司低1%;而在表4-7中固定利率融资中乙公司比甲公司低1%,浮动利率融资中乙公司融资利率低0.5%。乙公司在固定利率融资方面相对优势更大,称乙公司在固定利率市场具有比较优势;甲公司在浮动利率融资方面相对劣势更小,称甲公司在浮动利率市场具有比较优势。

表4-7 绝对优势

	固定利率借款条件	浮动利率借款条件
公司甲	10.0%	LIBOR+1.50%
公司乙	9.00%	LIBOR+0.50%

表4-8 比较优势

	固定利率借款条件	浮动利率借款条件
公司甲	10.0%	LIBOR+1.50%
公司乙	9.00%	LIBOR+1.00%

根据比较优势理论,只要满足以下两种条件,就可进行互换:双方对对方的资产或负债均有需求;双方在两种资产或负债上存在比较优势。

二、互换方案的设计

互换合约是互换双方在事先约定好互换期限、收支利息,支付期限等事项,其中确定互换双方的利息支付和利息收入是最为关键的。

假设有A、B两公司,A需要借入浮动利率债务,B需要借入固定利率债务。双方都能借到相应利率的债务,只是由于公司评级不同会导致成本不同。同样的,假设A评级高于B,那么其在借浮动或者固定利率债务时都较B有优势。但是,经过比较优势分析,我们发现B在借浮动利率债务上的劣势相对较小,所以A借固定利率,B借浮动利率,然后两者交换利息流。

接下来,考虑互换中介的佣金,因为互换交易不如期货交易的标准化程度高,如果没有中间人互换一般很难找到恰当的对手方。

最后,既然要进行互换,那么双方都要从中获得好处,且一般是均等的好处,否则互换不会进行。当然,这里只是为了简化分析,实际中双方由于评级、行业地位等不同所获收益也可能不均等,互换也可以进行,只是这时候会有无数种方案。这就要求我们在实际设计过程中保证双方获得相等的利率优惠。总结一下,互换方案设计步骤分为五步:

第一步,判断双方比较优势,对外借取或投资各自具有比较优势的项目;

第二步,确定互换总收益,即相对优势利差;

第三步,根据要求,确定各自的互换收益;

第四步,确定双方的实际借款或投资利率;

第五步,设计双方互换过程。

1. 利率互换方案设计

例3 假如公司甲和乙都想借入5年期的1000万美元款项,公司乙想借固定利率,公司甲想借浮动利率。它们能够利用互换来获得更优惠的借款条件吗?公司甲和公司乙的借款条件如下表。

表4-9 借款条件

	固定利率借款条件	浮动利率借款条件
公司甲	10.0%	LIBOR+0.30%
公司乙	11.20%	LIBOR+1.00%

分析:

第一步,判断比较优势,确定对外借贷的利率种类。该例中公司甲在固定利率中具有比较优势,公司乙在浮动利率中具有比较优势,因此公司甲应对外借取固定利率,公司乙对外借取浮动利率,这与它们各自的需求不一致,可以通过利率互换来实现比较优势的好处。

第二步,计算互换总收益:相对优势利差=1.2%-0.7%=0.5%

第三步,确定甲乙双方各自收益,平分,各分0.25%

第四步,甲实际借款利率=LIBOR+0.30%-0.25%=LIBOR+0.05%

乙实际借款利率=11.20%-0.25%=10.95%

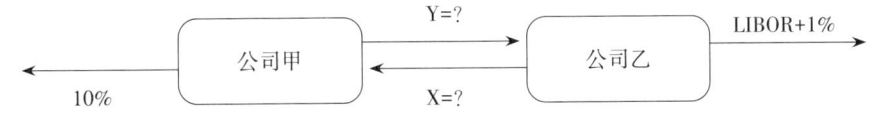

```
              Y=?              LIBOR+1%
        ┌────────┐    ┌────────┐
    ←──│ 公司甲 │←──│ 公司乙 │──→
   10%  └────────┘    └────────┘
              X=?
```

第五步,列式,设计互换方案。根据题意,则X和Y应满足:10%+Y-X=LIBOR+0.05%

假设Y=LIBOR,甲付给乙的浮动利率为LIBOR,固定利率设为x

则x应满足:10%+LIBOR-x=LIBOR+0.05%,可得:x=9.95%

检验乙公司实际借款利率:LIBOR+1%-LIBOR+9.95%=10.95%,比直接从固定利率市场融资成本低11.20%-10.95%=0.25%,符合题意。甲、乙公司的现金流量:两公司共节约利息成本0.5%。

表4-10 两家公司借贷成本对比

公司甲	公司乙
1.付10%的固定利息给贷款人	1.付LIBOR+1%的年息给贷款人
2.从公司乙收到9.95%的固定利息	2.从公司甲收到LIBOR
3.付给公司乙LIBOR	3.付给公司甲9.95%的固定年息
净借款成本:LIBOR+0.05%	净借款成本:10.95%
节约借贷成本:0.25%	节约借贷成本:0.25%

2. 货币互换方案设计

仍以例2为例，来进行互换方案的设计。2014年3月17日，假设在未来5年内，中国银行需要2亿美元，日本银行需要1亿欧元，当前的汇率为2美元兑换1欧元。

表4-11　汇率对比

	欧元市场	美元市场
中国银行	10.0%	5.0%
日本银行	13.0%	6.0%

分析：

第一步，判断比较优势，确定对外借贷的利率种类。该例中中国银行在欧元市场中具有比较优势，日本银行在美元市场中具有比较优势，因此中国银行应对外借取欧元，日本银行应对外借取美元，这与它们各自的需求不一致，可以通过货币互换来实现比较优势的好处。

第二步，计算互换总收益：相对优势利差=3%−1%=2%

第三步，确定双方各自收益，平分，各分1%

第四步，中国银行实际借款利率=5%−1%=4%

日本银行实际借款利率=13%−1%=12%

第五步，列式，设计互换方案。计算可得，互换方案中，中国银行支付给日本银行6.5%的美元利息，日本银行支付给中国银行12.5%的欧元利息。大家可以自行验证此方案使中国银行和日本银行获得的收益是否符合题意。

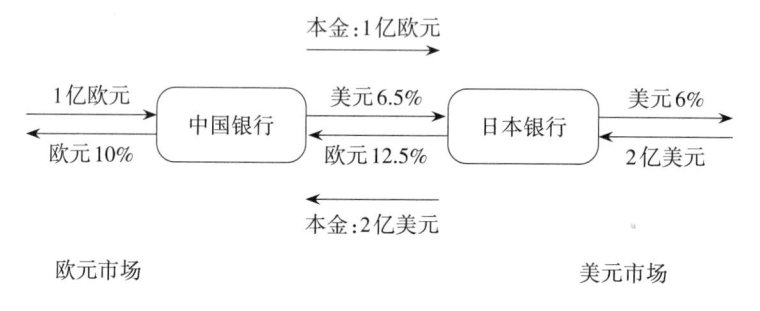

```
                    本金：1亿欧元
                  ──────────────→
  1亿欧元                  美元6.5%               美元6%
 ─────→   中国银行  ──────────────→   日本银行  ─────→
 ←─────                  欧元12.5%                ←─────
  欧元10%                                        2亿美元
                  ←──────────────
                    本金：2亿美元

    欧元市场                                    美元市场
```

📝 课堂思考与互动

考虑金融中介的作用，第三方参与货币互换。由于互换是场外交易的合约，因此双方在进行互换交易时难以寻得交易对手，通常是与互换银行进行中介交易来完成互换。金融中介加入后，双方相当于分别和银行进行互换交易，上述步骤仍然适用，只是需要分别做两笔互换交易，重复两次。

思考：如果加入互换银行，银行要求分0.6%的收益，中国银行和日本银行平分剩余收益，该如何进行设计方案？

第三节 互换合约的定价

一、互换价格和互换价值

在互换合约签署的初期,在无套利均衡条件下互换合约不能给合约任何一方带来好处,因此互换合约的价值为零。这样,对初始时互换交易的定价就等于寻找一个使该互换合约价值为零的固定利率。

互换价值是指,互换交易者从互换合约上获得的损益现值。

互换价格是指,互换合约中无套利均衡价格,即使得互换价值为零的固定利率。

互换合约是在一定的周期日期交换一系列现金流的协议。例如,利率互换可以将基于浮动利率的季度现金流与基于固定利率的季度现金流进行交换。利率互换与远期利率协议(FRA)类似,不同之处在于它对冲了多期利率风险,而FRA只对冲了单期利率风险。类似地,在货币互换中,交易对手方同意交换两组以不同货币计价的利息支付,并在初始和到期时交换本金支付。互换合约可以被合成为基础工具的投资组合(如债券)或远期合约的投资组合。互换交易最容易理解为一种基础债券的投资组合,因此我们将采用远期合约和债券组合两种方法来定价。

二、利率互换的定价

1. 利率互换的现金流分解

回忆上例,假设一个2003年9月1日生效的3年期的利率互换,名义本金是1亿美元。B公司同意支付给A公司年利率为5%的利息,同时A公司同意支付给B公司6个月期LIBOR的利息,利息每半年支付一次。通过分析可知,利率互换中买方B公司的现金流量如下(单位:百万美元)。

表4-12 买方B公司的现金流量

日期	LIBOR	收到的浮动利息	支付的固定利息	净现金流
2003.9.1	4.20			
2004.3.1	4.80	+2.10	−2.50	−0.40
2004.9.1	5.30	+2.40	−2.50	−0.10
2005.3.1	5.50	+2.65	−2.50	+0.15
2005.9.1	5.60	+2.75	−2.50	+0.25
2006.3.1	5.90	+2.80	−2.50	+0.30
2006.9.1	6.40	+2.95	−2.50	+0.45

头寸分解方式一:横着看现金流

利率互换不交换本金,因此第一行不产生现金流。除了第一行外其他各行现金流都类似远期利率协议(FRA)的现金流。远期合约规定交易者在未来的某一时间按照约定价格交易某一资产的合约。互换合约的每一到期日的现金流都可以分解为一笔单独的远期利率协议。利率互换可以分解为一系列FRA的组合。相当于未来按照约定的固定利率进行借款,当市场利率(浮动利率)高于固定利率即盈利,反之亏损。远期协议定价法的计算步骤如下:

①按照远期利率公式计算隐含的LIBOR远期利率;
②假定远期利率会得以实现,来计算浮动现金流(注意利率计算方式);
③计算固定现金流和净现金流;
④再用互换利率曲线对净现金流进行贴现;
⑤加总每期净现金流现值,计算互换价值。

头寸分解方式二:竖着看现金流

例如以B公司的角度来看,它将在未来3年间支付固定利息,就如同进行了一笔固定利率贷款;同时会收到浮动利息,就如同购买了一张浮动利率债券。利率互换可以分解为一个债券的多头与另一个债券的空头的组合。具体而言,上例中的A和B可分解为:

B公司:浮动利率债券多头+固定利率债券空头

A公司:浮动利率债券空头+固定利率债券多头

定义B_{fix}为互换合约中分解出的固定利率债券的价值,B_{fl}为互换合约中分解出的浮动利率债券的价值。债券组合定价步骤如下:

①找到对应期限的浮动利率和固定利率,并依据当前已知的利率计算出债券现金流。

②计算浮动利息债券价值:$B_{fl}=(A+k^*)e^{-r_1 t_1}$

其中A是本金,k^*是下一支付日应支付的浮动利息额,r_1表示第一期利息支付对应的即期利率,t_1表示第一期利息支付期间。

③计算固定利息债券价值:

$$B_{fix}=\sum_{i=1}^{n}ke^{-r_i t_i}+Ae^{-r_n t_n}$$

其中k为支付日支付的固定利息额,r_i为到期日为i的即期利率,t_i为距第i次现金流交换的时间,n表示互换到期日。

④计算互换价格和互换价值:买方=浮动利息债券价值-固定利息债券价值。

互换多头的价值:$V=B_{fl}-B_{fix}$

互换空头的价值:$V=B_{fix}-B_{fl}$

2.利率互换定价案例

假设在一笔互换合约中,某一金融机构支付6个月期的LIBOR,同时收取8%的年利率(半年计一次复利),名义本金为1亿美元。互换还有1.25年的期限。3个月、9个月和15个月的相关贴现率(连续复利率)分别为10%、10.5%和11%。下一次利息支付日的6个月LIBOR为10.2%(半年计一次复利)。

(1)远期协议定价法

将互换合约看作一系列远期交易的构成,想办法估计出未来的浮动利率,即需要先换算出远期利率,再计算浮动现金流。

第一步,计算隐含的LIBOR远期利率。远期利率的决定是由包含期间的两个即期利率来确定的。回忆远期利率定价公式(连续复利计息),设T年期的即期利率为r,T^*年期的即期利率为r^*,其中$T^*>T$。那么,T和T^*之间蕴含的远期利率f为:

$$f=\frac{r^*T^*-rT}{T^*-T}$$

3*9的远期利率为:(10.5%×9−10%×3)÷(9−3)=10.75%

9*15的远期利率为:(11%×15−10.5%×9)÷(15−9)=11.75%

第二步,假定远期利率会得以实现,来计算浮动现金流(计息方式)

3个月的浮动现金流由当前0时刻的浮动利率决定,即10000×10.2%×6/12=510万美元。

9个月的浮动现金流由3*9的远期利率决定,要注意的是,通过公式计算得到的远期利率是连续复利,而实际支付是按照半年复利支付,因此需要先对利率进行转化,将连续复利转化为半年支付一次的复利:

$$e^{10.75\%}=(1+r/2)^2$$

得半年支付一次的复利等价为r=11.04%,浮动现金流为10000×11.04%×6/12=552.21万美元。

15个月的浮动现金流由9*15的远期利率决定,与上面同样处理,先计算等价的半年一次复利为12.10%,然后计算浮动现金流10000×12.10%×6/12=605.1万美元。

第三步,计算固定现金流和净现金流

固定现金流:10000×8%×6/12=400万美元

若为多头方,则其净现金流是支付固定现金流收入浮动现金流,即浮动现金流−固定现金流。具体见表4-8。

第四步,再用对应期限的即期利率对净现金流进行贴现。结果见表4-8。

第五步,加总每期净现金流现值,计算互换的价值。

表4-13　远期利率协议法互换定价(美元)

时间(月)	固定现金流	远期利率(连续复利)	浮动利率(半年复利)	浮动现金流	净现金流	净现金流贴现值
0						
0.25	400	10.20%		510	110	107.28409
0.75	400	10.75%	11.04%	552.21	152.21	140.6811
1.25	400	11.75%	12.10%	605.1	205.1	178.75239
总计						426.71759

(2)债券组合定价法

在这个例子中固定利息支付 $k=400$ 万美元, k^* 是下一支付日应支付的浮动利息额，已知下一次利息支付日的6个月LIBOR为10.2%，因此 $k^*=510$ 万美元。

固定利率债券的价值：

$$B_{fix}=4e^{-0.1\times 0.25}+4e^{-0.105\times 0.75}+104e^{-0.11\times 1.25}=\$0.9824亿$$

接着考虑浮动利率债券的价值。根据浮动利率债券的性质，在浮动利率债券支付利息的那一刻，由于浮动债券的票面利率调整为市场利率(贴现率)，浮动利率债券的价值为其本金L。

假设利息下一支付日应支付的浮动利息额为(这是已知的)，那么在下一次利息支付前的一刻，浮动利率债券的价值为 $B=L+k^*$。

在我们的定义中，距下一次利息支付日还有的时间 t_1，那么当前的浮动利率债券价值应该为：$B_{fl}=(L+k^*)e^{-r_1 t_1}$

本例中浮动利率债券价值为：$B_{fl}=(100+5.1)e^{-0.1\times 0.25}=\$1.0251亿$

因此，对于买方(支付固定利率方)而言，利率互换的价值为：

$$102.51-98.24=\$427万$$

在利率互换协议签订时，固定利率一般选择使互换初始价值为0的那个利率，这就是互换价格。但在利率互换的有效期内，它的价值有可能是负的，也有可能是正的。这和远期合约十分相似，因此利率互换也可以看成远期合约的组合。

3.合理互换利率的确定

利率互换协议中合理的固定利率就是使得互换价值为零的利率水平，也就是我们通常所说的互换利率。合理的互换利率就是使得利率互换价值为零的固定利率，即

$$B_{fl}=B_{fix}$$

例4　一个2015年9月1日生效的两年期利率互换，名义本金1亿美元。甲银行支付给乙公司固定利率(3个月计一次复利)，收取3个月期LIBOR利息，每3个月换一次。

表4-14 支付利率

3月	6月	9月	12月	15月	18月	21月	2年
4.8%	5%	5.1%	5.2%	5.15%	5.3%	5.3%	5.4%

计算该互换合约的合理固定利率。

分析：

$$B_{fl}=10000\text{万美元}$$

$$\begin{aligned}\text{令 }B_{fix}=&\frac{k}{4}e^{-0.048\times0.25}+\frac{k}{4}e^{-0.05\times0.5}+\frac{k}{4}e^{-0.051\times0.75}\\&+\frac{k}{4}e^{-0.052\times1}+\frac{k}{4}e^{-0.0515\times1.25}\frac{k}{4}e^{-0.053\times1.5}\\&+\frac{k}{4}e^{-0.053\times1.75}+\left(10000+\frac{k}{4}\right)e^{-0.054\times2}\\=&10000\text{万美元}\end{aligned}$$

$k=543$美元，即固定利率水平应确定为5.43%（3个月计一次复利）。

三、货币互换的定价

货币互换是一种合约，合约双方同意以不同货币交换未来的利息支付。在货币互换中，一方做多以一种货币计价的债券（固定或浮动），做空另一种货币计价的债券（固定或浮动）。货币互换的定价和估值过程就像利率掉期的定价和估值过程一样。货币互换的几个主要特点：

①货币互换通常涉及互换开始和到期时名义金额的交换；

②货币互换每一阶段的支付都以不同的货币单位进行，比如欧元和日元，而且支付是不净额的；

③货币互换的每个分支可以是固定的，也可以是浮动的。

货币互换定价涉及三个关键变量的求解：两个固定利率（每个利率用不同的货币表示）和一个名义金额。我们必须确定一种货币的适当名义金额，同时考虑到另一种货币的名义金额，以及两个固定利率，使货币互换价值在开始时为零。

1.债券组合定价法

固定货币对固定货币的互换，本质上是用一种货币的债券的现金流交换另一种货币的债券的现金流。在没有违约风险的条件下，货币互换一样也可以分解成债券的组合，不过不是浮动利率债券和固定利率债券的组合，而是一份外币债券和一份本币债券的组合。

如果我们定义V为货币互换的价值，那么对收入本币、付出外币的那一方：

$$V_{互换}=B_D-S_0B_F$$

其中，B_F是用外币表示的从互换中分解出来的外币债券的价值；B_D是从互换中分解出来的本币债券的价值；S_0是即期汇率（直接标价法）。

对付出本币、收入外币的那一方：
$$V_{互换}=S_0B_F-B_D$$

例5 假设在美国和日本LIBOR利率的期限结构是水平的，在日本是4%而在美国是9%（都是连续复利），某一金融机构在一笔货币互换中每年收入日元，利率为5%，同时付出美元，利率为8%。两种货币的本金分别为1000万美元和120000万日元。这笔互换还有3年的期限，即期汇率为1美元=110日元。

表4-15 货币互换的债券组合定价法

时间	美元债券现金流	美元现金流贴现值	日元债券现金流	日元现金流贴现值
1	0.8	0.7311	60	57.65
2	0.8	0.6682	60	55.39
3	0.8	0.6107	60	53.22
3	10.0	7.6338	1,200	1,064.30
		9.6439		1,230.55

在直接如果以美元为本币，那么

$B_D=0.8e^{-0.09×1}+0.8e^{-0.09×2}+10.8e^{-0.09×3}=\$964.4$万

$B_F=60e^{-0.04×1}+60e^{-0.04×2}+1260e^{-0.04×3}=123055$万日元

货币互换的价值为：

$$\frac{123055}{110}-964.4=\$154.3$$

如果该金融机构是支付日元收入美元，则货币互换对它的价值为-154.3万美元。

2.远期外汇组合定价法

货币互换远期组合定价步骤：

①分析互换现金流，计算现金收入和支出。

②站在当前时刻，计算按照隐含在互换合约中的远期汇率。

③根据当前市场汇率和互换合约隐含远期汇率，计算每一个远期合约的损益。

④加总所有损益，得到互换价值。

仍看例5，运用远期外汇组合的方法来定价，仍以美元作为本币分析，即期汇率为1美元=110日元或者是1日元=0.009091美元。因为美元和日元的年利差为5%，根据远期汇率定价公式可得如下。

一年期的远期汇率为：$F=Se^{(r-rf)(T-t)}=0.009091*e^{5\%×1}=0.009557$

二年期的远期汇率为：$F=Se^{(r-rf)(T-t)}=0.009091*e^{5\%×2}=0.010047$

三年期的远期汇率为：$F=Se^{(r-rf)(T-t)}=0.009091*e^{5\%×3}=0.010562$

与利息交换等价的三份远期合约的价值分别为：

（0.8−60×0.009557）$e^{-9\%×1}$=20.71万美元

（0.8−60×0.010047）$e^{-9\%×2}$=16.47万美元

（0.8−60×0.010562）$e^{-9\%×3}$=12.69万美元

与最终的本金交换等价的远期合约的价值为：

（10−1200×0.010562）$e^{-9\%×3}$=−201.46万美元

因为该金融机构收入日元付出美元，所以此笔货币互换对该金融机构的价值为

201.46−12.69−16.47−12.69=154.3万美元

表4-16 货币互换的远期汇率组合法

单位：亿元

时间	美元现金流	日元现金流	市场远期汇率	日元现金流的美元价值	净美元价值	贴现值
1	−0.8	60	0.009557	0.5734	−0.2266	−0.2071
2	−0.8	60	0.010047	0.6028	−0.1972	−0.1647
3	−0.8	60	0.010562	0.6337	−0.1663	−0.1269
3	−10.0	1200	0.010562	12.6746	+2.6746	2.0417
互换价值（合计）						1.5430

第四节 互换交易的其他品种

一、商品互换

大宗商品的衍生品市场因其一端连接着实体经济，另一端连接着金融市场，因此是资本博弈最为激烈、影响范围最为广泛的一类市场。2008年金融危机后，国际监管要求场外衍生品，包括互换、远期和期权等工具，要逐步进行集中交易、登记和清算，同时随着2013年以来中国商品场外衍生品市场的发展，各类场外工具方兴未艾，期货风险管理子公司等机构开始利用场外衍生品为终端客户提供个性化的风险管理服务，上海清算所、大连商品交易所等也推出了商品场外衍生品的相关交易和清算服务。

根据国际清算银行（BIS）的统计，互换和远期这类产品的交易规模占比远高于场外期权等非线性工具，商品互换的未平仓余额占商品场外衍生品的70%−80%。而我国商品互换市场的发展才刚刚起步，2018年大连商品交易所推出了商品互换业务，为商品互

换的交易双方提供代理清算服务,随后期货风险管理子公司开展的商品互换业务也进入了快速规模增长,截至2020年年底,商品互换累计规模环比增长近4倍,达到300亿—400亿元的规模。

1.商品互换的概念

商品互换是指,交易双方交换的现金流是由商品的固定价格和浮动价格分别乘以商品数量决定的。一般也将浮动价格的来源称为参考价格,常用的参考价格有期货价格、现货价格和价格指数等。通常来讲,虽然称为商品互换,但在实际的交易和结算中并不涉及实物商品的交换,而是直接进行现金轧差交收。因此,商品互换是挂钩于商品的、金融属性较强的一类衍生工具。

除了特定商品(commodity-specific)的互换,还有挂钩商品价差的互换(commodity spread swaps)、挂钩商品基差的互换(commodity basis swaps)和挂钩商品指数的互换(commodity index swaps)等。

例如某石油开采者(A公司)希望将其5年后出售的石油价格固定下来,预计每月平均产量8000桶;同时,另一石油精炼厂(B公司)希望将其5年内购买的石油价格固定下来,预计每月需求量为12000桶。双方都面临价格风险,怎么控制?

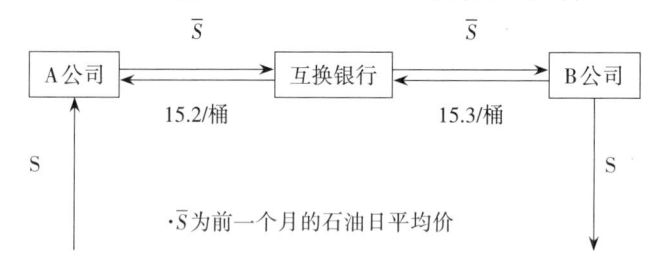

```
              S̄                    S̄
   ┌─────┐ ←─────── ┌────────┐ ←─────── ┌─────┐
   │A公司│          │互换银行│          │B公司│
   └─────┘ ───────→ └────────┘ ───────→ └─────┘
      ↑      15.2/桶            15.3/桶      ↓
      │                                       │
      S         ·S̄为前一个月的石油日平均价    S
```

A实际售价:$8000×(S-\bar{S}+15.2)$

B实际买价:$12000×(S-\bar{S}+15.3)$

互换银行:赚取每桶0.1美元利润,但是要承担名义本金未配平带来的风险。

2.商品互换与商品期货的比较

从衍生品功能的角度来看,商品互换与期货的区别并不大,如果将商品期货定义为标准化的、以实物交割进行履约的远期合约;那么商品互换可以定义为非标准化的、以现金交割进行履约的远期合同。实际上,商品互换和期货的差异主要体现在更加具体的机制方面。

(1)标准化程度

商品互换与商品期货较为显著的区别就在于标准化程度。商品期货属于标准化合约,合约的各项条款都已经是被定义的标准化条款,市场参与者不能修改合约条款。商品互换一般是在场外交易的非标准化合同,交易双方可以自行约定交易条款,如参考价格、合同期限、保证金水平等,利用商品互换进行对冲,市场参与者可以尽可能地规避套保的基差风险。

(2)交割方式

通常商品期货到期时进行实物交割,卖方有义务交付商品实物,买方有义务支付货款。但在商品互换交易中一般采用现金轧差的交割方式,到期时根据交易对手之间的固定价格和浮动价格的差额进行现金结算。

(3)交易与清算

商品期货是交易所上市的交易产品,一般采用集中撮合的交易方式,市场流动性较好;商品互换由于在场外交易,一般是通过交易双方直接协商的方式达成交易,也有通过经纪商柜台进行询价、报价成交。从国际情况来看,也有一些标准化的金融互换产品在特定的互换执行设施(SEF)进行交易。商品期货采用中央对手方清算(CCP),交易所或者清算所作为中央对手方,成为所有买方的卖方,卖方的买方。所有市场参与者进行每日无负债清算,每天根据结算价划转持仓盈亏。商品互换通常采用双边清算的方式,交易对手方之间互相承担清算风险,对于存续的交易,可以根据参考价格估计风险敞口并计算保证金,但并不需要结算盈亏,在到期时(或平仓时)一次性划转盈亏。

(4)保证金机制

商品期货在交易所或清算所清算,这些市场基础设施一般都建立了中央对手方机制和相对完备的风险防范机制(如"违约瀑布"等)。因此,保证金主要用于防范市场风险,以及由此引发的流动性风险,交易所或者清算所出于流动性缓释的需求,一般将流动性较好的资产作为交易的履约担保品,如现金、国债、股票、黄金、美元等。但是对于商品互换市场来说,保证金主要用来防范交易对手风险,包括信用风险、市场风险、流动性风险等。而且会根据交易双方的交易需求、信用评级灵活调节保证金水平。对于信用风险较低的主体,其保证金成本也可能远低于场内期货。

(5)监管

商品期货市场是面向所有金融消费者的公开市场,因此也是一个强监管市场。而商品互换市场主要是由专业机构和产业客户参与的场外市场,在金融危机之前互换市场是豁免监管的。在2008年金融危机后,监管要求对于可标准化的互换产品,要么界定为期货,要么进入互换执行设施(SEF)、交易所或清算所集中登记和清算。而对于一些非标准化的互换产品,监管要求必须向交易报告库(TR)进行报告。

3.商品互换的主要功能

(1)管理商品价格波动风险

考虑到互换的远期属性,可以将商品互换用于管理商品价格波动风险。如果投资者担心商品价格下跌,可以以固定价格卖出商品,同时将浮动价格作为远期结算价格。如果浮动价格低于固定价格,则投资者通过互换交易获利(获得净现金流)。如果投资者担心商品价格上涨,则可以以固定价格买入商品,同时将浮动价格作为远期结算价格。如果浮动价格高于固定价格,则投资者通过互换交易获利(获得净现金流)。

例如，锁定连续采购成本。一家钢厂每季度需要采购铁矿石1万吨，与铁矿石贸易商签订一年期的贸易合同，约定每季度以季度均价作为采购结算价。钢厂希望锁定采购成本，但贸易商不愿意签署固定价销售合同。于是，钢厂寻找到一家互换交易商，签署了一个1年期的商品互换合同，交易双方约定，以1万吨铁矿石为标的，钢厂每季度以400元/吨的价格向互换交易商支付固定现金流，而互换交易商则按每季度铁矿石价格均价向钢厂支付浮动现金流。这样钢厂从互换交易商处获得的浮动现金流刚好弥补了现货采购所支付的现金流。最终将现货采购成本锁定为固定价格。

(2) 管理跨期价差风险

如前所述，互换的现金流的构成方式很多，除了单商品外，也可以由两种组合形成，这为投资者管理近远月跨期价差风险提供了便利。投资者可以通过构建近远月价差，通过固定价差和浮动价差的互换来管理价差风险。

例如，假设粮食贸易商在10月份时，发现5月至次年1月价差为200元，准备月间价差正向套利，贸易商可以与风险管理子公司进行以(5月至次年1月)价差为标的的互换交易，以固定价格200元卖出，以浮动价差结算。

(3) 管理基差风险

与跨期价差类似，通过商品互换也可以实现对商品基差的管理。在基差互换中，一般要选取期货腿和现货腿的参考价格，特别是现货腿参考价格应选取公开发布的，具有权威性的现货价格(或现货指数)。投资者可以通过构建期现价差，通过固定基差和浮动基差来转移商品基差风险。

例如，铁矿石贸易商在完成期现货套保后，担心基差会向不利的方向变动。假设铁矿石贸易商作为基差的多头，担心基差下降。因此，可以通过开展一笔挂钩大商所铁矿石期货合约和Mysteel铁矿现货指数的互换来规避基差风险。

(4) 跨品种/市场交易

对于一些进行跨品种套利和跨市场套利的投资者，通过互换交易可能是一种比较便捷的途径，其实质是一种价差互换。通过构建跨品种价差或相似品种的跨市场价差，投资者可以通过互换交易实现价差套利。

例如，假设贸易商在10月份时，发现豆油和豆粕主力合约的价差为3200元，处于较高的水平，贸易商可以与风险管理子公司进行以豆油–豆粕价差为标的的互换交易，以固定价格3200元卖出，以浮动价差结算。

(5) 资产配置

投资者除了利用互换管理商品价格变动的风险，也可以满足投资者配置商品类资产的需要。通过商品指数互换可以实现配置一揽子商品的投资策略。

例如，投资公司A希望配置一揽子农产品来对冲CPI上涨产生的风险，可以选择一个互换交易商，做多农产品价格指数，达到综合配置一揽子农产品的目的。作为农产品指数互换的多头,在出现通胀时可以获得价格上涨的收益。

二、信用违约互换

1. 信用违约互换的起源和发展

信用保护工具是指"这样的一类信用衍生品,信用保护卖方(创设机构)和信用保护买方达成的,约定在未来一定期限内,信用保护买方按照约定的标准和方式向信用保护卖方支付信用保护费用,由信用保护创设机构就约定的一个或多个参考实体向信用保护买方提供信用风险保护的金融工具"。国际互换和衍生品协会(International Swap and Derivatives Association, ISDA)则把信用保护工具定义为用来分离和转移信用风险的各种信用工具和技术的总和。

信用保护工具的起源最早可以追溯到20世纪90年代。当时,美国银行业不良资产暴露压力趋大,为减轻贷款信用风险,摩根大通银行在向埃克森公司办理一笔48亿美元的贷款时,其团队在1995年首创了信用违约互换工具(CDS)。该工具的面世,进一步丰富了信用风险管理工具,但是,这一时期由于市场参与方对信用保护工具功能了解较少,信用保护工具相关产品种类与规模也发展缓慢,主要以CDS为主,规模也很小。

亚洲金融危机后,市场逐渐认识到信用保护工具对于信用风险管理的有效性,许多投资者也开始慢慢参与到这项衍生品业务中来,CDS规模开始逐步扩大。1999年,国际互换和衍生品协会正式公布信用衍生品系列定义,第一次对CDS合约各项关键要素作了标准化解释和规定,规范了信用衍生品市场的交易秩序,为促进信用衍生品交易机制的优化完善提供了制度保障。此后,信用衍生品市场的流动性和透明性得到大幅提高。2004年巴塞尔协议把CDS列为合格信用风险缓释工具,进一步推动了信用衍生品市场的迅速发展。

2004—2017年,这一时期CDS等信用保护工具迎来发展高速期。美国政府实行扩张性的财政政策,推行住房计划,房地产市场迅猛,银行业发放了大量住房次级贷款,刺激了债券市场和资产证券化市场的快速发展,进而也推动了信用衍生品的爆发性增长。到2007年底时,全球CDS名义余额达到了惊人的61.24万亿美元,但是这种快速发展趋势在2008年金融危机爆发时发生根本逆转。全球性金融危机爆发后,大量信用债券发生违约,导致大批信用保护工具创设机构丧失偿付能力,无法按照合约履行赔付义务,市场参与者为规避风险大量对冲未平仓头寸,引发连锁反应,进一步加剧了金融危机的危害性。金融危机暴露了过去信用保护工具产品积累的大量问题和风险。此后,各方金融监管部门加强了信用保护工具监管,全球信用保护工具市场规模逐年下降,截至2019年12月底仅为7.36万亿美元。2004—2019年全球CDS名义余额如图4-8所示。

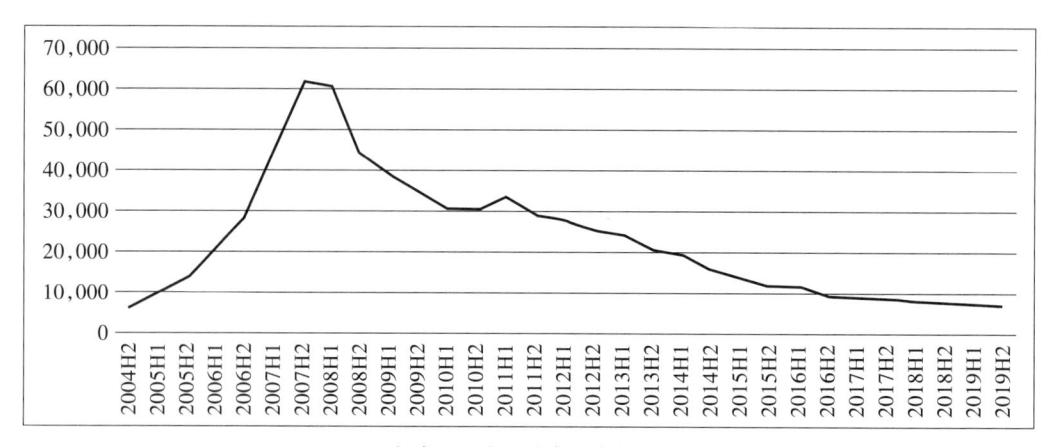

图 4-8 全球CDS名义余额(单位:10亿美元)

数据来源:国际清算银行网站

目前,国际市场上发行较多的信用保护工具主要有信用违约互换(CDS)、信用违约互换指数(CDX)、信用联结票据(CLN)、总收益互换(TRS);国内市场则主要以信用风险缓释工具(CRM)为主,信用违约互换(CDS)和信用联结票据(CLN)发行量很小。

相比国际市场近30年的发展历史,我国信用保护工具发展则刚刚起步,各方面都还与国际通行做法存在一定差距。为运用市场化方式支持民营企业债券融资,缓解民营企业融资难、融资贵问题,银行间市场2010年首次推出了中国版的信用保护工具——信用风险缓释工具(CRM),并在2016年新增了信用违约互换(CDS)和信用连接票据(CLN),而交易所市场2019年初才发布了信用违约互换(CDS)业务指引。

截至2019年12月底,银行间市场共有CRM创设机构47家、CLN创设机构44家,包括政策性银行、商业银行、证券公司、增信机构等,一共发行了155只信用保护产品,计划发行金额239.73亿元,实际发行金额为179.32亿元;创设机构中,商业银行发行了115只产品,增信机构发行了34只产品,而证券公司仅有6只产品,商业银行中又以浙商银行发行19只产品为最多,全部产品的发行对象都为经中国银行间市场交易商协会备案的信用风险缓释工具核心交易商或信用风险缓释工具交易商。在这些产品中,绝大多数标的资产评级为AA及以上,而标的资产评估为AA-及以下的信用保护工具仅有2只,触发赔付的信用事件常见为破产、支付违约(起点金额100万元人民币或其等值金额)或债务重组。交易所市场目前相关数据较少,仅国泰君安、中信证券等部分券商参与该业务,试点业务名义本金相对而言也较小。

2.信用违约互换的概念和特点

(1)信用违约互换的概念

信用违约互换(credit default swap,CDS)是指,是国外债券市场中常见的信用衍生品,是从债券里面衍生出来的一种产品,它实际上是指在一定期限内,买卖双方就指定的信用事件进行风险转换的一个合约,是一种规避风险的手段。信用风险保护的买方在合约期限内或在信用事件发生前定期向信用风险保护的卖方就某个参照实体的信用事件支付费用,以换取信用事件发生后的赔付。

例如A买了发行人B的债券,A担心发行人B因破产或债务重组而发生违约,导致A发生损失。A为了避免这种损失的风险,就会作为"信用保护"买方,向C(信用保护卖方)支付周期性费用从而获得C的保护。

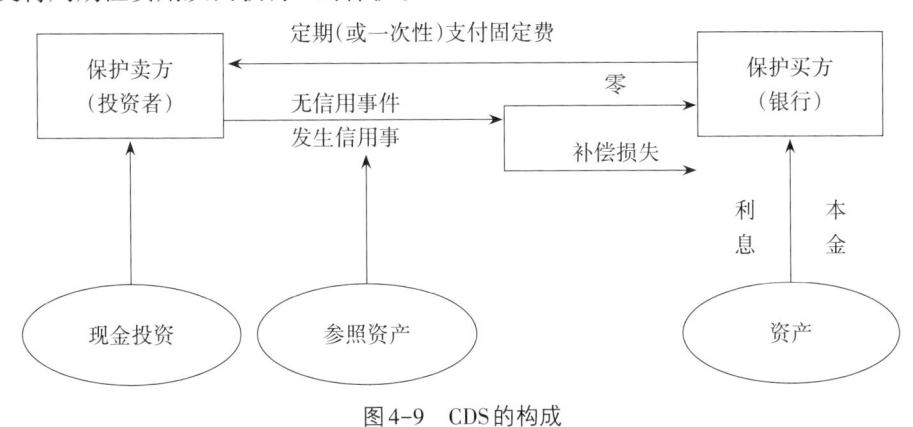

图4-9 CDS的构成

在这一合约中,针对某个参照资产,信用保护的买方定期向卖方支付一定的费用(PeriodicPayments),当在合同期限内参照实体(Reference Entity)发生信用事件(Credit Event)时,由信用保护的卖方向买方所遭受的损失进行赔付。即当合约到期时,如果参照实体没有发生任何信用事件,则信用保护的卖方无需向买方进行任何资金支付,合约终止。参照资产的信用可以是某一信用,也可以是一揽子信用,在一揽子信用违约互换(Credit Basket Swap)中,任何一笔信用出现违约后,信用保护的卖方就必须向买方赔偿损失。

(2)信用违约互换的特点

第一,它是一种金融衍生工具,对应的基础资产是信用债券或者信用贷款,因而它也具备衍生工具的一些基本特征,如跨期性、联动性、高风险性,应用不当不仅不能实现风险的分离和转移,反而还会成为引发金融风险事件的源头。

第二,它的作用是实现标的债券或贷款信用风险的分离和转移,将信用风险从市场风险中剥离出来,但其本身并不能消除或者减少标的债券的信用风险。

第三,它的价格主要取决于标的债券的风险水平,即违约概率,违约概率越高,其价格对应的越高。此外,信用保护工具的价格还受到无风险利率、宏观经济走势、风险敞口、违约损失、保护期限、标的债券到期日等因素影响。

第四,信用保护工具本身可以作为一种投资或者投机产品,可在投资者之间自由转让。

3. 信用违约互换的功能

(1) 风险管理功能

信用风险：CDS使商业银行从被动承受风险转变为主动进行风险管理，从静态管理风险转变为动态管理风险，促进了银行系统的稳定。CDS也为银行解决不良贷款存量提供了市场化的途径，同时也为防范不良贷款增量提供了有效的风险控制和管理方法。CDS通过市场化的途径，将信用风险同资产本身分离出来，吸引更多的机构投资者参与贷款信用风险的转移，可以降低银行信贷资产的信用风险，减少银行的损失，同时达到分散信用风险的目的。

资产负债表：出售资产并通过出售CDS保留该资产的风险，使用者就可以将资产从资产负债表中"移走"，这样可以有效地租用第三者的资产负债表，从而降低融资需要。

流动性：传统的信用风险管理手段，如担保等，由于不可交易性，因此缺乏流动性。而CDS的使用则实现了信用风险交易市场化，使得风险主体在规避信用风险的同时，享受到CDS带来的流动性提高的好处。

(2) 获取高收益功能

商业银行不但是信用保护的最大买方，同时也是CDS市场的最大卖方。当市场预期参照实体的违约概率上升时，CDS的息差将相应上升，反之亦然。当投资者预期参照实体违约概率下降时，他可以出售CDS。如果预期准确，则投资者将获得投机收益。

商业银行作为卖方，即投资者运用CDS主要有以下两个功能：一是提高银行的资本收益率。根据巴塞尔资本协议对银行资本充足率的规定，一家银行拥有的总资本不能低于经过风险调整后资产总额的8%，不同风险资产的风险权重系数视交易对手的不同而不同。银行持有的低风险资产，如银行之间的债权，风险权重系数为20%；银行持有的高风险资产，如对企业的债权，风险权重系数就是100%。这样，一家持有企业贷款的银行就可以与另一家银行通过CDS交易将手上持有的企业债权转化为银行债权，巧妙地实现交易对手的转换，利用风险权重的差异节约资本金，提高资本回报率。二是杠杆作用。在CDS交易中，违约保险的出售者并不需要提供与合约名义价值相同的资金，合约参照资产的所有权在未发生违约事件时并不改变，因此往往合约参照资产的名义价值比合约本身的市场价值大得多。这种杠杆效应使资金拥有量不是十分庞大的非银行金融机构也可以通过对大额贷款风险的部分承担而参与其收益分配，克服因资金集中于银行对其他金融机构投资能力的限制。事实上，保险公司、再保险公司、担保公司以及中小银行从来都是信用保护的最大卖方，它们以这种方式加入通常难以涉及的公司信贷领域或贷款项目之中，在优化风险结构的同时增强自身的盈利能力。

三、收益互换

收益互换可分为总收益互换和股权收益互换。总收益互换(Total Return Swap,简称TRS)是指信用保障的买方在协议期间将参照资产的总收益转移给信用保障的卖方,总收益可以包括本金、利息、预付费用以及因资产价格的有利变化带来的资本利得;作为交换,保障卖方则承诺向对方交付协议资产增值的特定比例,通常是LIBOR加一个差额,以及因资产价格不利变化带来的资本亏损。

股权收益互换是指客户与券商根据协议约定,在未来某一期限内针对特定股票的收益表现与固定利率进行现金流交换,是一种重要的权益衍生工具交易形式。在股权互换(equity swaps)中,一方以一定名义本金作为基础定期向互换另一方支付固定利率利息,另一方则以与股票指数收益相联系的浮动利率向对方支付利息。股票指数的收益包括资本利得和红利,但是在大部分的股权互换中,收益仅考虑股价变动带来的资本利得。

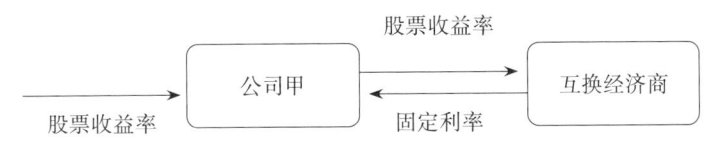

例如,假设甲和乙签订了1年期股票指数互换协议,甲支付3个月期SHIBOR,收入沪深300指数收益率+0.10%。所有的互换现金流均以人民币支付,每3个月交换一次。名义本金为1亿元。

课堂思考与互动

请尝试写出上例股权互换中乙公司的各期现金流,填列下表。

时间	沪深300指数	3个月期SHIBOR	利差	净现金流
0.00	1500.5	8%		
0.25	1530	8.25%		
0.5	1520.1	8%		
0.75	1575.5	8.5%		
1.00	1525.05	8.25%		

四、外汇互换

外汇互换(foreign exchange swap),又称为外汇掉期,是指以即期汇率买入A货币卖出B货币,在第一个起息日进行资金清算;同时在未来某个特定日期以远期汇率卖出A

货币买回 B 货币的合约,并在第二个起息日进行资金清算。汇率、交易金额和买卖的交割日都在交易的时候确定。

外汇掉期可看作是由相同的数量、不同起息日和不同方式的两个交易组合而成。因此,一份外汇掉期有前一后两个起息日和两个协定的汇率。外汇掉期是一次交易并且费用比较低。

综上,从现金流的角度将上述互换品种进行比较汇总如表4-11。

表4-17 互换品种的比较

互换类型	固定价格	浮动价格	名义金额	到期现金流
利率互换	固定利率	浮动利率	计息本金	固定利率×计息本金-浮动利率×计息本金
商品互换	商品固定价格	商品浮动价格	商品数量	商品固定价格×商品数量-商品浮动价格×商品数量
信用违约互换	固定收益	违约时的债券收益	本金	固定收益×本金-违约债券收益×本金
收益互换	固定收益	浮动收益	资产价值	固定收益×资产价值-浮动收益×资产价值
外汇互换	固定汇率	浮动汇率	外汇本金	固定汇率×外汇本金-浮动汇率×外汇本金

由于计算或确定现金流的方法有很多,因此互换的种类就很多。除了上述最常见互换品种外,还有一类最新涌现出来的金融互换——新型互换。新型互换是一种非标准的金融互换,在这些互换中息票、名义本金、利息以及期限等都是特别规定的,主要是为了满足特定投资者进行风险管理、套期保值、资产重组、信用分散和投机等多方面的需要。

新型互换通常是更加复杂的金融产品结构中的一部分,后者往往由特设衍生载体将新型互换和债券、信用联系票据等产品结合起来后发行给广大投资者。从风险角度来说,新型互换结构常被用来进行风险定价和风险管理。与普通的标准互换相比,新型互换通常能够更加精确地模拟收益率曲线的形状、风险分布曲线的偏度以及各种远期利率和债券到期收益率之间的关联度,从而能够更加灵活地管理资产负债。

本章小结

本章讲述了有关互换的基本概念、互换的基本类型、金融互换的原理和互换的定价。首先,互换最初是为了规避国际金融市场中的外汇管制,从平行贷款到背对背贷款,发展到形成一个独立的金融衍生品。互换是指互换双方达成协议并在一定的期限内转换彼此货币种类、利率基础及其他资产的一种交易。具有表外交易、双方平等互利、标的资产同类有差异和场外交易的非标准化特点。互换的两种最常见的类型是利率互换和货币互换,具有转换资产负债属性,规避风险的功能。

然后，本章介绍了金融互换的原理，即比较优势理论。比较优势理论是指相对优势，即一方具有更大优势，或者更小的劣势。互换双方在浮动利率和固定利率的借款条件上存在比较优势才有互换的意义。在进行互换方案的设计时，应利用双方的比较优势确定对外借款，然后分析互换中的总收益即相对优势利差，再根据实际情况确定收益的分配，计算应该收入和支出的现金流。其次，在分析了互换合约的现金流基础上，详细介绍了互换的估值和定价方法。互换合约的现金流可以看作一系列远期合约的组合，也可以看作两张债券组合。通过远期协议定价法确定利率互换中的远期利率，或在货币互换中确定远期汇率，可推导得到互换产品的估值和定价公式，而互换价格就是使得互换价值为零的固定利率。

最后，本章介绍了互换的其他品种，主要包括商品互换、信用违约互换、收益互换和外汇互换。商品互换是指，交易双方交换的现金流是由商品的固定价格和浮动价格分别乘以商品数量决定的。信用违约互换是指在一定期限内，买卖双方就指定的信用事件进行风险转换的一个合约。收益互换是指信用保障的买方在协议期间将参照资产的收益转移给信用保障的卖方，作为交换，保障卖方则承诺向对方交付协议资产增值的特定比例。外汇互换是指以即期汇率买入A货币卖出B货币，在第一个起息日进行资金清算；同时在未来某个特定日期以远期汇率卖出A货币买回B货币的合约，并在第二个起息日进行资金清算。

思考题

1. 信用评级分别为A和B的两个公司均需进行100万美元的5年期借款，A公司欲以浮动利率融资，而B公司则希望借入固定利率款项。由于公司信用等级不同，故其市场融资条件亦有所差别，如下表所示：

	固定利率借款条件	浮动利率借款条件
A公司	11%	LIBOR+0.10%
B公司	12%	LIBOR+0.50%

设计利率互换，使得可以降低互换双方的融资成本。要求A公司、银行和B公司各分配收益的50%、20%、30%。写出利率互换流程，画出互换图。

2. 假设在一笔利率互换协议中，某一金融机构支付3个月期的LIBOR，同时收取4.8%的年利率（3个月计一次复利），名义本金为1亿美元。互换还有9个月的期限。目前3个月、6个月和9个月的LIBOR（连续复利）分别为4.8%、5%和5.1%。

试用远期利率协议定价法计算此笔利率互换对该金融机构的价值。

3. 假设美元和日元的LIBOR利率的期限结构是平的，在日本是2%而在美国是6%（均为连续复利）。某一金融机构在一笔货币互换中每年收入日元，利率为3%（每年计一次复利),同时付出美元,利率为6.5%(每年计一次复利)。两种货币的本金分别为1000万美元和120 000万日元。这笔互换还有3年的期限,每年交换一次利息,即期汇率为1美元=110日元。

如何确定该笔货币互换的价值?请用债券组合法为该笔互换定价。

4.假设美国A公司和英国B公司在2003年10月1日签订了一份5年期的货币互换协议。合约规定A公司每年向B公司支付11%的英镑利息并向B公司收取8%的美元利息。本金分别是1500万美元和1000万英镑。即期汇率为1英镑=1.5美元,假设在美国和英国利率期限结构是水平的,在英国是3%而在美国是5%。

(1)写出A公司现金流量表。
(2)运用债券组合计算A的互换价值。
(3)运用远期外汇组合计算A的互换价值。

课外阅读

商品互换市场的观察和展望

商品互换作为一种场外衍生品,相对场内产品缺少集中统一的数据记录和统计口径,从目前可以获得的数据来看,主要整理了国际清算银行(BIS)、美国期货交易委员会(CFTC)、中国期货业协会、大连商品交易所场外平台、上海清算所、新加坡交易所等机构发布的相关数据。

1.境外商品互换市场情况

国际清算银行是目前国际上场外衍生品数据的权威统计机构,其从全球有代表性的金融市场收集了场外衍生品的历史数据,其统计机构主要以银行等金融机构为主,每半年统计一次。从BIS近20年对商品场外衍生品市场的统计来看,其市场规模的峰值出现在2008年上半年,达到了15万亿美元。其中,商品互换的占比在70%—80%。金融危机发生后,整体市场规模较之前有了大幅度缩减。根据BIS的统计,2020年年底远期和互换产品未清算余额为1.45万亿美元,占商品场外衍生品的70.8%,其中黄金为5300亿美元,其他贵金属为640亿美元,其他商品合计8580亿美元。

2.美国商品互换市场情况

金融危机后,由于监管机构对场外衍生品市场提出了数据报告要求,因此,近年来也有一些研究成果,为观察商品互换市场提供了参考。根据美国期货交易委员会(CFTC)的一个研究发现,目前场外商品互换市场中天然气、原油和玉米是排在前三的品种。从市场参与主体来看,主要包括产业客户、金融客户和互换交易商三类主体。

3.新加坡商品互换市场情况

新加坡交易所推出的铁矿石掉期产品是具有代表性的集中清算的互换产品。其主要的参与主体有互换经纪商、清算会员等，客户主要是来自中国、新加坡等亚太地区的钢铁企业或铁矿石贸易商。同时，新加坡交易所还推出了橡胶掉期，参与主体主要为来自中国和东南亚的橡胶生产商、贸易商等。

4.中国境内商品互换市场

目前，中国境内商品互换市场的主要参与者是以期货风险管理子公司为主，还有一些机构也提供一些境外互换产品。从中国期货业协会统计的数据来看，期货风险管理子公司的互换业务从2018年年底开始，出现了较大规模增长，达到了400亿元以上。

大连商品交易所于2018年12月19日在场外综合服务平台推出了商品互换业务，是国内期货交易所首次推出场外衍生品业务。交易所平台为商品互换提供了单个商品、商品价差和商品指数等多种互换标的，并提供成交确认，估值盯市和双边清算服务。

上海清算所是我国为商品互换衍生品提供中央对手清算的机构，先后推出了铁矿石掉期、乙二醇掉期、苯乙烯掉期等品种。其中，成交较多的品种有苯乙烯、乙二醇和铁矿石。主要的参与主体有产业客户、经纪会员、清算会员。

随着场外衍生品工具的逐步丰富，挂钩标的的不断增加。实际上各个市场之间都有一定的客户群体，同时，不同市场之间的套利机会也在不断增加，这也进一步吸引了更多金融机构或对冲机构的参与。因此，每个市场之间已从原来的竞争关系逐步转为互利共赢的关系。

——节选自李正强，柳青《商品互换市场的观察、理解和展望》，有改动

参考文献

[1]李正强,柳青.商品互换市场的观察、理解和展望[J].中国证券期货,2021(3):44-49.
[2]吴键.经济转型背景下信用保护工具的发展历史及经验研究[J].中国商论,2020(23):20-22.
[3]郭炜恒.信用违约互换及其在我国的应用[J].合肥工业大学学报(社会科学版),2013(3):77-83.

第五章 期权合约

【开篇引言】

2022年9月19日，3只ETF期权品种在上海证券交易所和深圳证券交易所平稳上市。其中，中证500ETF期权在上交所上市，创业板ETF期权、中证500ETF期权在深交所上市。

中国证监会市场一部主任张望军表示，在各方大力支持下，我国股票期权市场总体运行平稳，功能稳步发挥。接下来，中国证监会将切实加强市场监管，保护好投资者合法权益，共同建设良好市场生态。

上交所副总经理刘逖表示，中证500ETF期权与沪市现有期权产品体系形成了有效互补，不仅有利于健全多层次资本市场体系，也有利于提高金融市场为实体经济服务的能力。深交所总经理沙雁表示，创业板ETF期权和中证500ETF期权的上市，有利于满足投资者多元化风险管理需求，增加资金对ETF产品的配置，更好地服务中长期资金入市。

上市首日，3只ETF期权整体交易平稳，投资交易理性有序。其中，沪市中证500ETF期权成交26.78万张，深市创业板ETF期权和中证500ETF期权分别成交24.62万张和9.97万张。

——节选自戴震、訾兴炎《国际市场外汇奇异期权的发展概况与交易实践》，有改动

第一节 期权交易概述

一、期权的起源与发展

1.期权交易的起源

现代期权的雏形出现于17世纪荷兰的郁金香泡沫时期,郁金香期权是人类历史上最早期权交易。由于郁金香球茎的供给有限,单纯的现货买卖已无法满足狂热的投机需求,于是具有高杠杆特性的期权在此时诞生,提升了市场中资金利用效率,衍生出了许多本无法产生的交易。在郁金香泡沫的最高峰,荷兰的郁金香市场已发展到没有实体交易的程度,原因是郁金香球茎的生长速度跟不上市场的需求。此时完全现金结算的合约出现了,买方和卖方只对于到期时现货价格与合约履约价之间的差价进行结算。当郁金香泡沫结束时,价格暴跌,卖权买方纷纷要求履约,结算郁金香球茎暴跌的收益,但是卖权卖方的资金有限无法履约,实际上已经出现技术性破产,导致当时期权市场崩溃。

18、19世纪,美国和欧洲的农产品期权交易已经相当流行,19世纪,以单一股票为标的资产的股票期权在美国诞生,期权交易开始被引入金融市场。

现代金融市场的期权合约起源于1872年由拉塞尔·塞奇(Russell Sage)在芝加哥创建的场外期权市场,但是直至芝加哥期货交易所(CBOT)推出隔夜期权产品后,期权市场才逐步开始活跃起来。1932年CBOT发生"小麦大跌案",导致美国在1936年的商品交易法案中禁止所有商品有关的场内和场外期权交易,期权发展步伐再次慢了下来。

1973年4月26日芝加哥期权交易所(CBOE)成立并推出了标准化期权交易。这标志着期权交易正式进入统一化、标准化、规范化的全面发展阶段。为了避免重蹈郁金香泡沫的覆辙,芝加哥期权交易所增设了一个独立的第三方清结算机构期权清算公司(OCC),极大地降低了期权买方的履约风险。之后在金融监管宽松、期权定价理论发表和计算机技术成熟的有利环境下,期权交易飞速发展。

在美国期权市场的带动下,世界各国相继开始筹备自己的期权交易市场,并将期权交易引入到了农产品、能源期货中,极大地促进了商品期权的发展。随着美国、英国、日本、加拿大、新加坡、荷兰、德国、澳大利亚以及中国香港等地相继建立起期权交易市场,期权交易也从最初股票一个品种扩展到了目前包括大宗商品、金融证券、外汇以及黄金白银在内的近100个品种。20世纪末21世纪初,期权发展速度飞快,OTC市场上出现了千奇百怪的奇异期权。

从全球主要期权品种的成交量占比来看,期权成交量分布的头部效应较明显,2018年前四大期权的成交量就已经占到了全球期权总成交量的28%。其中,全球单个期权成交量最大的为印度NSE的Bank Nifty指数期权,成交量为15.87亿张,占比12%。其次是美国CME的E-Mini S&P 500期货期权,成交量为8.35亿张,占比6%。

2. 期权交易的发展概况

相较于海外期权数十年的成熟发展,国内期权市场尚处于起步阶段,2011年银行间市场开始参与外汇期权交易,2013年我国首只场外期权诞生,2015年黄金实物期权和上证50ETF期权相继推出,标志着我国期权市场的逐步成型。特别是上证50ETF期权是国内首只场内期权品种,这不仅宣告了中国期权时代的到来,也意味着我国已拥有全套主流金融衍生品。2017年3月~4月豆粕期权、白糖期权分别在大商所、郑商所上市,填补了国内商品期货期权市场的空白,给期货市场服务实体经济开辟了一条新的道路,提供了新的衍生工具。

虽然我国期权市场经过近几年的发展,已经初具规模,业务类型、功能定位和监管体系基本成型,但由于起步较晚,我国期权市场目前还处于发展的初级阶段,存在期权品种缺乏、场内场外发展欠均衡、市场参与者门槛较高的特点。

(1)期权品种不完善

投资者可参与品种少,且多数期货品种无对应期权,两类市场匹配度差,无法满足特定投资组合的对冲需求。正如前文所述,我国期权种类有待完善,作为一种常用的对冲交易工具,品种的匮乏限制了期权市场与期货、股票等市场联系的紧密度,也制约了投资组合的构造和对头寸的风险缓释。

(2)场内期权与场外期权市场发展有失均衡

场外市场规模增速远大于场内。我国目前已推出的场内交易品种仅有三类,场外期权由于品种多样、形式灵活,发展速度远大于场内期权。2017年三季度末场外期权期末规模大约是上证50ETF期权的7.3倍。因此,我国标准化的场内期权市场与交易品种有待进一步发展与扩容。

(3)我国期权参与者门槛高,市场活跃度受限

上证50ETF期权投资者要求具备两融及金融期货交易经历,且在资产方面也有一定门槛限制;而外汇期权的参与者则必须有真实贸易背景,仅能通过银行间市场进行操作,且只允许全额交割,原则上不能进行差额交割。此类政策对参与者资质设限,一定程度上限制了市场规模与产品流动性。

截至2022年,我国期权交易主要在期货交易所和证券交易所进行交易。具体而言,大连和郑州交易所主要进行商品期权交易;上海证券交易所进行金融期权交易,2015年2月9日上证50ETF期权合约上市交易,2019年12月23日沪深300ETF期权合约上市交

易;中国金融期货交易所也进行金融期权交易,目前主要为2019年12月23日上市交易的沪深300股指期权合约,2022年7月22日上市的中证1000股指期权。

表5-1　2021年中金所股指期权市场

指标	数值	同比变动	同比增减(%)
成交量(万手)	3024.15	1349.88	80.62%
成交额(万亿元)	0.25	0.11	82.07%
行权量(手)	156851	87.249	125.35%
持仓量(年末,手)	195960	195960	——
成交量(日均,万手)	12.45	5.56	80.70%
成交额(日均,亿元)	10.23	4.61	82.03%
交易天数	243	0	——

数据来源:中国金融期货交易所

二、期权交易的概念

期权(Option),是指赋予其购买者在规定期限内按双方约定的价格(执行价格Strike Price或协议价格Exercise Price)购买或出售一定数量某种金融资产的权利的合约。一份期权合约中包含5个要素,即头寸、执行价、期权费(价格)、到期日、标的资产。

第一,期权的头寸是指期权合约的买卖方向。期权的买方是购买期权,获得权利的一方,也称为期权的多头方。期权的卖方(立权人)是出售权利,获得期权费的一方,因而具有接受买方选择的义务,也称为期权的空头方。

第二,执行价格(Strike Price),即事先确定的标的资产或期货合约的价格。执行价格确定后,在期权合约规定的期限内,无论价格怎样波动,只要期权的买方要求执行该期权,期权的卖方就必须以此价格履行义务。

第三,期权费(Premium)又称权利金,是期权的价格。是买方为获取权利而向卖方支付的费用,它是期权合约中的唯一变量。对于期权的买方来说,期权费是其损失的最高限度。对于期权卖方来说,卖出期权即可得到一笔期权费收入,而不用立即交割。

第四,到期日,又称执行日,是指期权合约必须履行的最后日期。欧式期权规定只有在合约到期日方可执行期权。美式期权规定在合约到期日之前的任何一个交易日(含合约到期日)均可执行期权。期货期权而言,期权的到期日应优先于其标的资产——期货合约的最后交易日。

第五,标的资产,是期权合约到期时双方约定交付的对象,期权的标的资产包括证券、股票、外汇、债务工具、商品、期货合约。

表5-2　沪深300股指期权合约规格

合约标的	沪深300指数
合约类型	看涨期权、看跌期权
合约单位	每点人民币100元
合约到期月份	当月、下2个月及随后3个季月
行权价格	对当月与下2个月合约：行权价格≤2500点时，行权价格间距为25点；2500点<行权价格≤5000点时，行权价格间距为50点；5000点<行权价格≤10000点时，行权价格间距为100点；行权价格>10000点时，行权价格间距为200点
行权方式	欧式
交割方式	现金交割
最后交易日	合约到期月份的第三个星期五，遇国家法定假日顺延
交收日	行权日次一交易日
最小报价单位	0.2点
交易代码	看涨期权：IO合约月份-C-行权价格 看跌期权：IO合约月份-P-行权价格

课堂思考与互动

观察下列关于沪深300股指期权的行情表，请说出该合约中的五个要素，即期权的头寸、执行价、期权费（价格）、到期日和标的资产。

表5-3　2022年4月沪深300指数期权交易行情

看涨			行权价		看跌		
持仓量	成交量	涨跌	最新价	IO2205	持仓量	成交量	涨跌	最新价
123	7	↓13.20	641.00	3550	4.60	↓0.20	511	1984
52	17	↑3.60	608.80	3600	6.00	↓0.40	207	1052
54	13	↑3.80	560.40	3650	7.80	↓0.40	226	667
60	29	↓13.20	495.00	3700	9.80	↓0.60	531	1337

三、期权交易的特点

1. 期权交易对象是权利

期权合约交易中，双方交易的对象是一种权利。期权是单向合约，是一种能在未来某特定时间以特定价格买入或卖出一定数量的某种特定商品的权利。在标准化的期权合约中，权利的价格即期权费是买卖双方协商的唯一条款，其余如执行价、到期日、标的物等都是由交易所统一制定。

2.期权合约具有不对称性

由于期权买卖的是一种特殊权利,不必一定履行合约。因此,买卖双方享受的权利和义务不对称,期权的买方只有权利没有义务,到期可选择行权,也可放弃;而期权卖方负有必须履约的义务。同时,期权买卖双方的风险和收益也不对称,随着市场价格变化,期权买方的收益理论上可以无限,而损失上限则为期权费;期权卖方的收益上限为期权费,损失却无下限。买卖双方的损益为零和博弈。

3.保证金制度要求不同

期权交易中由于买方不承担行权的义务,保证金制度对双方的要求也不同,只有期权卖方需要缴纳保证金,与此同时,期权交易中买方要向卖方支付期权费。例如,我国沪深300股指期权的保证金要求为12%,中证1000股指期权的保证金要求为15%。

四、期权合约的类型

1.按期权的交割时间划分

按期权的交割时间划分有美式期权和欧式期权两种类型。美式期权(American Options)是指在期权合约规定的有效期内任何时候都可以行使权利。欧式期权(European Options)是指在期权合约规定的到期日方可行使权利,期权的买方在合约到期日之前不能行使权利,过了期限,合约则自动作废。

因为美式期权选择性更多,更加灵活,所以同样情况下美式期权的价格比欧式期权更高。

例如,某日上午欧元/美元即期汇率为1.1500,一个客户预计晚上或明天欧元汇率可能会上涨到1.1600或更高的水平。于是他从银行买入一张面值10万欧元的美式看涨期权,期限为两周,执行价为1.1500,设定费率2.5‰,即购买期权需支付2500欧元。第二天,欧元/美元的汇率上升,超过1.1500,达1.1700。此时,客户可以要求立即执行期权1.1700-1.1500=0.0200利润,即2000美元。但是在减去购买期权时支付的费用后,客户仍然损失了875美元(2000-2500美元×1.1500=-875美元)。可以看出,虽然美式期权比较灵活方便,但是期权费的支出是非常昂贵的。

需要注意的是美式和欧式的命名并不完全与交易所地理位置有关,如在美国场外交易的外汇期权大都是欧式期权。常见的美式期权包括美国交易所内所有的股票期权,一些外汇期权和一些股指期权,如标普100指数、道琼斯指数。常见的欧式期权包括许多外汇期权、一些股指期权如标普500指数和许多定制的、非交易所交易的奇异期权。

截至2022年,我国目前场内期权种类有25个期权品种,国内股指和ETF期权均为欧式期权;沪铜期权从"2211合约"开始为美式期权,这样国内商品期权均为美式期权。

2. 按期权合约上的标的划分

有股票期权、股指期权、利率期权、商品期权以及外汇期权等种类。

(1) 股票期权

股票期权是通过执行期权,看涨期权的购买方获得某公司股票,而由卖方按照执行价提供这些股票。在执行中,期权的购买方和提供方都会发现,为了避免实际的股票交易费用,对双方期权合同进行平仓比履约合约更为有利。这时买方将期望取得(而卖方亏损)一笔收入,其值近似等于证券的现行市场价格与期权执行价格的差。

规定在到期时只进行现金结算的做法是完全可行的。这时,如果现行价格高于执行价格,则将要求期权提供方支付给看涨期权购买方等于证券市场价格与看涨期权执行价格的差价金额。相应地,对看跌期权如果执行价格高于股票现行价格,则要求提供方支付给购买方等于期权执行价格与现行市场股票价格差的金额。尽管单种股票的挂牌期权负有提供证券的责任,但也可以用"现金结算"方式来实现。于是,就产生了指数期权。

(2) 股票指数期权

指数期权以股票价格指数水平为基础。有的指数广泛反映股票市场的变动,有的指数反映特定工业部门股市的变化,有的指数是高度专门化的,只含有几种股票,另一些指数对股票市场的主要部分有广泛的代表性。美国证券交易所市场价格指数覆盖了美国证券交易所的全部股票,而纽约证券交易所综合指数覆盖了纽约证券交易所的所有股票,标准普尔(Standard&Poor's)500股票指数包含了500种大型公司挂牌交易股票。指数期权合同不是以股票数目表述的,合同的大小是以指数水平乘以进行期权交易的交易所指定的乘数得出,指数期权的期权费(即期权价格)乘以所用乘数则为应付总费用。

(3) 利率期权

利率期权是把将来的利率作为对象进行买卖的期权合约,即利率期权交易中交易双方买卖的是在指定的未来日期购进或售出某种价格的有息资产的权利。当投资者预期利率下跌时,他会购买利率期权的买权,以固定其投资收益;而当那些欲在将来卖出固定收益,或锁定未来借款成本的借款人,如果预期利率上升则会购买利率期权的卖权,以从中获利。

因而,对市场利率的相同预期和交易主体的不同目的,导致了不同的操作方法。利用期权防范利率风险的原理基本上同于利率期货,但前者更灵活,因为它是一种选择权利,而不是义务。

(4) 外汇期权

外汇期权,也称为货币期权,是指合同买方在未来约定的日期或一定时间内按照规定的汇率购买或出售一定数量的外汇资产的选择。与股票期权、指数期权等期权相比,外汇期权是外汇交易,即期权买方在向期权卖方支付相应的期权费后获得权利,期权买方在支付一定金额的期权费后,有权在约定的到期日按照双方约定的协定汇率和金额与期权卖方约定的货币进行交易,权利买方也有权不执行上述交易合同。

外汇期权业务的优势在于,它可以锁定未来的汇率,提供外汇保值。客户具有良好的灵活性和选择性,当汇率变化朝着有利的方向发展时,他们也可以获得盈利的机会。对于合同尚未确定的进出口业务,具有良好的保值效果。

(5)商品期权

商品期权是指标的物为实物的期权,如农产品中的小麦和大豆、金属中的铜等。从本质上来说,商品期权与金融期权的性质是一样的,期权的买方有权力,但没有义务,在规定的时间范围内,按预先确定的价格买入或卖出一定数量的合约。商品期权同样是一种很好的商品风险规避和管理的金融工具。

3.按期权的交易场所来划分

场内期权是指在交易所上市的期权品种,有集中性的交易场所,交易所使用中心化进行交易,有固定的交易地址和交易时间。由于集中交易方式,交易所上市的期权是标准化的。比如2015年在上海证券交易所上市的50ETF期权就属于场内期权的一种。

场外期权是非集中交易的非标准化期权。相比于场内期权,场外期权可定制化的服务,标的合约、到期日、行权价、期权类型、结算价、保证金可由双方协商制定。具有较高的违约风险,无中央对手方;信息不透明,报价差异大;流动性差,寻找成交对手方非常困难的特点。现有产品包括欧式、美式、奇异期权等,一般期限可覆盖1个月至6个月。

4.按期权的权利划分

看涨期权(Call Options)是指期权的买方向期权的卖方支付一定数额的权利金后,即拥有在期权合约的有效期内,按事先约定的价格向期权卖方买入一定数量的期权合约规定的特定商品的权利,但不负有必须买进的义务。持有看涨期权在未来即具有买入标的物的权利,因此又称为买权。

看跌期权(Put Options)是指期权的买方向期权的卖方支付一定数额的权利金后,即拥有在期权合约的有效期内,按事先约定的价格向期权卖方卖出一定数量的期权合约规定的特定商品的权利,但不负有必须卖出的义务。持有看跌期权在未来即具有卖出标的物的权利,因此又称为卖权。

5.按期权合约的行权价与标的价格的关系划分

按执行价格与标的物市场价格的关系不同可分为实值期权、平值期权和虚值期权。

实值期权是指如果期权立即执行,买方具有正值的现金流;相应的,如果现金流为零对应平值期权;现金流为负值对应虚值期权。

例1 一张看涨期权,期权价格为3元,执行价为50元,现在市场上标的资产价格为52元。如果立即行权,则按照50元买入标的物,当前市场价格52元,盈利。因此该期权为实值期权。

例2 一张看跌期权,期权价格为7元,执行价为80元,现在市场上标的资产价格为87元。如果立即行权,则按照80元卖出标的物,当前市场价格87元,亏损。因此该期权为虚值期权。

表5-4 实值期权与虚值期权

市场价格S与期权执行价X关系	看涨期权	看跌期权
S>X	实值	虚值
S=X	平值	平值
S<X	虚值	实值

课堂思考与互动

1.【判断】对于看跌期权,若标的资产市场价格高于执行价格,则称之为实值期权。( )

2.在到期日之前不能行使,不能提前也不能延后的是( )期权。
A.美式期权　　B.欧式期权　　C.看涨期权　　D.看跌期权

3.一份看涨期权,期权费5元,执行价为100元,现在市场上标的资产价格为102元,则该期权是( )
A.标的资产的市场价格大于期权的执行价格,为实值期权
B.标的资产的市场价格小于期权的执行价格,为实值期权
C.标的资产的市场价格大于期权的执行价格,为虚值期权
D.标的资产的市场价格小于期权的执行价格,为虚值期权

课程思政环节

课堂思考与讨论:某投资者听朋友说期权能赚钱,于是参与期权交易,但不料市场价格走势与其预测相反,让他损失严重,他为此非常生气。

讨论:你如何看待期权投资交易?

思政元素挖掘:

1.积极健全金融监管体系,守住不发生系统性金融风险的底线,树立风险意识,敢于担当,主动承担责任。

2.金融衍生品既能够为实体经济提供避险,同时也是投机工具。引导学生认识事

物的两面性,凡是矛盾都有既对立又统一的两个方面,且矛盾的两个方面之间,也必然存在着对立性和统一性这两个基本属性。

3.引导大学生树立正确金钱观和价值观,明确自己的目标,坚定理想信念。

第二节 期权合约的损益分析

金融工程产品和方案是由股票、债券等基础性证券和4种期权合约构造组合形成的,即积木分析法。积木分析法也叫模块分析法,指的是将各种金融工具进行分解或组合,以解决各种金融和财务问题。积木分析法的重要工具是金融产品回报图或是损益图。

期权合约根据头寸的方向和权利的性质,可分为4个基本期权交易策略,即买入看涨期权(买入买权)、卖出看涨期权(卖出买权)、买入看跌期权(买入卖权)和卖出看跌期权(卖出卖权),需要注意的是,前一个买卖是针对权利,而后一个买权中的买卖是针对标的资产。本节将以欧式股票期权为例,介绍4种基本期权策略的损益。

一、买入看涨期权

例3 假设A向B购买一份股票看涨期权,期权费用5元,执行价100元,期限为2个月。请问2个月后期权到期时,若该标的股票的市场价格为110元,期权多头方A会不会执行期权?若执行,A的损益是多少?如果到期该标的股票的市场价格为105元呢?100元呢?95元呢?90元呢?

分析:

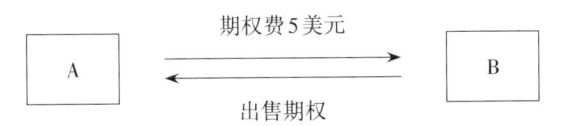

```
              期权费5美元
       ┌───┐ ─────────→ ┌───┐
       │ A │             │ B │
       └───┘ ←───────── └───┘
              出售期权
```

不考虑货币的时间价值,若该标的股票的市场价格为110元,假设A期权多头方选择行权,则将按照执行价100元买入标的股票,股票市场损益为+10元(110-100),加上期初支付的期权费5元,则A的净损益为10-5=5元;若放弃行权,则A将损失期权费,净损益-5元。可知,此时A会选择行权,净损益为+5元。

若该标的股票的市场价格为90元,假设A期权多头方选择行权,则将按照执行价100元买入标的股票,股票市场损益为-10元(90-100),加上期初支付的期权费5元,则

A的净损益为-10-5=-15元;若放弃行权,则A将损失期权费,净损益-5元。可知,此时A将放弃行权,净损益为-5元。

同样的方法分析其他市场价格的情况,大家可自行尝试。通过分析可得到规律,A的损益取决于标的资产的到期市场价格。当市场价格高于执行价时,A会选择行权,按照执行价购入标的物,净损益为:市场价-执行价-期权费。当市场价格低于执行价时,A会放弃行权,净损益为:-期权费。如图5-1所示。

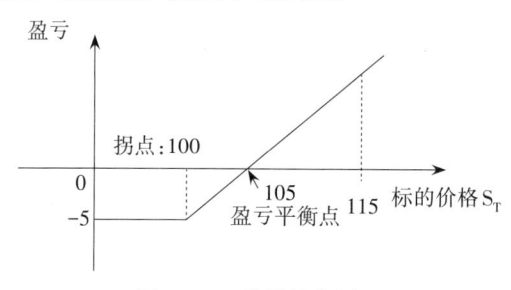

图5-1 A的损益分析图

根据例3可总结得到看涨期权多头的一般损益形式。假设S_T为到期标的资产的市场价格,K为期权合约的执行价,c表示看涨期权费,则看涨期权多头的到期损益见图5-2,可表示为:

$$max(S_T-K,0)-c$$

二、卖出看涨期权

仍看例3,例3中的投资者B作为该期权合约的卖方收取期权费,具有配合多头方A履行权利的义务,没有选择权。期权合约是否行权与上例中的分析完全相同,由A决定。例如当合约中标的股票的到期市场价格为110元,根据上述分析A会选择行权,此时B需履行合约,即按照执行价100元卖出标的股票给A,净损益为100-110+5=-5元。

从中可找到规律,B的损益取决于标的资产的到期市场价格。当市场价格高于执行价时,A会选择行权,B则需按照执行价卖出标的物,净损益为:执行价-市场价+期权费。当市场价格低于执行价时,A会放弃行权,则B的净损益为:+期权费。如图5-2所示。

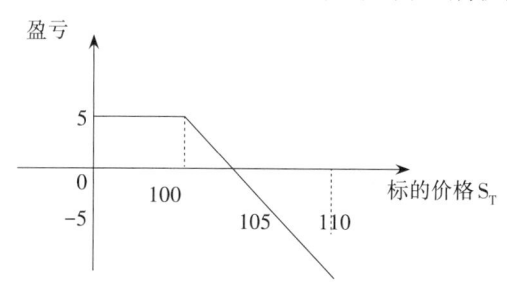

图5-2 看涨期权空头B的损益图

假设 S_T 为到期标的资产的市场价格，K 为期权合约的执行价，c 表示看涨期权费，则看涨期权空头的到期损益见图5-4，具体可表示为：

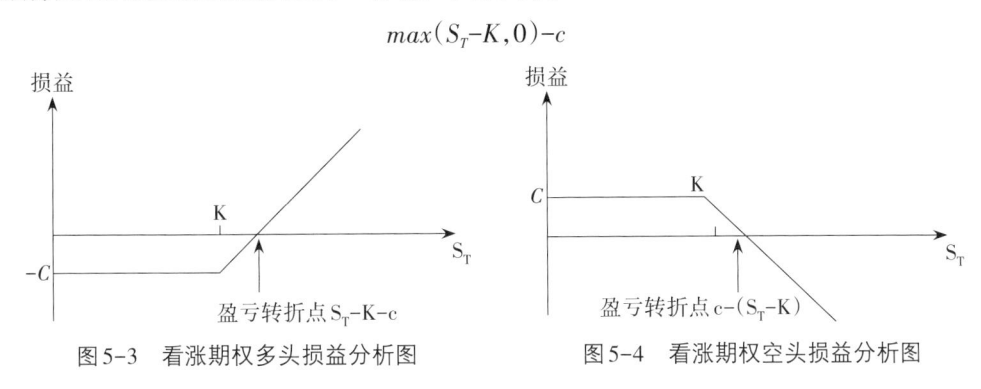

$$max(S_T-K,0)-c$$

图5-3　看涨期权多头损益分析图　　　　图5-4　看涨期权空头损益分析图

三、买入看跌期权

例4　假设A向B购买一份股票看跌期权，期权费用7元，执行价70元，期限为2个月。请问2个月后期权到期时，若该标的股票的市场价格为80元，期权多头方A会不会执行期权？若执行，A的损益是多少？如果到期该标的股票的市场价格为75元呢？70元呢？65元呢？60元呢？

分析：

A支付期权费7元向B购买一份看跌期权，到期如果行权，则可以按照执行价70元向B卖出标的股票，即如下图所示。

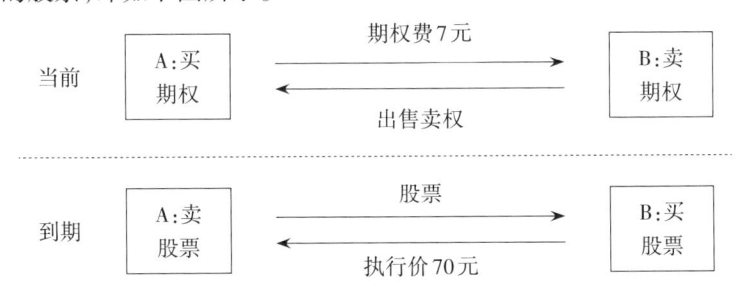

不考虑货币的时间价值，若该标的股票的市场价格为80元，假设A期权多头方选择行权，则将按照执行价70元卖出标的股票，股票市场损益为-10元(70-80)，加上期初支付的期权费7元，则A的净损益为-10-7=-17元；若放弃行权，则A将损失期权费，净损益-7元。可知，此时A会放弃行权，净损益为-7元。

若该标的股票的市场价格为60元，假设A期权多头方选择行权，则将按照执行价70标的股票，股票市场损益为+10元(70-60)，加上期初支付的期权费5元，则A的净损益为10-7=+3元；若放弃行权，则A将损失期权费，净损益-7元。可知，此时A将选择行权，净损益为+3元。

同样的方法分析其他市场价格的情况，大家可自行尝试。通过分析可得到规律，A的损益取决于标的资产的到期市场价格。当市场价格高于执行价时，A会放弃行权，净损益为：-期权费；当市场价格低于执行价时，A会选择行权，按照执行价卖出标的物，净损益为：执行价-市场价-期权费。如图5-5所示。

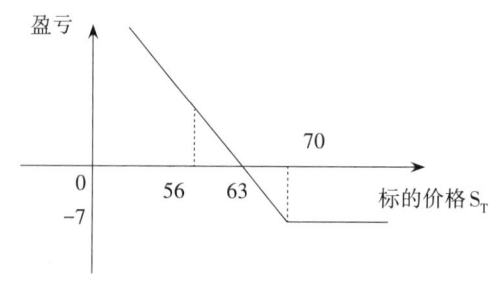

图5-5　A的损益分析图

根据例4可总结得到看跌期权多头的一般损益形式。假设S_T为到期标的资产的市场价格，K为期权合约的执行价，p表示看跌期权费，则看跌期权多头的到期损益见图5-6，可表示为：

$$max(K-S_T,0)-p$$

四、卖出看跌期权

仍看例4，例4中的投资者B作为该期权合约的卖方收取期权费，具有配合多头方A履行权利的义务，没有选择权。期权合约是否行权与上例中的分析完全相同，由A决定。例如当合约中标的股票的到期市场价格为60元，根据上述分析A会选择行权，此时B需履行合约，即按照执行价70元向A买入标的股票，净损益为60-70+7=-3元。

从中可找到规律，B的损益取决于标的资产的到期市场价格。当市场价格低于执行价时，A会选择行权，B则需按照执行价买入标的物，净损益为：市场价-执行价+期权费。当市场价格高于执行价时，A会放弃行权，则B的净损益为：+期权费。如图5-6所示。

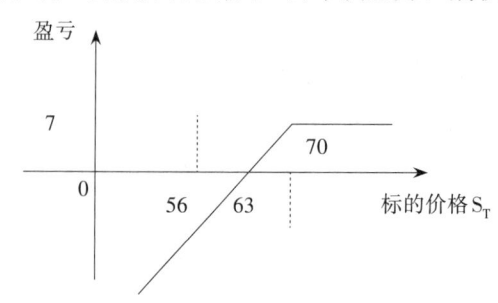

图5-6　看跌期权空头B的损益分析图

假设 S_T 为到期标的资产的市场价格，K 为期权合约的执行价，p 表示看跌期权费，则看跌期权空头的到期损益见图5-8，具体可表示为：

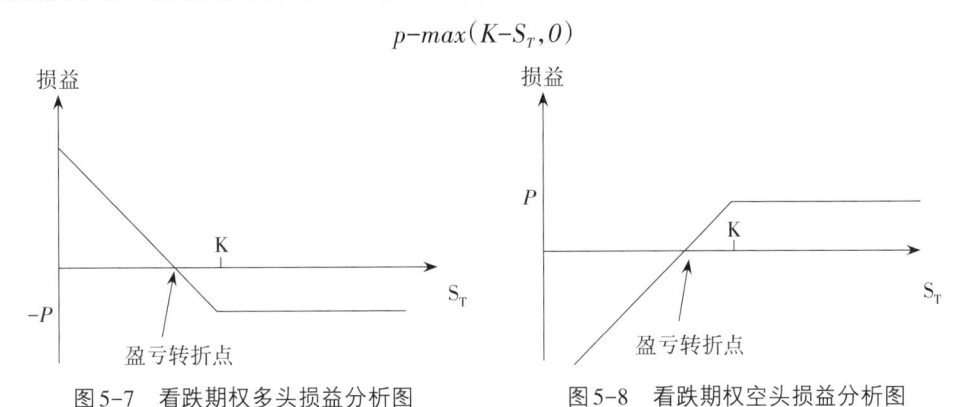

$$p - max(K - S_T, 0)$$

图 5-7　看跌期权多头损益分析图　　　　图 5-8　看跌期权空头损益分析图

表 5-5　四种期权基本策略概览

期权类型	看涨期权		看跌期权	
头寸方向	买入	卖出	买入	卖出
期权费	支付	收入	支付	收入
利润	无限	有限	无限	有限
损失	有限	无限	有限	无限
对市场价格的预测	看涨	看跌	看跌	看涨
损益平衡点	执行价+期权费	执行价+期权费	执行价-期权费	执行价-期权费

课堂思考与互动

1. 买入一份欧式卖权

期权价格=＄4，执行价=＄66，请分析该期权的到期损益，画出损益图，并说明什么时候该期权会盈利。

2. 卖出一份欧式买权

期权价格=＄2，执行价=＄45，请分析该期权的到期损益，画出损益图，并说明什么时候该期权会盈利。

3. 判断该说法是否正确：预期未来标的物的价格将下降，可以通过卖出对应的买权进行投机获利。（　　）

4.预测未来的股价将上升,以下哪个策略不能投机盈利(　　)

A.买入相应的股票看跌期权

B.买入相应的股票期货

C.买入相应的股票看涨期权

D.买入相应的股票远期

五、期权交易的杠杆性

金融杠杆,通俗地讲就是用小额的自有资金可以进行数倍于原始资金的投资。融资融券交易具备杠杆作用,期权同样可以巧妙地实现以小博大的杠杆投资效应。在期权投资中,杠杆效应的运用主要是通过买入期权来实现的,股票期权的出资者只需付出少量的期权费就可以获得更大金额的股票市值。

例5 某投资者持有资金6000元,假设现在市场上某股票的价格为每股30元。以该股票为标的资产股票看涨期权,还有1个月到期,执行价为30元,期权费2元。如果预测一个月后股票价格将上涨,准备进行投机交易。比较直接购买股票和购买相应的股票看涨期权的收益。

情形一:若1个月后股票价格上涨为40元(与预期一致)

策略一:直接买股票,6000元的初始资金按照当前市价,能够购买6000/30=200股股票,1个月后卖出股票平仓。

$$盈利(40-30)×200=2000元$$

$$收益率=2000/6000×100\%=33.3\%$$

策略二:买入相应的股票看涨期权,每股期权费为2元,6000元的初始资金能够获得6000/2=3000股。到期市场价高于执行价,将选择行权。

$$净盈利(40-30)×3000-6000=24000元$$

$$收益率=24000/6000×100\%=400\%$$

情形二:若1个月后股票价格下跌为20(与预期相反)

策略一:直接买股票,6000元的初始资金按照当前市价,能够购买6000/30=200股股票,1个月后卖出股票平仓。

$$损益(20-30)×200=-2000元$$

$$收益率=-2000/6000×100\%=-33.3\%$$

策略二:买入相应的股票看涨期权,每股期权费为2元,6000元的初始资金能够获得6000/2=3000股。到期市场价低于执行价,将放弃行权。

$$净盈利-6000元$$

$$收益率=-6000/6000×100\%=-100\%$$

上述分析可知,期权交易相较于现货交易具有高杠杆性,期权投资的收益和损失都将放大。但是由于期权交易的对象是权利,多头方的收益无限(理论上),损失有限,因此期权的收益杠杆比损失杠杆更高。

第三节 期权合约的价格关系

一、期权价格的构成

期权价格是期权合约中权利的价格,是期权合约中的唯一变量,是期权买方为了获得权利所支付的费用。它由两个部分构成:

1. 期权的内在价值(Intrinsic Value)

期权内在价值是指,多方按照当前市场行情立即行使期权时可以获得的非负收益。

若不考虑货币的时间价值,当标的资产的市场价格高于执行价时,看涨期权立即行权,其内在价值为 $S-K$。当标的资产市价低于协议价格时,期权多方是不会行使期权的,因此期权的内在价值应大于等于0。看跌期权也是同样方法分析。则期权的内在价值可表示为:

看涨期权到期的内在价值等于 $max(S-K,0)$;

看跌期权到期的内在价值为 $max(K-S,0)$。

若考虑货币的时间价值,会发现欧式期权的执行价是到期才能行权,如果现在立即行权,应对执行价进行贴现。那么期权的内在价值为:

看涨期权到期的内在价值等于 $max(S-Ke^{-r(T-t)},0)$;

看跌期权到期的内在价值为 $max(Ke^{-r(T-t)}-S,0)$。

现实中,如果期权的有效期较短,当不需要太精确的结果时,通常不考虑货币的时间价值,采用近似计算方法。

2. 期权的时间价值(Time Value)

期权的时间价值是指,在期权有效期内标的资产价格波动为期权持有者带来收益的可能性所隐含的价值,它是等待波动的价值。

看涨期权的时间价值等于在有效期内标的资产价格上升给其持有者带来的预期收益的价值,看跌期权则相反。显然,由于期权多方具有选择权,能够择利避损,标的资产价格的波动率越高,期权的时间价值就越大。

需要注意的是,期权价格与到期时间的关系是一种非线性的关系,而不是简单的倍数关系,计算公式较为复杂。一般的,期权合约的购买者为购买期权而支付的期权费超过期权内在价值的那部分价值即为时间价值。

期权的时间价值=期权价格-内在价值

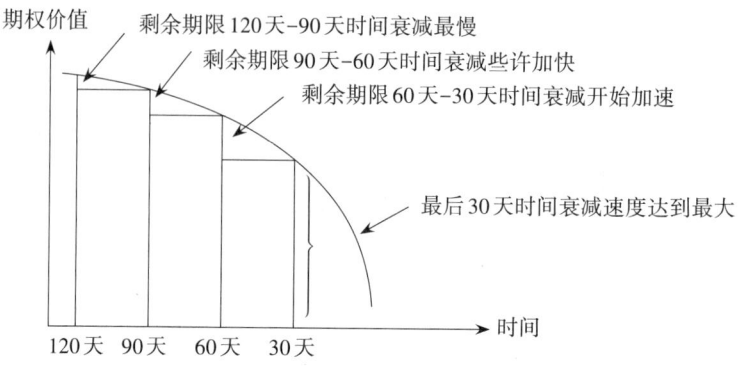

图 5-9 期权的时间价值

例如,设某股票价格为27元,11月看跌期权的执行价为30元,期权费为4元,则该期权:

内在价值=30-27=3元

时间价值=4-3=1元

若该股票的12月看涨期权的执行价28元,期权费为1元,则该期权:

内在价值=0元

时间价值=1-0=1元

期权时间价值的特点如下。

①期权的时间价值随着到期日的临近而减少,期权到期日的时间价值趋向零。

②深度实值和深度虚值的期权时间价值接近于0,平值期权的时间价值最大。这是因为深度实值和深度虚值的期权,标的资产的市场价格和执行价相差甚大,已几乎确定行权或者放弃行权,变化的可能性很小,等待波动的价值随之很小。而平值期权,标的资产的市场价格等于执行价,此时等待波动的价值最大。因为时间价值是人们因预期标的物市场价格的变动能使虚值期权变为实值期权,或使有内涵价值的期权变为更有内涵价值的期权而付出的代价,所以,当一种期权处于极度实值时,市场价格变动使它继续增加内涵价值的可能性已极小,而使它减少内涵价值的可能性极大,人们都不愿意为买入该期权并持有它而付出比当时的内涵价值更高的权利金。

相反,当一种期权处于极度虚值时,人们会认为变为实值期权的可能性十分渺茫,因而也不愿意为买入这种期权而支付任何权利金。因此,只有在行权价与标的物市场价格相等,即在期权处于平值期权时,市场价格的变动才最有可能使期权增加内涵价值,人们也才最愿意为买入这种期权而付出相等于时间价值的权利金,而此时的时间价值已经最大,任何市场价格与行权价的偏离都将减少这一时间价值。所以,市场价格与行权价的关系对时间价值也有直接的影响。

③期权价格=期权的时间价值+内在价值。期权价格和期权的到期时间、标的资产的市场价格变化有关系。时间价值和内在价值的关系如下表。

表5-6 期权价格和内在价值、时间价值的关系

	期权价格(未到期)	期权价格(到期)
实值期权	内在价值+时间价值	内在价值
虚值期权	时间价值	零
平值期权	时间价值	零

二、期权价格的影响因素

期权价格由期权的内在价值和时间价值两部分构成,影响期权价格的因素可分解为影响期权内在价值和时间价值的因素。这里为了准确地分析各部分影响因素,采用精确的内在价值计算公式更为清楚。

1.期权内在价值影响因素

(1)标的资产的市场价格与期权的执行价

我们知道,看涨期权到期的内在价值等于 $\max(S-Ke^{-r(T-t)},0)$;看跌期权到期的内在价值为 $\max(Ke^{-r(T-t)}-S,0)$。因此,对于看涨期权而言,标的资产的市场价格越高,执行价格越低,看涨期权的内在价值越大,看涨期权的价格就越高。对于看跌期权而言,标的资产的市场价格越低、执行价格越高,看跌期权的价格就越高。

买权内在价值:$\max(S-Ke^{-r(T-t)},0)$,当 $S\uparrow K\downarrow$ 时,内在价值增大,期权价格↑

卖权内在价值:$\max(Ke^{-r(T-t)}-S,0)$,当 $S\downarrow K\uparrow$ 时,内在价值增大,期权价格↑

(2)无风险利率

无风险利率直接影响货币的时间价值大小。对于看涨期权来说,到期持有按执行价买入标的物的权利,当无风险利率增加,延后购买标的资产节省的利息支出越多,买权价值越大。对于看跌期权来说则相反,到期持有按照执行价卖出标的物的权利,无风险利率的增加将导致延后卖出资产损失的利息增加,将降低卖权价值。

买权内在价值:$\max(S-Ke^{-r(T-t)},0)$,当 $r\uparrow$ 时,内在价值增大,期权价格↑

卖权内在价值:$\max(Ke^{-r(T-t)}-S,0)$,当 $r\uparrow$ 时,内在价值减少,期权价格↓

(3)标的资产的收益

由于标的资产分红将减少标的资产的价格,而执行价格并未进行相应调整,因此在期权有效期内标的资产产生收益将使看涨期权价格下降,而使看跌期权价格上升。

D→S↓→买权内在价值↓,卖权↑

2.期权时间价值的影响因素

(1)期权的有效期

对于美式期权而言,由于它可以在有效期内任何时间执行,有效期越长,多头获利机会就越大,而且有效期长的期权包含了有效期短的期权的所有执行机会,因此有效期越长,期权价格越高。

对于欧式期权而言,由于它只能在期末执行,有效期长的期权就不一定(小概率)包含有效期短的期权的所有执行机会。这就使欧式期权的有效期与期权价格之间的关系显得较为复杂。

期权合约的有效期是指距离期权合约到期日前剩余时间的长短。在其他因素不变的情况下,期权有效期越长,其时间价值也就越大。对于期权买方来说,有效期越长,选择的余地越大,标的物价格向买方所期望的方向变动的可能性就越高,买方行使期权的机会也就越多,获利的可能性就越大。反之,有效期越短,期权的时间值就越低。因为时间越短,标的物价格出现大的波动,尤其是价格变动发生逆转的可能性越小,到期时期权就失去了任何时间价值。

对于卖方来说,期权有效期越长,风险也就越大,买方也就愿意支付更多的权利金来占有更多的盈利机会,卖方得到的权利金也就越多。有效期越短,卖方所承担的风险也就越小,他卖出期权所要求的权利金就不会很多,而买方也不愿意为这种盈利机会很少的期权支付更多的权利金。因此,期权的时间价值与期权合约的有效期成正比,并随着期权到期日的日益临近而逐步衰减,而在到期日时,时间价值为零。

(2)标的资产价格的波动率

标的资产价格的波动率是用来衡量标的资产未来价格变动不确定性的指标。由于期权多头的最大亏损额仅限于期权价格,而最大盈利额则取决于执行期权时标的资产市场价格与协议价格的差额,因此波动率越大,对期权多头越有利,期权价格也应越高。

在其他因素不变的条件下,标的物价格的波动增加了期权向实值方向转化的可能性,权利金也会相应增加,而且价格波幅越大,期权权利金就越高。因为标的物价格波动越大,风险也越大,购买期权保险的需求就越大。况且标的物价格反复波动时,价格趋势出现逆转的可能性越大,期权变成有行使价值的机会也就越多,期权买方也更乐于接受期权卖方所提出的更高的期权价格。而期权卖方因市场风险增大(他并不希望期权被行权),除非能得到满意的较高价格,否则卖方就不肯卖出期权来承担市场风险。

表5-7 期权六个影响因素汇总表

变量	欧式买权c	欧式卖权p	美式买权C	美式卖权P
标的资产价格S	正向	负向	正向	负向
期权执行价X	负向	正向	负向	正向
有效期T	不确定	不确定	正向	正向
波动率σ	正向	正向	正向	正向
无风险利率r	正向	负向	正向	负向
标的资产收益D	负向	正向	负向	正向

课堂思考与互动

1. 关于期权价格的叙述,正确的是( )。

A. 期权的有效期限越长,期权价值就越大

B. 标的资产价格波动率越大,期权价值就越大

C. 无风险利率越小,期权价值就越大

D. 标的资产收益越大,期权价值就越大

2. 一般来说,期权的执行价格与期权合约标的物的市场价格差额越大,则时间价值就( )。

A. 越大   B. 不变   C. 稳定   D. 越小

3. **期权价格的敏感性**

从期权价格的影响因素可以发现,期权价格受标的资产的市场价格、到期日的远近、标的资产价格波动率大小以及利率水平等多个因素的影响。但是我们也同时发现,期权价格的变化与影响因素的变化之间并不是线性关系的,那么具体的影响力度与程度是多少,如何确定呢?我们用一系列的希腊字母来构造期权技术指标,反映期权价值与影响因素的变动特点,衡量期权价格的敏感性。

(1) Delta

Delta(记作Δ)表示期权价格对标的资产价格变动的敏感度,即标的资产的即期价格变动1个基本点,期权价格的变动幅度。用数学语言表示为期权价格对标的资产价格的偏导数。

$$\text{Delta}(\Delta) = \frac{\text{期权费的变化}}{\text{标的资产即期价格变化}}$$

Delta可以作为构建期权交易策略的重要指标。当构建一个组合,包括标的资产及其对应的期权衍生品,使组合的Delta等于0,此时组合处于Delta中性状态,这表示组合

的价值将不受标的资产价格变动的影响,实现了对标的资产价格的套期保值。由于标的资产的Delta固定,而其衍生品的Delta受到多因素影响,可能随时变化,所以Delta中性状态只能在短时间内维持,之后需要不断调整组合头寸,使组合重新处于Delta中性状态。这是一个动态调整过程,且对冲了标的资产价格变动对组合的风险,因此基于Delta指标进行的投资策略可以称Delta动态对冲策略,与此相对,Delta静态对冲策略只需调整交易一次。

(2) Gamma

Gamma(记作γ)是期权价格对标的资产价格的二阶导数,衡量的是标的资产即期价格变动1个基本点,期权的Delta值的变动幅度,可以理解为Delta变动的速率,用于衡量Delta对标的资产价格K变动的敏感程度。

从几何意义上分析,可以表示曲线的曲率。它也可以用于分析为了保持Delta中性,再次进行对冲的频率,因此在Delta对冲策略研究中起着很重要的作用。

$$\text{Gamma}(\gamma) = \frac{\text{Delta的变化}}{\text{标的资产即期价格变化}}$$

(3) Vega

Vega(记作ν)是指波动率的变化引起期权价格的变化,即标的资产市场价格波动性变动1%,期权价格的变动幅度。这个指标恒为正,因为无论是看涨还是看跌,我们都可以得到波动率越大,期权价格越高的结论。

$$\text{Vega}(\nu) = \frac{\text{期权费的变化}}{\text{标的资产即期价格波动率变化}}$$

(4) Theta

Theta(记作θ)表示随着时间的变化,期权价格的变化,即每一天时间的消逝所损耗的期权价值。它是期权价格对时间的偏导数,可以理解为期权价格随时间变化的速率。对于美式期权来讲,随着时间的变化期权的价值在下降,但是对于欧式期权来说,无论是看涨还是看跌期权,期权价值的变动都是不确定的。

$$\text{Theta}(\theta) = \frac{\text{期权费的变化}}{\text{距离到期日时间的变化}}$$

(5) Rho

Rho(记作ρ)表示无风险收益率变动对期权价格的影响,即无风险利率变化1%,期权价格的变动幅度。一般来说,期权买方的Rho是正的,随着无风险利率的增大,执行价格会下降,期权价值则会增加。在其他因素不变的前提下,距离到期日的时间越长,外汇期权的Rho就越大。

$$\text{Rho}(\rho) = \frac{\text{期权费的变化}}{\text{无风险利率的变化}}$$

相对于影响期权价值的其他因素来说,期权价值对无风险利率变化的敏感程度比较小。因此,在市场的实际操作中,经常会忽略无风险利率变化对期权价格带来的影响。

三、期权价格的上下限

期权价格是双方所交易权利的费用,支付的期权费用不能超过标的资产本身的价格,否则不如现在直接买卖标的资产。下面采用无套利方法分析期权价格的上下限。

1.看涨期权价格的上下限

看涨期权是未来按照执行价买入标的资产的权利,所支付的期权费用不能超过标的资产本身的价格,因此可知看涨期权费用上限即为标的资产本身价格。以 S 表示标的资产即期价格,X 表示期权执行价,c 表示欧式看涨期权费用,r 为无风险利率,$T-t$ 表示期权有效期。

看涨期权的价格上限为:$c \leqslant S$

通过无套利分析法可证明看涨期权的价格下限为:

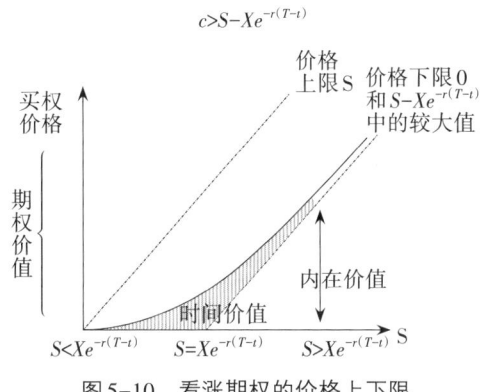

$$c > S - Xe^{-r(T-t)}$$

图5-10 看涨期权的价格上下限

图5-10中可见,看涨期权价格为一条与标的资产即期价格 S 正相关的曲线,价格上限为标的资产即期价格,即从原点出发的45度斜线;价格下限为 $S-Xe^{-r(T-t)}$,图形上表现为斜率不变,向下平移,而这正是看涨期权的内在价值,因此期权价格减去内在价值部分(图中阴影部分)即为期权时间价值,它是非线性的。

例6 以某股票为标的物的看涨期权合约的标的资产价格 $S=100$,期权执行价 $X=100$,无风险利率 $r=10\%$,期权有效期 $T-t=1$ 年。若该买权的期权价格为8元,请问是否合理?是否存在套利机会?

分析:

该期权价格8元低于了看涨期权的价格下限,存在套利。可构造套利策略:买入看涨期权,同时为对冲风险卖空标的股票,剩余资金用于投资无风险资产。可得现金流如下表。

表5-8 看涨期权下限套利分析表

操作	t时刻现金流	T时刻现金流 $S_T>100$	T时刻现金流 $S_T<100$
卖空股票	+100	$-S_T$	$-S_T$
购买买权	-8	S_T-100	0
购买债券	$-100e^{-10\%\times 1}$	+100	+100
净现金流	1.52>0	0	$100-S_T>0$

2.看跌期权价格的上下限

看跌期权是未来按照执行价卖出标的资产的权利,执行价即为期权多头方最大收益,所支付的期权费用不能超过执行价,因此可知看跌期权费用上限即为期权执行价。以S表示标的资产即期价格,X表示期权执行价,p表示看跌期权费用,r为无风险利率,$T-t$表示期权有效期。

看跌期权的价格上限为:$p \leq X$

则通过无套利分析法可证明看跌期权的价格下限为:

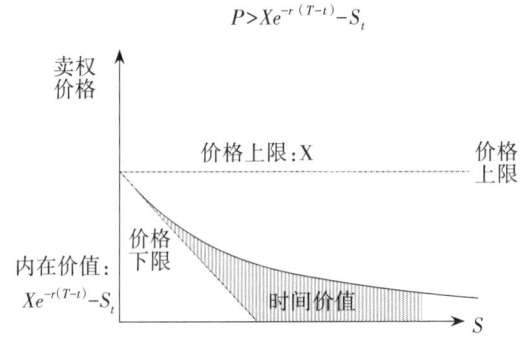

$$P > Xe^{-r(T-t)} - S_t$$

图5-11 看跌期权的价格上下限

图5-11中可见,看跌期权价格为一条与标的资产即期价格S负相关的曲线,价格上限为期权执行价格(常数),即为一条水平线;价格下限为$Xe^{-r(T-t)}-S$,图形上表现为负斜率的斜线,而这正是看跌期权的内在价值。同样的,期权价格减去内在价值部分(图中阴影部分)即为期权时间价值,它是非线性的。

例7 以某股票为标的物的看跌期权合约的标的资产价格S=48,期权执行价X=50,无风险利率r=5%,期权有效期T-t=0.25年。若该卖权的期权价格为1元,请问是否合理?是否存在套利机会?

分析:

该期权价格1元低于了看跌期权的价格下限,存在套利。可构造套利策略:买入看跌期权,同时为对冲风险买入标的股票,初始资金利用无风险利率借款。可得现金流如下表。

表5-9 看跌期权下限套利分析表

操作	t时刻现金流	T时刻现金流	
		$S_T>50$	$S_T<50$
买入股票	-48	$+S_T$	$+S_T$
购买卖权	-1	0	$50-S_T$
借款	$-50e^{-5\%\times0.25}$	-50	50
净现金流	1.38>0	$S_T-50>0$	0

四、期权的平价关系

1.欧式期权平价关系

首先考虑欧式期权,欧式期权是不能提前行权,只能在到期日执行的期权。不考虑标的资产产生收益的情况下,标的资产相同、到期时间相同、执行价格相同的欧式看涨和看跌期权之间存在的一定价格关系成为平价关系,可表示为:

$$c+Xe^{-r(T-t)}=p+S \qquad 式5-1$$

证明:考虑两个投资组合,A组合为买进一张看跌期权和一张股票,付出金额为$p+S$;B组合为买进一张看涨期权和存一笔款在银行,付出金额为$c+Xe^{-r(T-t)}$

其中,r为无风险利率,X为执行价格,S为股票市价,请问A组合和B组合到期的收益分别是多少?

分析:欧式期权不能提前行权,因此不考虑持有期间的期权现金流,只需考虑到期现金流。期权到期时,两个投资组合的结果如下表。

表5-10 组合A和B的到期收益分析

	$S_T \geqslant X$	$S_T \leqslant X$
A组合:股票价值	S_T	S_T
看跌期权价值	0	$X-S_T$
A组合总价值	S_T	X
B组合:存款价值	X	X
看涨期权价值	S_T-X	0
B组合总价值	S_T	X

由上表可以看出,期权到期时,

A组合价值为:$\max(X-S_T,0)+S_T=\max(X,S_T)$

B组合价值为:$\max(S_T-X,0)+X=\max(X,S_T)$

因此,在执行日期到达时,不论股票市价如何变化,两个投资组合的价值都相等。

由无套利均衡可知,在进行投资组合之初,两者的付出金额也相等(不然将存在套利机会),故可推导出平价关系式。

在标的资产有收益的情况下,以 D 表示标的资产的收益现值,我们只要把前面的组合 B 中的现金改为 $D+Xe^{-r(T-t)}$,我们就可推导有收益资产欧式看涨期权和看跌期权的平价关系:

$$c+D+Xe^{-r(T-t)}=p+S \qquad 式5-2$$

例8 假定股票价格为31美元,执行价格为30美元,无风险利率为10%。3个月期的欧式看涨期权费为3美元,3个月期的欧式看跌期权费为2.25美元。请问是否存在套利,如果存在该如何套利?

分析:根据题意,$S=31$,$X=30$,$r=10\%$,$c=3$,$p=2.25$。代入看涨看跌平价关系式可知等式不成立,存在套利。构建套利策略:代入公式可知 A 组合初始成本高于 B 组合,应整体买入 B 组合同时卖出 A 组合。具体操作和套利结果如下表。

表5-11 期权平价关系套利分析表

	当前	到期,$S_T>30$	到期,$S_T<30$
看涨期权	买入,-3	执行,-30 获得股票,$+S_T$	不执行
看跌期权	卖出,期权费+2.25	不执行	执行,-30 获得股票,$+S_T$
股票	卖空,收入+31	买入平仓,$-S_T$	买入平仓,$-S_T$
无风险投融资	投资,-30.25	投资收入+31.02	投资收入+31.02
净收益	0	+1.02	+1.02

课堂思考与互动

延用例8,假定股票价格为31美元,执行价格为30美元,无风险利率为10%。3个月期的欧式看涨期权费为3美元,3个月期的欧式看跌期权费为1美元。

请问是否存在套利,如果存在该如何套利?

2.美式期权平价关系

美式期权是可以在到期前的任何时候执行的期权,是否行权将影响期权平价关系的成立。首先考虑美式期权提前执行的问题。

例如,现有标的股票市场价格 $S=50$ 元,相应的期权执行价格 $X=40$ 元,有效期 $T-t=$1个月。判断该看涨期权处于实值状态还是虚值状态?是否该执行这个美式看涨期权?

分析:该期权目前处于实值状态。

情形1:假定你计划持有股票1个月。如果执行该期权,你将立即支付40元并得到1

股股票；如果现在不执行，你可以1个月后支付40元。如果1个月内股价上涨了，你仍然可以以40元价格购买股票；如果股价下跌，低于40元，你将很高兴没有做出提前执行的决策。因此，如果你计划在期权有效期内持有股票，提前执行看涨期权没有优势。

情形2：现在股价为50元，假定你认为股价现在被高估了，不准备持有股票。执行这个看涨期权并出售股票，得到10元（内在价值）；向另一位投资者出售期权，至少得到10.33元（内在价值+时间价值）期权价值=远期价值+波动性价值。因此，如果你不准备持有股票，出售期权比提前执行期权更好。

经过上述分析可得到结论，如果标的资产不分红，美式买权永远不会提前执行。这是因为若提前执行，则得到内在价值，需立即付钱；若不提前执行，还可以获得时间价值。并且提前执行期权不如出售期权，这不会牺牲任何收入（红利），并且可以获得更晚支付执行价格的好处，保留保险要素。

所以，标的资产不分红的美式买权与欧式买权的价格完全一样：C=c

如果标的资产分红，则美式买权和美式卖权都有可能提前执行。这种情况下美式看涨和看跌期权的平价关系不再相同，成为了一个不等式。如果用大写字母表示美式期权价格，小写字母表示欧式期权价格。则有如下结论：

①标的资产不分红时

$$C=c$$
$$P>p$$

美式期权平价关系：$C+Xe^{-r(T-t)}<P+S$

②标的资产分红时

美式期权平价关系：$S-D-X<C-P<S-D-Xe^{-r(T-t)}$

第四节　期权合约的定价

一、二叉树定价模型

1. 二叉树定价原理

1979年，科克斯（Cox）、罗斯（Ross）和卢宾斯坦（Rubinstein）的论文《期权定价：一种简化方法》提出了二项式模型（Binomial Model），该模型建立了期权定价数值法的基础，解决了美式期权定价的问题。

期权价格是权利的价值，也就是期权损益的现值，而期权损益依赖于标的资产的价格变化。二叉树定价法是将期权合约的到期期限分成若干个时间段,每个时间段成为一个步长(期间),假定标的资产的价格在每个期间按一定的比例上升或下降,模拟价格变动,推导期权价格。

在分析期权到期损益时有两个问题需要解决,一是标的资产的到期价格是多少,二是有多大可能到期是这个价格。为了解决第一个问题,我们假设每一次标的资产价格有两种变化可能,即上升和下降,为了尽可能接近实际可以尽可能多的让标的资产价格发生变化。同时假设每次变化中上升的概率为P。这样如果我们估计每次变化的幅度,计算得到上升概率P,就能够从到期损益倒推得到期权的当前价值。

假设Δt表示每一次变化的期间,称为步长;u表示标的资产上升的倍数,d表示标的资产下降的倍数,U_s表示上升时标的资产的价格,D_s表示下降时标的资产的价格,S表示标的资产即期价格,c表示欧式看涨期权费用,p表示欧式看跌期权费用,r表示每步的无风险利率。

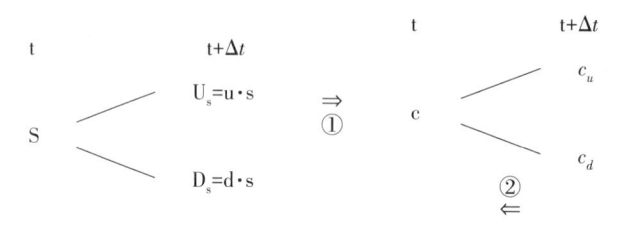

图5-12 二叉树定价法基本思想

基础资产的价格在时间t为S,它可能在时间$t+\Delta t$上升至U_s或下降至D_s,则相应的看涨期权的价格也相应地上升到C_u或下降到C_d,期权当前价格C未知,为看涨期权在到期日前的一段时期的价值。二叉树定价基本思想即通过二叉树步数模拟标的资产价格变化,推导得到期权到期价格变化(第①步),再根据期权到期损益贴现到当前得到期权价格(第②步)。

例9 现在有一个股票市场价格为50元,以该股票为标的的期权,执行价为48元,还有1年到期。市场上无风险利率为10%。在单步二叉树假设下,该股票两种变化可能,有可能上涨25%,有可能下跌20%。那么该股票期权的价格是多少。

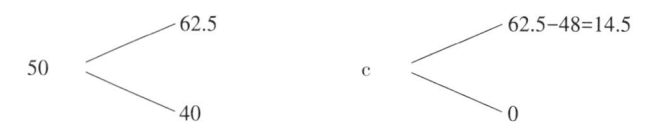

分析:根据无套利方法,考虑复制现金流估值期权价格,即构造股票+股票期权的套利组合,复制一份无风险债券。考虑由h股股票多头和1份买权空头构成的组合,找出合适的头寸h使得该组合完全复制无风险证券(即无论股价如何,组合的收益都锁定,不再受市场影响)。

$$50h-c \diagup \begin{matrix} 62.5h-14.5 \\ 40h \end{matrix}$$

当 62.5h-14.5=40h 时，组合为无风险资产，即未来只有两种可能，无论哪种可能发生其结果都相同，组合收益完全锁定。计算得到：h=0.6444

代入原式，可得该组合 1 年后的价值为：62.5×0.6444-14.5=25.7778

贴现得到该组合当前的价值为：25.7778/(1+10%)=23.4343

又可知：该组合的价值=hS-c

c=hS-组合的价值=0.6444×50-23.4343=8.7878

由此可计算得到该欧式看涨期权的价格为 8.7878 元。

h 又称为套头比(Hedge Ratio)，是期权希腊字母中的 Δ，指复制组合中应持有股票的数量。

Delta(Δ)=期权价格变化/股票价格变化

Δ 衡量了期权对股票的敏感性，即每一单位标的股票价格的变化会引起期权价格变化多少。关于等式 c=ΔS+B 进一步分析可知，该等式基于无套利原理给出了期权价值，阐明了如何复制期权，该等式在经济意义上说明了买权是对标的股票的杠杆投资，即买 0.64 份股票，23.43 的资金是借来的，自有资金只有 8.79。

2. 风险中性估值法

利用无套利分析可以估算期权价值，但是每一步都需要重复计算，多步二叉树更为繁琐。为了简化工作量，可将二叉树法转移到风险中性世界中。在真实世界中，人们对买权的定价与风险态度有关。转移到风险中性(risk-neutral)世界，投资者对风险大小无所谓，且对所有资产所要求的预期收益率相同，承担风险但不要求风险溢价，即预期收益率都是无风险利率。在风险中性世界中，所有证券的贴现率都是无风险利率，即衍生证券的价值是其未来期望值按无风险利率贴现的值。

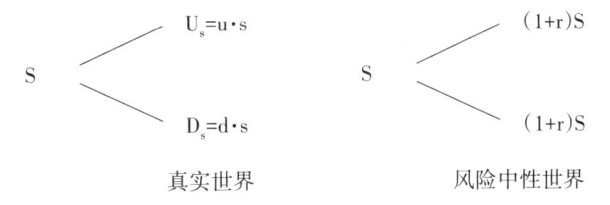

$$S \diagup \begin{matrix} U_s=u \cdot s \\ D_s=d \cdot s \end{matrix} \qquad S \diagup \begin{matrix} (1+r)S \\ (1+r)S \end{matrix}$$

真实世界　　　　风险中性世界

在风险中性世界中，持有股票的期望收益应与持有无风险债券的期望收益相同（因为不要求风险溢价）。因此，在风险中性世界中的股票价格上升概率 P 为：

$$P=\frac{1+r-d}{u-d}$$

仍看例 9，S=50，X=48，若 r=10%（年单利），$T-t$=1 年。试用风险中性估值模型计算期权价格。

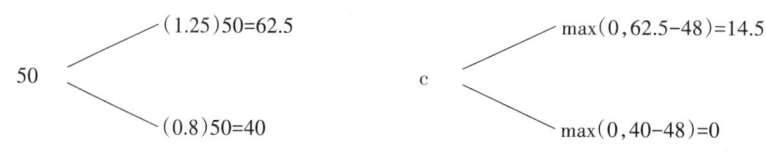

```
          (1.25)50=62.5                    max(0,62.5-48)=14.5
50                                c
          (0.8)50=40                       max(0,40-48)=0
```

利用风险中性概率公式计算：

$$P=\frac{1+r-d}{u-d}=\frac{1.1-(0.8)}{1.25-(0.8)}=0.6667$$

期权价值为期权合约到期损益的现值,通过标的资产价格上升的概率计算得到期权到期损益的期望值,然后将期望到期损益贴现得到期权价值,与无套利原理得到的结果相同。

$$c=[0.6667\times14.5+0.3333\times0]/1.1=8.7878$$

3.二叉树定价步骤

上述分析了单步二叉树看涨期权的定价原理,看跌期权也是同样方法。但是在现实生活中,标的资产的价格变化不可能只有两种可能,在一个完全市场上资产价格的变化应该是连续的。因此在单步二叉树模型的基础可以进一步完善,将期权有效期内的步数变多,每步步长变短,那么最后得到的标的资产的价格变化可能性就会增加,期权价格也更符合现实情况。

多期二叉树所采用的是倒退分析方式,即从二叉树的最右边开始,分枝进行定价,直到二叉树起点的那一枝。在风险中性世界中可以简化步数的推导,用P和(1−P)表示向上和向下运动的风险中性概率,期权价格可表示为未来期权价值期望值的现值。总结步骤如下：

第1步,根据步数判断每步步长,计算每步的无风险利率、上升倍数 u 和下降倍数 d,写出标的资产价格的模拟运动路径；

第2步,根据标的资产价格的到期结果写出期权到期损益；

第3步,计算标的资产上升的风险中性概率,P=(1+r−d)/(u−d)；

第4步,计算期权到期损益的期望值；

第5步,贴现到当前计算期权价格。

例10 延用例9,采用两阶段二叉树模型估值,每个阶段持续6个月,S=50,X=48,若半年利率 r=4.8809%,T−t=1年。标的股票半年发生一次价格变化,每次变化的幅度为

u=1.1709

d=0.8540

分析：

第1步,根据步数判断每步步长,计算每步的无风险利率、上升倍数 u 和下降倍数 d,写出标的资产价格的模拟运动路径；

第2步,根据标的资产价格的到期结果写出期权到期损益；由于多步二叉树分支较

多，为方便分析只画出标的资产价格变化的二叉树图，对应时期的期权价格写在标的资产价格下方。c表示当前期权价格，c_d和c_u表示第一步变化后的期权价格，c_{uu}和c_{dd}表示第二步变化后的期权价格，以此类推。

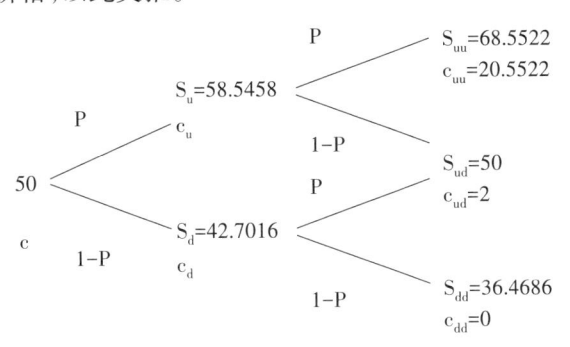

一般的，二步二叉树标的资产价格模拟变化图和对应时期期权价格图如下所示。标的资产价格按照变化步数和方向乘以u和d，期权则根据对应期限的标的资产价格判断是否行权，计算其内在价值。

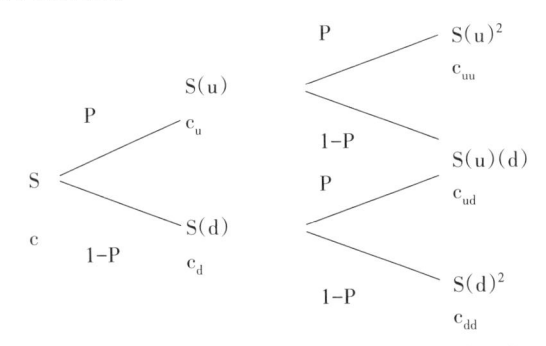

图5-13 两步二叉树标的资产价格和期权价格模拟图

第3步，计算标的资产上升的风险中性概率，$P=(1+r-d)/(u-d)$；

$P=(1+r-d)/(u-d)=(1+4.8809\%-0.8540)/(1.1709-0.8540)=0.61$

第4步，计算期权到期损益的期望值；

看涨期权到期损益期望值：

$20.5522×0.61^2+2×0.61×(1-0.61)×2+0×(1-0.61)^2=8.71$

若同样标的资产的看跌期权计算方法相同，标的资产的价格模拟图不变，但是看跌期权的到期损益需重新计算，大家可自行尝试。看跌期权到期损益期望值可计算如下：

$0×0.61^2+0×0.61×(1-0.61)×2+11.5341×(1-0.61)^2=1.71$

第5步，贴现到当前计算期权价格。

看涨期权的价格：$8.71/(1+4.8809\%)^2=7.92$

看跌期权的价格：$1.71/(1+4.8809\%)^2=1.56$

验证看涨-看跌期权的平价关系：
$$c+Xe^{-r(T-t)}=p+S$$
$$7.92+48/(1+4.8809\%)^2=51.56=1.56+50$$

需要注意的是，在期权平价关系中无风险利率采用连续复利计息，而在我们推导期权价值时采用的复利贴现，由于利率计息方式不一致，可能导致平价关系出现细微的差异，要想获得精确结果，应将复利转换为等价的连续复利计算。

4. 多步二叉树

以上详细介绍了单步二叉树和两步二叉树的估值方法，可类推到多步二叉树。我们可以通过如下假定来模拟股价的实际运动，假定股价在期权有效期内变动 N 次，则股价在期权有效期末有 N+1 种可能值。

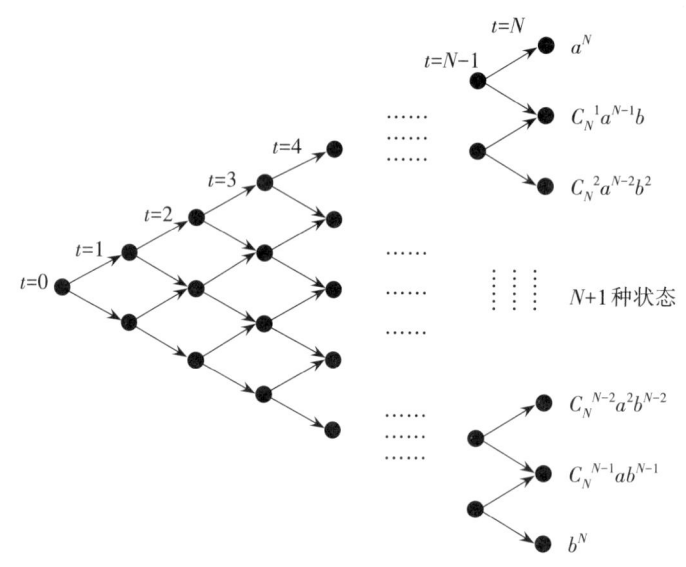

阶段数 N 可以设定为任意值，N=4，每个阶段持续 3 个月，N=12，每个阶段持续 1 个月，N=365，每个阶段持续 1 天，N=8700，每个阶段持续 1 个小时，N 的数值越大，则股价变化越接近现实情况。

一般的，N 步二叉树的推导公式如下：

$$c=\frac{1}{(1+r)^n}\sum_{i=1}^{n}\frac{n!}{k!(n-k)!}p^k(1-p)^{n-k}\max[u^k d^{n-k}S-X,0]$$
$$=\frac{1}{(1+r)^n}\sum_{i=1}^{n}C_n^k p^k(1-p)^{n-k}\max[u^k d^{n-k}S-X,0]$$
$$c=\frac{E(C_T)}{(1+r)^n}$$

关于公式的理解：期权的价格可以看作是，将风险中性世界中，期权价格的未来期望值贴现到当前。特别的，当步数 N 趋近于无穷时，二叉树计算公式通过数学推导可得到一个极限公式，这个公式与 Black-Scholes 期权定价模型殊途同归。

二、Black-Scholes期权定价模型

期权定价是所有金融应用领域数学上最复杂的问题之一。第一个完整的期权定价模型由费希尔·布莱克(Fisher Black)和迈伦·斯科尔斯(Myron Scholes)创立并于1973年公之于世,B-S期权定价模型发表的时间和芝加哥期权交易所正式挂牌交易标准化期权合约几乎是同时。

B-S模型认为,只有股价的当前值与未来的预测有关;变量过去的历史与演变方式与未来的预测不相关。期权是购买方支付一定的期权费后所获得的在将来允许的时间买或卖一定数量的基础商品(underlying assets)的选择权。期权价格是期权合约中唯一随市场供求变化而改变的变量,它的高低直接影响到买卖双方的盈亏状况,是期权交易的核心问题。

1.B-S模型基本假设

①标的物价格的变动符合布朗运动;

②在期权有效期内,无风险利率和金融资产收益变量是恒定的;

③市场无摩擦,即不存在影响收益的任何外部因素,如税负、交易成本及保证金等,所有证券完全可分割。于是,标的物持有者的收益仅来源于价格的变动;

④金融资产在期权有效期内无红利及其他所得(该假设后被放弃);

⑤该期权是欧式期权,即在期权到期前不可实施,其执行价格为X,期权期限为T(以年表示);

⑥不存在无风险套利机会;

⑦标的资产的价格的变动是连续的,且是均匀的,既无跳空上涨,也无跳空下跌;

⑧投资者能够以无风险利率借贷,即存在一个固定的无风险利率,投资者可以以此利率无限制地借入或贷出资金。

2.Black-Scholes期权定价公式

其中,c为看涨期权费用,X为期权执行价,S为标的资产即期价格,$T-t$表示期权持有期,r为连续复利计息的无风险利率,σ为标的资产价格变化的年度标准差,表示标的资产价格的波动率,$N(\cdot)$表示正态分布变量的累积分布函数,可查表得到(见附录)。

$$c = SN(d_1) - Xe^{-r(T-t)}N(d_2)$$
$$p = Xe^{-r(T-t)}N(-d_2) - SN(-d_1)$$

$$d_1 = \frac{\ln\frac{S}{X} + (r + \frac{\sigma^2}{2})(T-t)}{\sigma\sqrt{T-t}}$$

$$d_2 = \frac{\ln\frac{S}{X} + (r + \frac{\sigma^2}{2})(T-t)}{\sigma\sqrt{T-t}} - \sigma\sqrt{T-t} = d_1 - \sigma\sqrt{T-t}$$

例10 假设市场上某股票现价S为164元,无风险连续复利利率r是0.0521,股票方差为0.0841,行权价格X是165元。那么以该股票为标的资产的,有效期为35天(即T为0.0959)的期权,其合理价格(期权费)是多少?

已知：N(0.03)=0.5131，N(0.04)=0.5160，N(0.05)=0.5199，N(0.06)=0.5239，N(0.07)=0.5279

计算步骤如下：

① d_1=[ln(164/165)+(0.0521+0.0841/2)×0.0959]/(0.29×$\sqrt{0.0959}$)=0.0328

② d_2=0.0328−0.29×$\sqrt{0.0959}$=−0.570

③ 查标准正态分布函数表，得：

N(0.03)=0.5120

N(−0.06)=1−N(0.06)=1−0.5239=0.4761

④ c=164×0.5120−165×$e^{-0.0512×0.0959}$×0.4761=5.803

因此理论上该期权的合理价格是5.803元。如果该期权市场实际价格是5.75元，那么这意味着该期权有所低估。在没有交易成本的条件下，购买该看涨期权有利可图。

3. Black-Scholes期权定价的评价

虽然在假设条件方面期权定价模型有着很多的约束，使模型的理论计算局限在很理想化的情况里，甚至有些前提假设与事实很不相符。但是它对于整个期权定价乃至整个衍生金融工具定价方面所做出的贡献是举重若轻的。

首先，期权定价模型充分地揭示了期权权利金的决定因素（一些经济变量），使人们更深入地认识期权，不仅从数学角度给期权合法化提供了依据，而且为人们在期权定价方面提供了便利和可操作性。它将期权权利金进行了量化，而有别于在此之前的定性研究（在此之前的计量经济学最多给出了期权权利金的取值范围，而无法给出确定的数值）。

其次，期权定价模型非常有助于投资者管理投资风险，并且能够通过数学上的计算发现市场上被低估的期权等金融资产，从而使投资者更容易在市场上获利；还给投资者提供对冲的资产组合方式，更好地控制风险，给金融避险提供的理论上和实践上的直接依据。

再次，在金融国际化浪潮和金融创新化的浪潮共同席卷的当今世界，衍生金融工具的定价问题已经成为投资者首要关心的问题。期权定价模型在这方面的杰出贡献使得投资者能够量化期权产品价格，同时对于其他衍生金融工具的定价也起到了一定的借鉴和推动作用。

最后，期权定价模型对期权领域的创新也起到了非常关键的作用，它的出现极大地帮助金融机构设计全新的期权交易产品，帮助投资者设计风险管理方法，并且帮助投资者选择正确的投资方向和融资策略。

本章小结

本章讲述了有关期权交易的基本概念和类型、期权的损益分析、期权价格的构成和定价。首先,期权(Option),是指赋予其购买者在规定期限内按双方约定的价格购买或出售一定数量某种金融资产的权利的合约。一份期权合约中包含5个要素,即头寸、执行价、期权费(价格)、到期日、标的资产。期权合约的交易对象是权力,因此买卖双方具有不对称性,体现在期权双方的风险收益不对称、权利义务不对称和保证金的要求不对称。期权按照不同的标准可分为:欧式期权和美式期权、场内期权和场外期权、看涨期权和看跌期权。

然后,介绍了期权的损益分析,按照期权的头寸方向和权利性质分为四种基本期权策略,即买入看涨期权,买入看跌期权,卖出看涨期权,卖出看跌期权。根据标的资产市场价格判断期权是否行权,再根据头寸方向分析期权损益。可知,期权的执行价是期权损益图的拐点,期权执行价加减期权费是期权合约的盈亏平衡点。

其次,从定性分析到定量分析介绍了期权价格的内容。期权价格由两个部分组成,即期权的内在价值和时间价值。标的资产的市场价格、期权执行价、无风险利率、标的资产价格波动率、期权有效期和标的资产产生的收益是影响期权价格的六个因素。进一步的,期权价格具有上下限制,在无套利均衡下,看涨期权和看跌期权具有平价关系的等式。

最后,介绍了期权定价模型。期权价格是标准化期权合约中的唯一变量,是权利的价格。期权定价的方法有两种,一是Black-Scholes期权定价模型,B-S模型认为,股票价格服从随机分布,只有股价的当前值与未来的预测有关;变量过去的历史与演变方式与未来的预测不相关,根据股价运动过程求偏微分方程,推导得到期权定价公式。第二种是二叉树定价模型,其基本思想是,期权价格是权利的价值,也就是期权损益的现值,而期权损益依赖于标的资产的价格变化。二叉树定价法是将期权合约的到期期限分成若干个时间段,每个时间段称为一个步长(期间),假定标的资产的价格在每个期间按一定的比例上升或下降,模拟价格变动,推导期权价格。两种方法先后出现,最终结果一致。

思考题

1.期权多头方支付一定费用给期权空头方,作为拥有这份权利的报酬,则这笔费用称为( )。

A.交易佣金　　B.执行价格　　C.保证金　　D.期权费

2.关于保证金,以下哪种说法错误(　　)。

A.期货的卖方需要缴纳保证金

B.期权的卖方需要缴纳保证金

C.期权交易双方都需要缴纳保证金

D.期货的买方需要缴纳保证金

3.【判断】期权的执行价格是由双方协商匹配而定(　　)。

4.练习:判断以下期权是实值期权、虚值期权还是平值期权?

(1)一张看涨期权,期权价格为2元,执行价为56元,现在市场上标的资产价格为56元。

(2)一张看跌期权,期权价格为5元,执行价为40元,现在市场上标的资产价格为35元。

5.某股票现价100美元,以该股票为标的资产的期权有效期6个月。考虑有2个连续时间步,每个时间步的步长为3个月,每个单步二叉树预期上涨10%或下跌10%。无风险年利率为8%。执行价格为100美元。试分析:

(1)根据风险中性定价理论,该股价上升的概率为?

(2)该欧式看涨期权的价值是多少?

(3)该欧式看跌期权的价值是多少?

(4)验证期权平价关系是否成立?

6.某张以股票为标的资产的看涨期权的各项参数如下,试用B-S期权定价模型计算欧式看涨期权和看跌期权的价格。

股票价格(S)	75美元	N(d2)	0.54
执行价(K)	70美元	无风险利率	0.05
N(d1)	0.69	距到期日时间	1年

📖 阅读资料

股票期权激励案例研究——以完美世界为例

股权激励即公司通过给予经营者股权的方式,使他们能以股东的身份参与企业决策、分享利润、承担风险。股权激励既是报酬激励,也是所有权激励。其主要方式有:股票期权、虚拟股票、限制性股票、经理人持股等。在近年来我国的实践过程中,暴露出现行股权激励制度的很多不足,例如信息披露制度不完善,股价对业绩反映不真实;股市剧烈震荡,行权价格倒挂致使激励对象无法行权等。

股票期权指任职者因完成公司的业绩条件或任职时间等要求,得到的购买公司股票的选择权,他们可以在规定的时期内以事先确定的价格和条件购买本公司一定数量的股票,也可以放弃购买。

一、完美世界股权激励案例分析

完美世界是我国最大的影游综合体,拥有完美世界游戏和完美世界影视两大板块,于2014年12月成功在A股上市。公司自2011年至今,连续6次列入中国文化企业30强。另外,文化消费作为我国第三次消费升级中的亮点,受国家政策对文化产业的扶持,市场需求正快速增长。因此完美世界具有较大的增长性,是市场蓝筹股。

(一)股票期权内容

1.激励对象:董事(兼副总经理、财务总监)1人,期权9万份,占公司总股本0.02%;副总经理1人,期权9万份,占公司总股本0.02%;业务骨干人员132人,期权147万份,占公司总股本0.3%。

2.业绩条件。公司层面考核:2015年度—2018年度公司经审计属于母公司股东的扣除非经常性损益后的净利润分别不低于2.4亿元、3.0亿元、3.6亿元、4.2亿元人民币;

个人层面业绩考核:根据个人的绩效考评评价指标确定考评结果,评价结果划分为优秀(A)、良好(B)、合格(C)、不合格(D)四个档次。

3.授权日:2015年7月3日。

4.等待期:12个月。

5.行权期:自授权日起满一年后的第一个交易日起至授权日起满十年的交易日当日止。按公司年度利润要求分4期申请行权,每次可行使期权数量的25%。

6.行权价格:29.14元/股。若在行权前,公司有资本公积转增股本、配股或缩股、分红等事项,将对股票期权数量、行权价格进行调整。

7.股票数量及来源:公司向激励对象定向发行人民币普通股股票165万股。

8.资金来源:员工缴纳。

(二)股票期权的效用分析

1.公司角度。激励计划设置合理。股票期权授予的激励对象不包括独立董事、监事。由独立董事和监事对激励对象进行业绩考核,明确了评判职责,细化了考核条件。体现出独立董事利益的独立性,避免了独立董事与监事既当"运动员"又当"裁判员";激励计划授予管理层股票期权165万份,占公司股本总额48,770.70万股的0.34%,未超过公司章程规定的激励对象通过股权激励计划获授的股票期权所涉及的本公司A股普通股股票累计不得超过股本总额的1%。股票期权占股本总额比例小,不会给企业带来风险。

激发员工积极性,提升工作效率。股权激励的对象基本为经理及业务骨干人员,这些"中坚力量"代表了公司的主要管理和生产效率。股票期权赋予他们企业的所有权,让他们与公司一起承担经营风险。这必定提高他们的积极性,进而提高公司的凝聚力与效率。

保留、吸引精英人才。公司的持续发展需要管理层对管理技术和知识的长期投入，以及关键技术人员对生产方式的不断创新。无论是不能保留现有的核心人才，还是不能吸引具有新理念、新思维的精英人才，都会导致公司的发展减缓或停滞。实行股权激励产生的对公司

剩余价值的分配权，必将提高老员工的忠诚度和对新员工的吸引力，成为公司加速发展的强大动力。

获得管理层的投入，增加公司注册资本。完美世界首次股票期权授予的股票来源于公司向激励对象定向发行的普通股股票，员工需持自有资金进行购买。虽然这些资金相对于整个公司而言是少量的，但这批新增股东却是公司遭遇危机时资金的保障，因为他们负有"股东和员工"的双重身份，公司业绩的下降、股价的下跌也将在很大程度上损害他们的利益。

内部交流更加通畅。两权分离使管理者与股东之间产生目标背离，而股票期权则使二者的利益又合二为一。因此股票期权的授予将使管理层与股东的信任度得到一定程度的上升，减少由于利益冲突而造成的信息交流不充分，提高内部监管效率。

2. 员工角度。获得薪酬。完美世界将首次股票期权授予的行权价格定为29.14，之后因派发现金股利等原因，行权价格被多次调整，2017年4月27日为29.02元/股。2016年7月4日，首期股票期权激励计划第一个行权期行权条件满足，当日股票收盘价36.89元/股，最高价37.21元/股，最低价35.71元/股。虽然后期价格存在波动，但基本能保持在30元以上，并在2017年6月13日达到最高点37.42元/股。只要行权时间适当，管理层就可以享有股票价格之间利差。如果股票价格跌破行权价格，管理层便可放弃行权，没有额外损失。

身份的变更使管理地位更加牢固，成为股东即成了企业所有者，有利于他们参与企业管理。

参考文献

[1]黄春燕,杨爱义,张志强.股票期权激励案例研究——以完美世界为例[J].现代商业,2017（28）:91-92.

第六章
其他金融衍生工具

【开篇引言】

  基于奇异期权丰富灵活的结构设置,投资者可以通过多样化的期权产品精准表达其市场观点并实施相应的交易策略。自新冠疫情在世界范围内爆发后,美国、欧盟等主要发达经济体推出了极度宽松的货币政策以对冲疫情对经济带来的冲击。在充裕流动性的支撑下,全球金融市场自2020年二季度开始从危机模式中迅速复苏,股票、大宗商品等风险资产价格迎来了超过一年半的持续反弹。

  2022年开年以来,在遏制数十年未遇的高通胀压力之下,美联储进行了超过去年预期幅度的加息并开始缩表,全球金融市场再次陷入高波动状态,权益等风险资产显著回调。外汇市场中,地缘政治冲突以及全球疫情的反复进一步加剧了欧元区陷入衰退的风险,EURUSD波动率年内大幅飙升、欧元对美元即期价格屡破前低。按照目前EURUSD的市场隐含波动率水平,笔者选取与上述结构同样的计息区间宽度(正负5%),一年期的EURUSD按日累计区间计息期权价值已经跌至55%。在今年的市场环境里,灵活运用外汇奇异期权的不同结构进行波动率相关的对冲交易可以为投资组合带来显著收益。

——节选自戴震,訾兴炎《国际市场外汇奇异期权的发展概况与交易实践》,有改动

第一节 结构化衍生工具

一、结构化衍生工具概述

1. 结构化衍生工具的概念

结构化金融衍生产品是运用金融工程结构化方法,将若干种基础金融产品和金融衍生产品结合设计出的新型金融产品。结构化产品包括两方面,其一是产品的现金流特征依赖于一个或多个指数,其二是产品嵌入了远期或期权或者其他证券,使投资者的投资收益以及产品发行人的支付义务依赖于标的物、指数、利率或现金流等变量的值。

例如,摩根公司发行的区间浮动利率票据,条款如下。

表6-1　摩根公司发行的区间浮动利率票据

发行人	摩根公司
规模	2亿美元刺激浮动利率票据
到期时间	10年(2002年8月19日)
利率	美元3月期LIBOR
最低利率	5%
最高利率	10%
投资回报方式	期末一次性支付
看涨期权	无
面额	5000美元,10000美元
手续费	0.5%

2. 我国结构化衍生工具的概况

目前,我国内地尚无交易所交易的结构化产品,但是很多商业银行均通过柜台销售各类"挂钩理财产品"。较为流行的结构化金融衍生产品主要是由商业银行开发的各类结构化理财产品,以及在交易所市场上市交易的各类结构化票据,它们常与某金融价格联系,其投资收益随该价格变化而变化。

我国的结构化衍生金融产品是银行及证券公司理财业务的重要发展方向,随着外资银行大量进入国内市场,国内该产品的发行增长迅速。目前结构化衍生品主要是针对外币的,发行机构利用境外投资工具多、风险对冲机制完善的优点,推出多种结构化产品。产品结构方面,以本金保护型产品为主,挂钩标的为利率、汇率、股票指数。以前国内银行的人民币理财业务投资范围较窄,主要是债券、央行票据、存款等,收益率较低,对投资者吸引力不大。近来国内银行将外币结构化产品设计模式用于人民币理财已成趋势,如2004年光大银行推出的人民币理财A计划,包含了与原油期货挂钩的产品。

国内的结构化衍生品市场有广阔的发展前景。居民储蓄存款多,存差大。可供居民投资品种太少。如果假定市场上投资者大部分是风险厌恶型,则风险越大的投资产品,市场需求量越小,结构化产品可以在风险介于股票和定期存款之间构造出多种类型的投资品种,它的市场规模理论上应大于股票市场,小于银行存款余额。从外币结构化产品在国内销售火爆可以看出,结构化产品在国内有相当大的需求。

二、结构化衍生工具的类型

第一,按联结的基础产品分类,可分为股权联结型产品(其收益与单只股票、股票组合或股票价格指数相联系)、利率联结型产品、汇率联结型产品、商品联结型产品等种类。

第二,按收益保障性分类,可分为收益保证型产品和非收益保证型产品两大类,前者可进一步分为保本型和保证最低收益型产品。

第三,按发行方式分类,可分为公开募集的结构化产品与私募结构化产品,前者通常可以在交易所交易。目前,美国证券交易所(AMEX)有数千种结构化产品上市交易;我国香港交易所也推出了结构性产品。

第四,按嵌入式衍生产品分类。结构化金融产品通常会内嵌一个或一个以上的衍生产品,它们有些是以合约规定条款(如提前终止条款)形式出现的;也有些嵌入式衍生产品并无显性的表达,必须通过细致分析方可分解出相应衍生产品。按照嵌入式衍生产品的属性不同,可以分为基于互换的结构化产品、基于期权的结构化产品等类别。

由于结构化金融衍生产品挂钩的基础资产具有不同的风险特征,嵌入式衍生产品的种类、结构各异,导致结构化产品的收益与风险出现非常大的差异。

三、结构衍生品的案例分析

1.基础设施项目"债务利息节省"衍生合约

(1)交易背景和动机

2007年以来,由于央行多次加息,大型项目的利息负担较重。为减轻长期基础设施项目的利息负担,国际投行设计了多种"债务利息节省方案",可以帮助客户有效降低融资成本,节省年利率0.7%—1.5%的利息,对客户有相当吸引力,这些方案都是与结构性衍生品挂钩的。

(2)交易原理

国际投行为长期基础设施项目提出三种债务利息节省方案,这些方案有可能帮助客户获得0.7%—1.5%的利息优惠,但客户最终是获得利息节省还是将承担亏损,这与美元或欧元长短期掉期利率(CMS)的市场走势紧密结合在一起。在上述CMS拉钩的债务利息节省方案中,只要CMS30-2>0,那么客户都将获得债务利息节省。

从市场上看,自欧元诞生至2008年5月29日,欧元30年固定期限掉期利率与2年固定期限掉期利率从未发生过长短期利率倒挂的现象。从理论上看,一是从资金投资者角度,在正常的经济环境下,短期利率类债券的利率会比长期债券的利率低。二是从资金使用者角度,长期利率与短期利率都是资金的价格,即在正常的市场环境下,企业借贷的成本长期利率理应比短期利率高,否则,企业将借长还短,进行无风险套利交易。因此可以说长短利率出现倒挂的可能性较低,从理论上来看,即使出现倒挂也难于持续。

以下是国际投行设计的与CMS挂钩的结构化合约。

期限为10年期(2008年5月20日至2018年5月20日),每半年付息。

方案一:

客户收取贷款节省利息为(人民币本金余额×0.7%×计息期间内总天数/365)

客户支付贷款结构性利息为(人民币本金余额×结构性利率因子×计息期间内总天数/365)

结构性利率因子为($9\% \times n/N$),其中n为付息期间内美元30掉期利率小于或等于4.25%的天数,N为付息期间的总天数。

方案二:

客户收取贷款节省利息为(人民币本金余额×1.5%×计息期间内总天数/365)

客户支付贷款结构性利息为(人民币本金余额×结构性利率因子×计息期间内总天数/365)

结构性利率因子为(结构性利率因子1+结构性利率因子2),其中结构性利率因子1为$9\% \times n/N$,n为付息期间内美元30年掉期利率小于或等于4.25%的天数,N为付息期间的总天数;结构性利率因子2为$\max(EURUSDFX-1.6,0)$。结构性利率因子最高不超过9%。

方案三:

客户收取贷款节省利息为(人民币本金余额×1.2%×计息期间内总天数/365)

客户支付贷款结构性利息为(人民币本金余额×结构性利率因子×计息期间内总天数/365)

结构性利率因子为($9\% \times n/N$),其中n为欧元30年掉期利率与欧元2年期掉期利率的差小于或等于0,或者美元30年掉期利率小于或等于4.25%的天数,N为付息期间的总天数。

上述债务利息节省方案与美元30年掉期利率小于4.25%或欧元30年掉期利率与欧元2年期掉期利率挂钩。按照方案中的公式测算,如果在利息期内美元30年掉期利率小于或等于4.25%的天数为0,或欧元30年掉期利率与欧元2年期掉期利率的差小于或等于0,则客户可获得0.75%—1.5%的利息节省;反之,如果在利息期内美元30年掉期利率小于或等于4.25%的天数大于0,或欧元30年掉期利率与欧元2年期掉期利率的差大于0,则客户需要额外支付贷款结构性利息,支付结构性利率封顶在9%。

国际投行2008年向客户营销时表示,上述结构性产品的风险极低。理由是衍生合约方案都与小概率事件挂钩。在历史上(1994年以来),美元30年掉期利率仅有3天时间小于4.5%,且为4.424%,而从未小于或等于4.25%。长期来看,美元30年掉期利率大于4.25%的概率是比较高的,客户购买这一产品,可以较安全地收取贷款节省利息。如果发生亏损,客户需要实际额外支付多少结构性利息,与美元30年掉期利率小于4.25%的天数呈正相关,即天数越多,亏损越大,但封顶在9%。

同样,欧元30年掉期利率与欧元2年期掉期利率的差小于或等于0(即"CMS30-2≤0")同样属于小概率事件。历史上欧元30年掉期利率与欧元2年期掉期利率倒挂的情况从未发生过,因此安全性很好。

(3)交易结果假设

按照上述方案,如果我行和客户在2008年1月份购买了债务利息节省衍生合约,受金融危机的影响,近几个月来美元30年掉期利率大幅下跌,不但跌破了合约确定的4.25%,2008年已经跌到2%的水平,并且没有回升的趋势,即使回升也很难达到超过4.25%的水平。

同样,欧元30年掉期利率与欧元2年期掉期利率也出现倒挂的情况,虽然从正常情况分析,长期利率应高于短期利率,但金融危机以来,市场流动性紧缩,短期利率迅速上升,同时由于看淡欧元区及全球未来经济走势,欧元30年掉期利率跟随美元30年掉期利率一同大幅下跌,"CMS30-2"在2008年5月30日后倒挂至今。

客户可能产生的最大亏损情况如下。由于该衍生合约期限10年,如果美元30年掉期利率不回升到4.25%以上,客户将每年承担9%的额外结构性利息支出。即使选择平仓,也要付出巨大的成本。通常,大部分基础设施项目的收益水平都不可能达到9%,如果额外承担每年9%的结构性利息支出,再加上基准贷款利率,项目的债务利息水平将超过15%,无论是在建设期还是在运营期,其结果都将是极为严重的。

2.股指雪球结构衍生合约

(1)雪球结构衍生品

雪球结构,类似于一种障碍期权,这个结构可以挂钩一只特定股票,也可以挂钩某个指数。雪球结构运行时设有一上一下两个"障碍",碰到上面那个障碍,期权自动生效,叫"敲出";碰到下面那个障碍,期权自动失效,也叫"敲入"。

敲入条款通常可以设置下跌幅度-15%至-40%,也就是初始价格的85%-60%,指的是股价或者指数下跌已经跌破所设置的最低价格。一般而言,每个交易日观察一次是否敲入,全年约250个交易日也就是250次机会可能敲入,自动敲入后产品继续运作至期满或者触发敲出。

敲出条款通常设置成上涨幅度3%至5%,也就是初始价格的103%~105%,指的是股价或者指数上涨已经超过了所设置的最高价格。每个月指定一天观察是否敲出,全年12次机会可能敲出,自动敲出后产品提前结束。

雪球结构产品是资本市场最受欢迎的结构化产品之一,在美国、日本和新加坡已经占领市场主要份额。目前外资投行销售的结构化产品类型中,自动赎回产品占比超过60%。数据显示目前海外约有45000只与自动赎回型产品(Autocallables)相似的自动赎回产品存续,名义本金高达3620亿美元。比如挂钩"中证500"的雪球产品,就是在1年内只要"中证500"在观察日较期初小幅上涨,投资者则获得收益。同时,雪球结构提供下跌保护,1年内"中证500"指数较期初下跌从未超过一定幅度,投资者不用承担损失仍获得收益。

不难发现,雪球结构的优势在于它为投资增加了一层缓冲空间。牛市情况下,产品可能提前结束;震荡市或轻微熊市,仍有可能获得不错表现;只有在市场一路下跌,跌破安全垫且没有回头,才发生亏损。

但这个产品的缺点也很明显,雪球结构属于场外期权衍生品,具有较高的风险性和波动性,投资者可能面临低于信托的绝对收益甚至本金亏损。而且产品触发敲出时给予投资者的票息仅仅是年化收益。如果牛市真的来了,很可能短期内就触发敲出获利,但是实际绝对收益不如直接持有相关股票或者指数基金。

(2)股指雪球结构衍生品

基本结构为挂钩某一个指数,通常挂钩中证500指数、沪深300指数和各类ETF,设有敲出线和敲入线,一般敲出线为产品起息日收盘价格(后简称为初始点位)的100%~105%,敲入线为75%。基本期限为1—2年期,根据每日收盘价格判定是否敲入(即跌穿初始点位75%),每个月某固定日判断是否敲出(有第一个月便开始判定,也有第三个月才开始判定,涨幅超过初始点位的101%—105%敲出),如果是逐级下调或降敲(Stepdown)结构,则随着时间流逝,每个月判定敲出的点位会逐步下降,如果设置逐月降低0.5%,两年期,则如果产品存续到最后,最后一个月的判定价格会降低到初始点位的89.5%左右;另外最新也出现了双逐级下调或降敲(Stepdown)结构,即敲入价随时间不断降低同时,不同区间敲出时,兑付的票息利率也不同(例:第一年敲出18%,第二年敲出则降低到8%)

例如一个标准结构的股指雪球,101%敲出,75%敲入,年化15.4%,2年期限,考虑以下四种情形的损益结果。

情形一,起息后直接涨幅超过101%敲出,这个是最希望看到的结果之一,如果是较好的市场行情,往往1—3个指数就会超过设定敲出线,产品提前终止并且兑付对应期间本息。后续投资者可以选择本息二次投入(雪球一般没有申购费,高频交易成本不大),或者认为市场行情到来,改为权益类投资获得更大收益。

情形二,指数一度敲入(跌穿75%),但后续反弹再次敲出(反弹超过101%)。这种情况虽然一度有些惊心动魄,但最后还是欢喜收尾,产品提前结束而且投资者依旧获得期间的本息兑付。

情形三,自起息到产品存续期满,指数的涨幅未超过敲出线,跌幅也未超过敲入线,则投资者依旧享有存续期对应年化本息14%。而且这种结果往往意味着股票二级市场没有巨大波动且略有不景气,长期持股赚取的价差收益不理想,是股指雪球的优势得到最大限度发挥的情景。

情形四,指数敲入,且整个存续期内始终未反弹超过敲出线。这种也是最不愿意见到的情形,投资者必然发生损失(损失为产品运作的管理托管费+指数的实际跌幅),而且当25%的下跌保护垫跌穿的情况下,往往难以回升很多,实际最终跌幅即损失会非常大,这也是雪球产品R4-R5风险评级的原因之一。

第二节 奇异期权

一、奇异期权的概念

标准的欧式和美式期权被称为香草(Vanilla)期权,交易所交易的期权多数属于此类。在OTC市场上,交易活跃并为期权交易商提供了大多数利润的期权是奇异期权。奇异期权回报取决于各种独特的条款,可以用于满足个性化的对冲和投资需求而大受欢迎。

相对于香草期权,奇异期权种类繁多、结构各异,不仅在定价交易方法上复杂多变,在结构种类上也是经过了一代又一代市场交易者的不断创新与完善。根据期权类型在期权市场上交易的时间长短,大体上将奇异期权划分为三代。

1. 第一代奇异期权

第一代奇异期权是奇异风险的最基本的组成部分,是市场上交易最为频繁、活跃的奇异期权结构,主要涵盖数字期权、触碰期权、障碍期权。单一的欧式数字期权和触碰期权是最简单的,也是交易最为频繁的奇异期权结构。其次是欧式和美式的障碍期权。

2. 第二代奇异期权

第二代奇异期权在远期、香草期权和第一代奇异期权的基础上增加了额外的结构,是第一代奇异期权结构的拓展,例如窗口障碍期权、亚式期权、区间计息期权、目标赎回期权等。

窗口障碍期权仅在观察期内的一段时间有效。如果障碍在期权起始日至到期日前的某一日之间有效,则该期权为前窗口障碍期权(Front Window Barrier Option);如果障碍在期权起始日后的某一日至到期日之间有效,则该期权为后窗口障碍期权(Rear Window Barrier Option）。与美式期权类似，窗口障碍期权也有向上障碍、向下障碍、敲入、敲出和双障碍等变化类型。

区间计息期权（Range Accrual Options）如果即期在规定价格范围内，则收益增加一定的金额，如果在规定价格范围外，则收益不会增加。

目标赎回期权（Target Redemption Options）的收益取决于在一定时间内收益是否达到目标，一旦达到目标，期权就失效。

3. 第三代奇异期权

第三代奇异期权相较于第二代奇异期权，其特点不在于结构上的进一步衍生，特点在于"跨资产、波动率、相关性"。主要包括一揽子期权、最优/最差期权、双数字期权、波动率掉期和方差掉期、相关性掉期、远期波动率合约。

一揽子期权（Basket Options）的即期与行权价为一揽子货币对的即期价格平均值计算得出。

最优/最差期权（Best-of/Worst-of Options）的收益为多个货币对的普通期权在相同到期日产生的最高收益或者最低收益。

双数字期权（Dual Digital Options）的收益为两个不同货币对的欧式数字期权在相同到期日产生的收益，如果在到期时两个欧式期权都在价内，则该期权会产生一笔收益。

波动率掉期和方差掉期（Volatility and Variance Swaps）：波动率掉期的收益是根据即期的波动率以及规定的行权波动率来确定的；方差掉期的收益是根据即期的方差以及规定的行权方差来确定的。

相关性掉期（Correlation Swaps）：相关性的收益是根据两个货币对即期之间的相关性以及规定的行权相关性来确定的。

远期波动率合约（Forward Volatility Swaps）：远期波动率合约的收益是根据未来的隐含波动率来确定的。例如：3个月对6个月的远期波动率合约的收益根据3个月的远期ATM的隐含波动率和6个月的远期ATM波动率确定。

二、亚式期权

亚式期权是指期权的执行价或结算价不取决于一个时期，而取决于一定时期内的平均值。它是路径依赖型期权，其回报取决于标的资产在一段时间中的平均价格S_{ave}，根据不同的平均价格标准可分为两种类型。

第一类，以平均价格作为标的资产价格：

$$Call: \max(S_{ave}-K, 0)$$
$$Put: \max(K-S_{ave}, 0)$$

第二类,以平均价格作为执行价格:
$$\text{Call}:\max(S_T-S_{\text{ave}},0)$$
$$\text{Put}:\max(S_{\text{ave}}+S_T,0)$$

例1 某外贸企业每月都会向美国出口产品,因此有定期将美元兑换为人民币的需求,其希望规避未来一年中的外汇风险。假设每月的收入预计为一百万美元,第 i 月的汇率为 x_i,人民币利率为 r,那么总现金流到年底的终值为

$$100\times\sum_{i=1}^{12}x_i\mathrm{e}^{(12-i)/12}(万)$$

该企业收入面临美元贬值风险。问题:如何对冲?

分析:考虑可供选择的对冲工具,如采用一系列外汇远期、一个互换合约、一个期末到期的普通期权、一系列普通期权,或者亚式期权。由于该例中的风险暴露恰好包含平均汇率的因素,则可采用亚式期权进行外汇风险管理。

$$100\times\sum_{i=1}^{12}x_i\mathrm{e}^{T(12-i)/12}$$

$$\sum_{i=1}^{12}x_i=12\times(\frac{\sum_{i=1}^{12}x_i}{12})=12x_{\text{ove}}$$

表6-2 不同期权策略的对冲费用比较分析

方案一	购买1份一年期的看跌期权作为对冲,规模为1200万美元
方案二	购买12个月份的看跌期权,每份规模为100万美元
方案三	购买1份几何平均亚式看跌期权,规模为1200万美元
方案四	购买1份算术平均亚式看跌期权,规模为1200万美元

假设当前汇率和期权执行价均为6,人民币利率为3%,美元利率为3%,汇率的波动率为10%,可以计算出四类策略所用期权的期权费,如下所示。

表6-3 四类策略所用期权的期权费

对冲工具	期权费(万元人民币)
一年期看跌期权	148.66
12个对应月份看跌期权	117.61
几何平均亚式期权	96.98
算术平均亚式期权	95.26

亚式期权也可按照期权性质来分类。一是亚式敲出期权,它是一种欧式期权,其结算价为事先确定的一段时间内标的资产的平均价格,到期时该期权支付该段时间内标的资产的平均股价与固定执行价之间的差价(浮动结算价)。第二种是亚式敲入期权,也是一种欧式期权,其执行价为事先确定的一段时间内标的资产的平均价格,到期时该期权支付标的资产的到期股价与平均执行价之间的差价(浮动执行价)。

亚式期权的特点:第一,具有较低的期权费率,因为资产价格的平均值的波动率要低于资产价格本身;第二,可以为未来一段时间之内的资产购买需求进行套期保值,如果未来需要资金的具体时间不确定,或者需要资金的数量随着时间和其他资产价格的变化而变化,通过亚式期权可以方便地对冲风险;第三,对股票价格的操纵性弱,可以为未来定期收到的一系列现金流进行保值;第四,随着到期日临近亚式期权的不确定性会越来越小,所以比普通期权的对冲更容易。

三、障碍期权

障碍期权是指当标的资产价格路径穿越某一水平才会生效或者失效的期权。障碍期权在散户投资者中十分普遍,因为障碍期权的特点为投资者提供了额外的保护或者杠杆。

障碍期权总共有8种单一的种类,由于向下敲入买权在散户投资者之间十分流行,我们选此作为例子进行说明。

表6-4 障碍期权的类型

障碍期权种类	策略特点	典型散户需求	交易者的风险
向下敲入卖权	当股票价格下降到某一触发价时期权生效,即为一个标准欧式卖权	卖出	显著
向下敲出卖权	当股票价格下降到某一触发价时期权失效	卖出/买入	显著
向上敲入卖权	当股票价格上升到某一触发价时期权生效,即为一个标准欧式卖权	卖出	低
向上敲出卖权	当股票价格上升到某一触发价时期权失效	卖出	低
向下敲入买权	当股票价格下降到某一触发价时期权生效,即为一个标准欧式买权	买入	低
向下敲出买权	当股票价格下降到某一触发价时期权失效	买入	低
向上敲入买权	当股票价格上升到某一触发价时期权生效,即为一个标准欧式买权	买入	显著
向上敲出买权	当股票价格上升到某一触发价时期权失效	买入	显著

例如,交易者购买一个1年期100%的BMW欧式障碍卖权,那么只有在期权1年有效期内,BMW的股价低于其初始股价的70%了才能获得一个BMW的欧式卖权。也即,交易者持有一个100%/70%向下敲入卖权多头,到期支付损益见图6-1。虚线表示这部分到期支付只有在期权有效期内达到70%的触发价条件下才实现,如果没有达到则支付为0。

向上敲出买权是指在期权有效内,如果标的资产的市场价格上升到触发价时,期权失效。显而易见的是向上敲出买权比普通买权更加便宜,因此它有利于对市场行情看涨但认为不会超过某一水平的投资者。假设一个交易者出售了一份 BMW 的 1 年期 100%/120% 的向上敲出买权,那么如果 BMW 的股票突破了初始水平的 120% 则买权敲出,即该障碍期权失效。此例中,如果股价超过触发价,那么买方将失去一个 20% 的价内买权,向上敲出买权的价值也将一文不值。

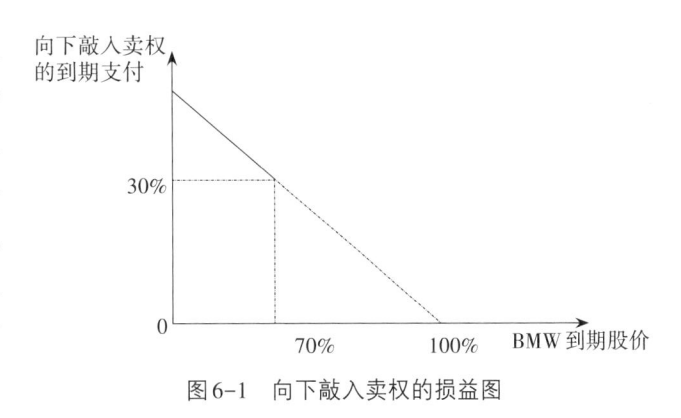

图 6-1 向下敲入卖权的损益图

除了按照八种单一品种的障碍期权,另一种常见的障碍期权是双障碍期权。持有一份双障碍期权需要分别考虑每个障碍水平下触发价移动的方向和幅度。双障碍期权通常与结构型产品一起使用以实现某一特定类型的支付。

例如,一个交易者出售了一份 100% 的双障碍买权,它在 90% 的水平敲入并在 120% 的水平敲出,但是它只能在达到 90% 的敲入水平后才能敲出。

我们可以很容易地对这个双障碍期权分别确定出其触发价移动方向和幅度。由于 120% 的触发价依赖于 90% 的触发价,因此我们应该首先考虑 90% 触发价的移动。由于交易者是期权空头,当达到 90% 的障碍水平时双障碍买权的价值将增加,因此交易者将向下移动 90% 的触发价水平。然后再考虑 120% 触发价的移动,我们需要建立一个障碍水平使其仅在该期权成为买权后才能引发。因此,决定 120% 的触发价移动相当于一份普通 100%/120% 的向上敲出买权的触发价移动。空头向上敲出买权的触发价向上移动。实际上,期权将从一个价内买权变得一文不值,其价值将大大降低。交易者将卖出股票以对冲风险,并且在突破障碍价水平后买回股票。因此,交易者将向上移动触发价以建立买回股票时的缓冲垫。

例2 当前的黄金期货的价格为 250 元/克,某黄金生产企业产量为 1 吨/年。在未来的半年里,该企业希望在黄金价格低于 230 元/克时进行对冲,但是对小幅下跌无强烈规避欲望。假设当前的无风险利率为 0%,黄金价格波动率为 30%。

问题:如何对冲?

分析:

方案一:买入普通看跌期权,执行价 $K=230$

方案二:买入向下敲入看跌期权,执行价 $K=230$,敲入价 $H=200$

分析可知,如果障碍被触发,两种方案的回报是一样的。下面测算两个方案的成本。

方案一:普通看跌期权成本:1181万
$$p(S,K,T-t,\sigma,r)=p(250,230,0.5,0.3,0)=11.81$$
方案二:障碍期权成本:1066万
$$p_{di}(S,K,H,T-t,\sigma,r)=p_{di}(250,230,200,0.5,0.3,0)=10.66$$

障碍期权的特点:第一,障碍期权费比普通期权费的成本更低;第二,障碍敲出期权适用于小的价格波动,价格波动剧烈时容易失效;第三,障碍敲入期权适用于大的价格波动,价格波动不够时难以生效。

四、数字期权

数字期权又称为两值期权或二元期权,是指当标的价格低于或高于某一指定高度时进行固定支付,否则不予支付。虽然数字期权的设计机理很简单,但是由于数字期权的支付结构不能被标准期权组合复制,所以我们仍然将其划分为奇异期权。在对数字期权定价时,通常并不像其他奇异期权一样通过蒙特卡洛模拟过程进行定价,而是利用期权间的差价获得数字期权价格的估计。鉴于欧洲市场上有大量的数字期权交易,因此本节只考虑欧式数字期权。

数字期权可分为两类。第一类是现金看涨期权,到期日时,如果标的资产价格低于执行价格,该期权没有价值;如果高于执行价格,则该期权支付一个固定的数额。第二类是资产看涨期权,如果标的资产价格在到期日时低于执行价格,该期权没有价值;如果高于执行价格,则该期权支付一个等于资产价格本身的款额。

例如,投资者购买了BMW的3个月欧式数字期权,约定如果3个月后BMW的股价高于50欧元则获得10欧元,反之获得0欧元。图6-2描述了BMW数字期权的到期损益曲线。

为了更加清楚地分析数字期权,考虑期权到期时2个不同的BMW股票价格水平情形。情形一,如果BMW的到期股价等于55欧元,此时该投资者将获得10欧元,这正是卖方交易者支付的金额。情形二,如果BMW的到期股价是49欧元,投资者得不到任何支付。

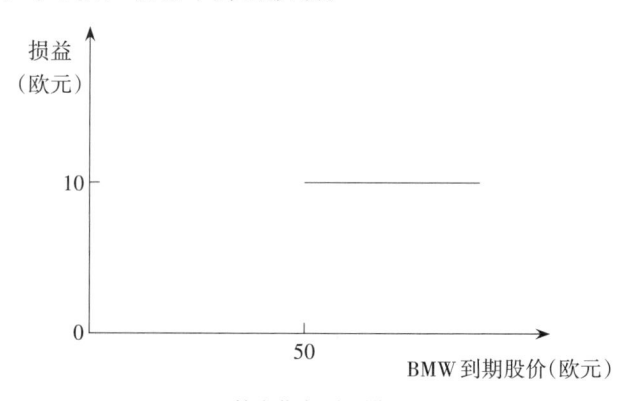

图6-2 数字期权的到期损益图

实际上,在到期前如果股价恰好等于50欧元则该期权没有任何价值,但是如果股价稍高于50欧元,例如50.01欧元,那么该数字期权的价值将跳跃到10欧元。这显然是一个极其难以管理的风险,因为期权卖方不知道应该为此期权对冲多少delta风险。因此,卖方的最好定价方法就是盯住买权价差,出售 BMW 数字期权的卖方通过一个联动的买权价差,能够复制出该数字期权的价格。这个买权价差的联动取决于买权价差的宽度,买权价差越宽则联动性越弱,数字期权的价格越保守,即在上例中的期权卖方将要求买方支付更高的期权费用。

五、彩虹期权

彩虹期权可以在 N 个标的资产中选择最好或最坏的买入或卖出,该期权中涉及的资产数目即为彩虹颜色的数目。彩虹期权是涉及两种或两种以上不确定性的衍生品,而一般的期权预测相对的是简单的、只涉及一种不确定性的期权,这个不确定性通常指标的资产的价格。彩虹期权的定价对不同篮子的相关系数非常敏感,因此需要特别考虑。

彩虹期权可分为最好期权和最坏期权。最好期权是指投资者获得在事先预定股票组合中表现最好的收益,即投资者持有对事先预定股票组合中表现最好的股票买权多头。最坏期权是指投资者持有事先预定股票组合中表现最差的股票卖权多头。

例如,某期权标的资产是上证 50 指数和创业板指数,4 月 10 日上市,5 月 8 日到期日,行权价格为初始价格的 105%。显而易见,标的必须上涨超过 5%,行权才有意义。

4 月 10 日收盘时,上证 50 和创业板指数分别为 2986.61 点和 2552.83 点,5 月 8 日收盘时上证 50 指数为 3110.46 点,创业板指数为 2973.6 点。故这段时间内,上证 50 指数涨幅为 4.15%(不足 5%)创业板指数涨幅为 16.48%(超过 5%)。

按照彩虹期权的定义,我们取这两者的较大值 16.48%,客户能够获得收益为 16.48%-5%=11.48%。

可见,彩虹期权为客户带来了更大的获利可能性,不过相应需要付出的代价(权利金)会更多。是多花钱获得一个相对概率较高的收益还是少花钱获得一个概率较低的收益,这个完全取决于投资者自身的风险偏好。

六、回溯期权和呐喊期权

回溯期权是指根据股价的最好表现给予投资者最大的支付。回溯期权有两种形式,一种是将期权有效期内股价的最高水平作为期权的结算价,而将执行价固定;另一种是将期权有效期内股价的最高水平作为期权的执行价,结算价是期权到期日的股票价格。一共有四种类型的回溯期权。

固定执行价的回溯买权(最大值回溯):支付执行价与期权有效期内最高股价水平的差价;

固定执行价的回溯卖权(最小值回溯)：支付执行价与期权有效期内最低股价水平的差价；

移动执行价的回溯买权：支付到期股价与期权有效期内最低股价水平的差价；

移动执行价的回溯卖权：支付到期股价与期权有效期内最高股价水平的差价。

表6-5　回溯期权的类型

	回报	优势
浮动看涨	$\max(S_T-S_{min}, 0)$	最低价买入
浮动看跌	$\max(S_{max}-S_T, 0)$	最高价卖出
固定看涨	$\max(S_{max}-K, 0)$	最高价卖出
固定看跌	$\max(K-S_{min}, 0)$	最低价买入

呐喊期权允许投资者在期权价格处于有利位置时执行一次"呐喊"，最终的回报将等于以下两者中的较大值：普通期权的回报，$\max(S_T-K, 0)$ 和呐喊时刻的内在价值 $(St-K)$。

呐喊期权相当于多一次选择权，但是这次选择权是不是最好的时刻是不确定的。与回溯期权相比，呐喊期权的期权费更低，而且带来的参与感能吸引对自己把握价格有自信的投资者。例如，一个看涨期权的执行价格是50美元，持有者在标的资产价格上升到60美元的时候呐喊了一次，如果到期时资产价格低于60美元，呐喊期权持有者就可以获得10美元；如果到期资产价格高于60美元，就按到期价格计算持有者的收益。

七、齿轮期权和棘轮期权

齿轮期权是指期权的执行价将按照事先约定的某个时间被重置，最常见的齿轮期权是棘轮期权。棘轮期权是指执行价在事先约定的某个时间被重置，并且锁定前面阶段的收益。

例如，考虑一份BMW的3年期的100%的棘轮买权，它能够锁定BMW股票每年的收益。换而言之，该买权的执行价将在每年被重置到BMW股价的当前水平并同时锁定当年已获得的收益。假定BMW的初始股价水平为$S_0=40$欧元，一年后的股价为$S_1=45$欧元，两年后的股价为$S_2=50$欧元，三年后的股价为$S_3=45$欧元。该每年支付对棘轮期权到期收益影响为：

第一年的贡献是：$\max[S_1-S_0, 0]=5$欧元

第二年的贡献是：$\max[S_2-S_1, 0]=5$欧元

第三年的贡献是：$\max[S_3-S_2, 0]=0$欧元

每年的支付公式清楚地显示出，棘轮期权的执行价每年被重置到当前股价水平，即初始股价水平S_0，一年后的执行价被重置到S_1，两年后的执行价被重置到S_2。一份被重

置 n 次的 $X\%$ 棘轮买权的到期总支付为：

$$\sum_{i=0}^{n}\max\left[S_{i+1}-\frac{X}{100}S_i,0\right]$$

其中 S_i 是第 i 期的股票价格。

棘轮期权的风险主要表现在它自身的偏斜上。有很多投资银行因为出售棘轮买权价差而损失了资金。他们卖出 100/130% 棘轮买权，那么一份 $n+1$ 年的 100/130% 的每年重置的棘轮买权价差的支付为：

$$\sum_{i=0}^{n}\max\left[\min\{S_{i+1}-S_i,0.3\times S_i\},0\right]$$

但是，卖出一份买权价差意味着空头偏斜，即银行卖出较低执行价的期权同时买入较高执行价的期权。从长期来看，有些银行使用远期启动期权有效期的偏斜来定价，而不是有效期减去远期启动期后的剩余期限的偏斜来定价，这将给银行带来很大的亏损。

本章小结

本章讲述了其他金融衍生工具的概念、类型和应用场景。首先，结构化金融衍生产品是运用金融工程结构化方法，将若干种基础金融产品和金融衍生产品结合设计出的新型金融产品，具备定制现金流的特征。结构化衍生工具按照不同的标准分为不同类型，包括与利率挂钩的票据和存款，与股票挂钩的票据和存款，外汇，与商品挂钩的票据和存款，混合挂钩票据和存款，信用挂钩票据和存款，固定比例债务义务(CPDO)，固定比例投资组合保险(CPPI)，市场挂钩票据和存款。

然后，介绍了奇异期权的概念、类型和特点，以及主要类型。奇异期权是比常规期权(标准的欧式或美式期权)更复杂的衍生证券，这些产品通常是场外交易或嵌入结构债券，它的回报取决于各种独特的条款，可以用于满足个性化的对冲和投资需求。典型的奇异期权包括障碍期权、亚式期权、数字期权、彩虹期权、回溯期权和呐喊期权、齿轮期权和棘轮期权等。

思考题

1. 简述结构化衍生工具的概念和特点。
2. 什么是奇异期权？简述奇异期权的概念。
3. 比较奇异期权和普通期权的区别。
4. 案例分析：我国某进出口企业每月都会向英国出口产品，因此有定期将英镑兑换为人民币的需求，其希望规避未来一年中的外汇风险。假设每月的收入预计为120万英镑，该企业收入英镑，面临贬值风险。试分析，有哪些方案可以对冲风险？

5.巴林银行倒闭案

日本经济自1990年泡沫经济以来一直处于萧条阶段。1994年年中经济指标显示了有关经济复苏的相互矛盾的迹象。1994年8月各种经济信息都显示"经济完全恢复"的迹象,1994年年终与1995年年初,绝大多数指标也表明经济复苏即将开始。但是日本股市仍处于低潮时期,地产下降、银行业的坏账对目前的经济复苏和金融市场有很大的负面作用,日元的价值在过去两年里升到历史最高点。

巴林银行成立于1762年,最初是一家商业公司,其业务结构分为三个部分:巴林资产管理有限公司、巴林兄弟公司和巴林证券有限公司。1995年3月4日,新加坡国际货币交易所宣告巴林银行已清偿在该所及大阪交易所的交易保证金13亿新加坡元,所有交易头寸均平仓,开始拍卖。1995年3月5日,荷兰国际集团与巴林银行达成收购协议,3月9日该公司股票下跌1.6%。

据报道,巴林银行最初仅采用同价对敲的空头,采用这种策略只要日经225指数在19000附近小幅波动就可以赚钱。巴林银行曾估计日本资本市场(股市)在1995年将上升15%—20%。实际上日经225指数在1994年3月24日约20000点;6月达到最高点,约21600点;1995年1月17日神户地震,当日指数略有下降,接下来的那个星期一下降1055点,随后不断下跌。

里科·利森的交易:预计日本股市不会有太大的变化,因此采用空头对敲(Short Straddle)的交易策略,当时只要日经225指数在19000点附近小幅波动即可赚钱。1995年1月17日神户大地震,此后日经指数大幅下跌。为了给该指数打气,利森开始大量买进指数期货作赌,同时卖空日本10年期国债期货。2月27日,日经指数下降到了17000点以下。

里科·利森的组合:

组合一:期权空头,约35000份;

组合二:77亿美元的日经期货多头+160亿美元日本国债期货空头。

表6-6 里科·利森购买的3月份日经指数期货数量(份)

1月6日	1月13日	1月20日	1月27日	2月17日
4500	3024	7135	16852	20076

到2月24日止,共拥有16937个合同,含15928个3月份到期合同及1009个6月份到期合同。

(1)查找相关案例资料,分析巴林银行事件发生的原因有哪些?

(2)分析交易员里科·里森的组合中,同价对敲的风险收益特征。

(3)分析里科·利森的两个组合策略的风险和收益特征。

> **阅读资料**

国内航空企业原油"最大-最小期权"套期保值交易

1. 交易背景和动机

在航空公司的经营成本中,航油成本无疑是其中很重要而且份额较大的部分。由于国际原油价格2007年到2008年上半年上涨迅速,航空公司营运成本急剧增加。当时,包括高盛在内的国际投行等机构都认为油价将上升至每桶200美元以上。在这种情况下,航空公司在高油价中承受的成本压力非常大,越来越多的航空公司开始进行航油衍生品期货的套期保值业务。国内包括国航、东航、南航、上航在内的多家航空公司与外资银行进行了航油套期保值交易。套期保值交易的航油数量约占公司整体用油量的40%—50%。

2. 交易原理

国内航空企业在航油套保上可以使用基础的期货套保工具,但更多地使用了国际投行推销的场外结构性衍生工具。

(1) 基础性的期货套保工具

主要是期权,期权给予持有者权利:在未来一段期限内,按照事先协定的价格既可买入也可卖出某一标的资产。但买方需要向期权的卖方支付权利金。使用期权对航空煤油的敞口进行套期保值,航空企业购买航油"买入期权",如果未来航油价格上涨,航空企业可以按照实现约定价格行权,获得套期保值收益。如果未来航油价格下跌,航空企业可以不行权,不会产生交易风险,也没有杠杆风险。普通期权套保合约的缺点是航空企业要支付期权费用,即权利金。

(2) 结构性的期货套保工具

由于许多客户不愿意支付权利金,所以随着金融创新,大部分期权交易都进行了结构化处理,从而使权利金(期权费)支付数量为零。其中,最普遍的交易结构就是"最大-最小"期权结构。"最大-最小"期权结构的基本原理如下:客户购买一个"虚值看涨期权",按照自己的意愿来确定约定价格;但同时由于客户不愿意支付期权费,所以客户需要同时卖出一个"虚值看跌期权",以使整个交易结构的权利金对冲为零。

3. 交易过程和结果

国航、东航等国内航空企业在航油套保上基本使用了"最大-最小"期权结构。下面以国内航空企业持有的一份于2008年7月订立,期限最长至2011年的"最大-最小"期权结构合约为例,简要介绍该类期权交易的过程和结果。

在2008年7月国际油价突破100美元/桶时,国内航企购买了油价为140美元/桶的"虚值买入期权",即在约定期限内,如果油价超过140美元/桶,国内航企有权按照140美元/桶价格获得原油,届时将获得套保收益。

为避免支付上述"虚值买入期权"的期权费,国内航企需要同时卖出一个"虚值卖出期权",使整个期权结构的权利金对冲为零。因此,国内航企又反向卖出了油价为87美元/桶的"虚值卖出期权",即在约定期限内,如果油价跌破87美元/桶,期权买入方有权按照87美元/桶的价格将原油卖给国内航企,这时国内航企将承担套保损失。

在国内航企参与的结构性交易合约中,为了使整个期权结构的权利金对冲为零,合约还有以下特点,一是加了一定倍数的杠杆:如东航同美林签署的航油套期保值协议是两倍杠杆,当原油期货价低于协议看跌价格,东航将按照协议交易量亏损双倍差价;二是合约普遍设立了止盈条款,但未设止损条款。即当油价持续上涨,高于"虚值买入期权"约定油价的一定金额时(即收益达到目标收益X美元/桶时),交易自动终止(即止盈)。反之,国内航企不但不能止损,同时还要承受杠杆倍数的亏损。

随着2007年国际油价大幅下跌,截至2008年底国航、东航和上航三家国有航空企业,航油套期保值协议账面公允价值损失为131.7亿元人民币。国航、东航已将截至2008年底的航油套保公允价值损失全部计入公司2008年度损益,等于预提了后面的亏损,有利于公司轻装上阵。由于国际原油价格继续在低位徘徊,航空企业所有航油套保协议公允价值损失(即浮亏)仍有变动风险。2010年2月以来,原油价格震荡上涨,国航、东航公允价值损失较2008年末减少。但考虑到2009年相当部分期权合约到期,因此,即使国际油价呈恢复性上升,国内航空企业套保的浮亏减少,但实际赔付额将显著上升。公开信息显示,东航和国航仅2007年12月实际赔付即达到1415万美元和5280万美元。在国内航企深陷套保漩涡之际,国家动用外汇储备及时给予国航、东航巨额注资,否则,很容易引发企业危机。

第二篇

衍生工具投资任务篇

衍生工具投资实训作业

班级：

姓名：

指导老师：

报告完成时间：　　年　月　日

任务一　熟悉期货、期权市场行情

一、实验目的

了解股票市场、国内外场内交易的衍生品市场基本特征,能够搜集上市交易的衍生品基本行情信息。

二、实验要求

1. 了解世界主要期货期权市场的分布情况,关注不同期货合约和期权合约行情。

2. 进入CME、CBOT、中国金融期货交易所等期货期权交易所网站,了解各期货期权交易所的主要合约,保证金制度及风险管理机制。增强对期货期权市场的感性认识。

3. 搜集期货、期权品种的相关信息,包括期货的主要要素(标的资产、期权价格、到期时间、合约规模、保证金比例等)以及期权的基本要素(看涨和看跌期权的标的资产、执行价格、有效期、期权费等)。

三、相关理论知识点

1. 期货交易所、期权交易所。
2. 期货和期权的类型。

四、实验内容

案例参考:收集期货、期权市场行情。

1. 任选一种期货品种,搜集信息并给出以下结果:基本信息(包括定价的所有相关信息)、最近三个工作日的期货价格、最近三个月的历史行情,结合宏观经济背景分析该期货品种的价格走势。示例如下:

(1)期货合约基本信息

进入期货交易所,查询产品,选择研究对象,搜集相关信息。

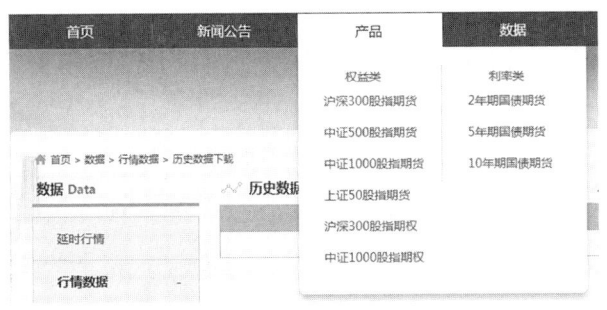

以沪深300股指期货为例,进入中国金融期货交易所网站,查找到沪深300股指期货的合约规格,如下:

沪深300股指期货合约表			
合约标的	沪深300指数	最低交易保证金	合约价值的8%
合约乘数	每点300元	最后交易日	合约到期月份的第三个周五,遇国家法定假日顺延
报价单位	指数点	交割日期	同最后交易日
最小变动价位	0.2点	交割方式	现金交割
合约月份	当月、下月及随后两个季月	交易代码	IF
交易时间	上午:9:30-11:30,下午:13:00-15:00	上市交易所	中国金融期货交易所
每日价格最大波动限制	上一个交易日结算价的±10%		

合约名称:沪深300股指期货IF2212

合约标的:沪深300指数

合约乘数:每点300元

合约到期月份:2022年12月

合约保证金:合约价值的8%

交割方式:现金交割

(2)搜集最近三个工作日的期货价格行情数据

方法:进入期货交易所,选择数据→历史数据下载,下载所需要的交易数据。

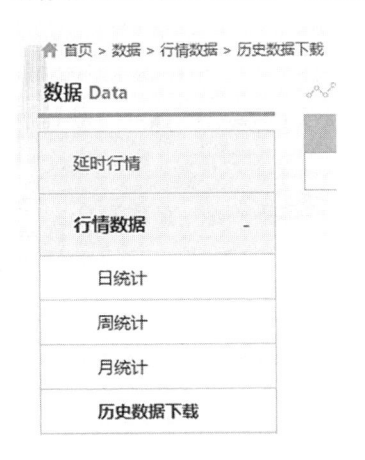

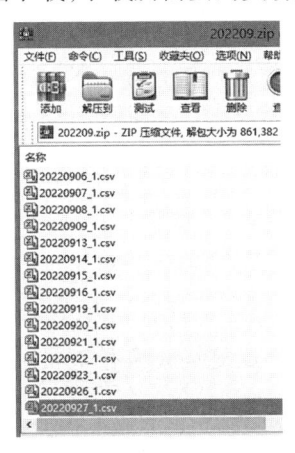

示例如下：

合约代码IF2212	2022年9月27日	2022年9月26日	2022年9月23日
开盘	3847	3843.8	3860
最高	3895.6	3896.6	3886
最低	3830	3830.6	3823.8
成交量	16001	16352	18351
成交金额	1852153	1894941	2123852
持仓量	73539	73294	74095
持仓变化	245	−801	2765
收盘价	3886.4	3835.8	3857
结算价	3884.4	3844.6	3858.2
前一日结算价	3844.6	3858.2	3866.6
涨跌	41.8	−22.4	−9.6

（3）最近三个月的行情数据

2022年7月以来，受到新冠疫情的影响，在美联储加息落地后，全球市场波澜不惊，美元指数创20年来新高的背景下，汇率市场承压明显。传统蓝筹走势低迷，叠加市场成交量萎缩。短期市场可能维持弱势盘整态势，大的反弹机会可能要到十月中旬才能逐渐明朗。

现阶段（2022年9月左右）国内基本面复苏趋势不改，宏观资金面仍充裕，在"房住不炒"的大背景下，"资产荒"对A股估值形成有利支撑，近三月以来的股市调整或会小于上半年，也可能是孕育后续大级别行情的配置窗口，因此中期无需过分担忧，在基本面的支撑下市场反复筑底后有望回归并再次突破现有平台，投资上建议保持价值略大于成长的均衡配置。

2.任选一种期权品种,搜集信息并给出以下结果:基本信息(包括定价的所有相关信息)、最近三个工作日的期权价格、最近三个月的历史行情,结合宏观经济背景分析该期权品种的价格走势。示例如下:

(1)期权合约基本信息

我国场内期权交易在期货交易所和上海证券交易所进行,进入期货交易所查询产品,选择研究对象,搜集相关信息。

以上证50ETF期权为例,进入上海证券交易所网站,依次打开"产品→股票期权→合约规格",可查找到上市交易的期权合约,如下:

认购				03月份	认沽			
合约交易代码	当前价	涨跌幅	前结价	行权价	合约交易代码	当前价	涨跌幅	前结价
510050C2303M02450	0.3050	-4.93%	0.3208	2.450	510050P2303M02450	0.0545	11.45%	0.0489
510050C2303M02500	0.2689	-5.48%	0.2845	2.500	510050P2303M02500	0.0680	10.75%	0.0614
510050C2303M02550	0.2350	-6.97%	0.2526	2.550	510050P2303M02550	0.0829	8.08%	0.0767
510050C2303M02600	0.2037	-6.39%	0.2176	2.600	510050P2303M02600	0.1023	9.29%	0.0936

合约名称:510050ETF期权

合约交易代码:510050C2303M02450

说明:合约交易代码包含合约标的、合约类型、到期月份、行权价格等要素。上证50ETF期权合约的交易代码共有17位,具体组成为:第1至第6位为合约标的的证券代码;第7位为C或P,分别表示认购期权或者认沽期权;第8、9位表示到期年份的后两位数字;第10、11位表示到期月份;第12位期初设为"M",并根据合约调整次数按照"A"至"Z"依序变更,如变更为"A"表示期权合约发生首次调整,变更为"B"表示期权合约发生第二次调整,以此类推;第13至17位表示行权价格,单位为0.001元。

合约标的资产:上证50交易型开放式指数证券投资基金("50ETF")

合约规模:10000份

合约到期月份:2023年3月

行权价格:9个(1个平值合约、4个虚值合约、4个实值合约)

行权价格间距:3元或以下为0.05元,3元至5元(含)为0.1元,5元至10元(含)为0.25元,10元至20元(含)为0.5元,20元至50元(含)为1元,50元至100元(含)为2.5元,100元以上为5元

行权方式:到期日行权(欧式)

合约保证金:

认购期权义务仓开仓保证金=[合约前结算价+Max(12%×合约标的前收盘价-认购期权虚值,7%×合约标的前收盘价)]×合约单位

认沽期权义务仓开仓保证金=Min[合约前结算价+Max(12%×合约标的前收盘价-认沽期权虚值,7%×行权价格),行权价格]×合约单位

交割方式:实物交割

(2)搜集最近三个工作日的期货价格行情数据

方法:进入期货交易所,选择期权→产品→风险指标,下载所需要的交易数据。示例如下:

日期	合约编码	交易代码	Delta	Theta	Gamma	Vega	Rho
2022-09-27	10004219	510050C2209M02450	0.992	-0.478	0.218	0.003	0.007

510050C2303M02450	2022年9月27日	2022年9月26日	2022年9月23日
开盘	0.2152	0.2139	0.2348
最高	0.2345	0.2395	0.2426
最低	0.2021	0.2052	0.2120
成交量	486	475	445
成交金额	105.5	107.0	102.7
收盘价	0.2333	0.2056	0.2231

(3)最近三个月的行情数据

学生任务：收集期货、期权市场行情

1.任选一种期货品种，搜集信息并给出以下结果：基本信息（包括定价的所有相关信息）、最近三个工作日的期货价格、最近三个月的历史行情，结合宏观经济背景分析该期货品种的价格走势。示例如下：

（1）期货合约基本信息

合约名称：_____。

合约标的资产：_____。

合约规模：_____。

合约到期月份：_____。

合约保证金：_____。

交割方式：_____。

（2）搜集最近三个工作日的期货价格行情数据

合约代码			
开盘			
最高			
最低			
成交量			
成交金额			
收盘价			

（3）最近三个月的行情数据和行情走势分析

2.任选一种期权品种，搜集信息并给出以下结果：基本信息（包括定价的所有相关信息）、最近三个工作日的期权价格、最近三个月的历史行情，结合宏观经济背景分析该期权品种的价格走势。

（1）期权合约基本信息

合约名称：_____。

合约交易代码：_____。

合约标的资产：_____。

合约规模：_____。

合约到期月份：_____。

行权价格：_____。

行权价格间距：_____。

行权方式：_____。

合约保证金：_____。

交割方式：_____。

（2）搜集最近三个工作日的期货价格行情数据，并说明相关指标的含义

日期	交易代码	Delta	Theta	Gamma	Vega	Rho

开盘			
最高			
最低			
成交量			
成交金额			
收盘价			

（3）最近三个月的行情数据和行情走势分析

任务二 远期/期货合约的定价

一、实验目的

掌握远期和期货定价公式，能够选择正确的定价公式并应用相应软件计算现货远期平价及为远期合约定价。

二、实验要求

1. 掌握并利用Excel软件解决相关问题。
2. 自行设计Excel表格完成期货理论价格的计算。
3. 试验报告中给出你设计的表格和计算结果。

三、相关理论知识点

1. 一般远期/期货价格和价值计算公式。
2. 标的资产产生收益的远期/期货价格和价值计算公式。
3. 标的资产产生成本的远期/期货价格和价值计算公式。

四、实验内容

案例参考：

设一份标的证券为一年期贴现债券、剩余期限为6个月的远期合约多头，其交割价格为960美元，6个月的无风险年利率（连续复利）为6%，该债券的现价为940美元。试计算该远期合约多头的价值。

(1) 创建工作表，输入条件

	现价S	交割价格K	剩余期限（月）	年化的剩余期限T-t（年）	无风险连续复利率r
2	940	960	6	0.5	0.06
3	940	961	6	0.5	0.06
4	940	962	6	0.5	0.06

(2) 计算远期合约多头的价值

经分析可知，该远期合约持有期间，标的资产不产生收益也不支付成本，因此采用一般的定价公式计算，即 $f = S - Ke^{-r(T-t)}$。

	现价S	交割价格K	剩余期限（月）	年化的剩余期限T-t（年）	无风险连续复利率r	远期价值f
2	940	960	6	0.5	0.06	8.37228779
3	940	961	6	0.5	0.06	7.40184226
4	940	962	6	0.5	0.06	6.43139673

(3) 绘制资产现值与合约价值的关系图

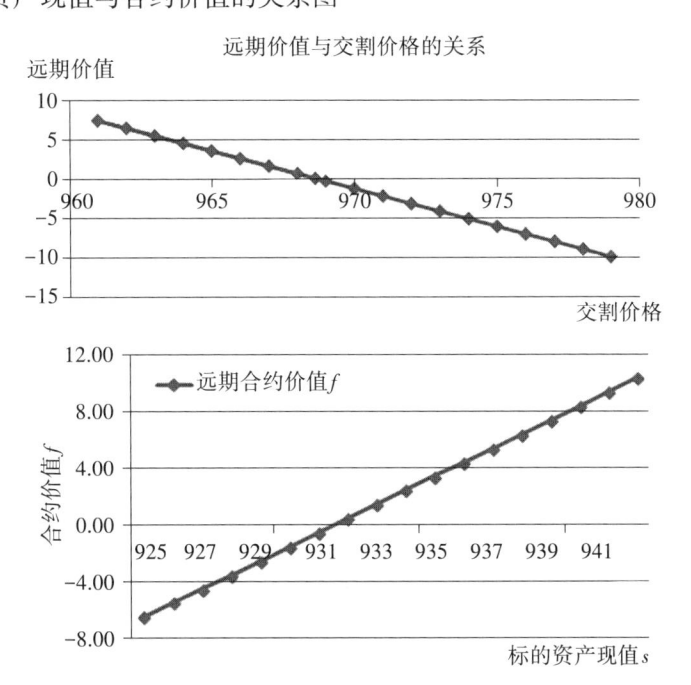

(4)单变量方法求解

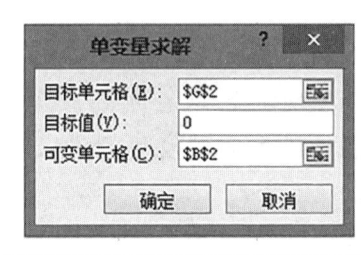

现价S	交割价格K	剩余期限（月）	年化的剩余期限T-t（年）	无风险连续复利率r	远期价值f
940	968.62726	6	0.5	0.06	0

(5)规划方法求解

现价S	交割价格K	剩余期限（月）	年化的剩余期限T-t（年）	无风险连续复利率r	远期价值f
940	968.62726	6	0.5	0.06	0

(6)远期合约的价值

结果：规划求解找到一解，可满足所有的约束及最优状况。

规划求解引擎

引擎：非线性GRG

求解时间：.015秒。

迭代次数：1

子问题：0

规划求解选项

最大时间　无限制，迭代　无限制，Precision.000001，使用自动缩放

收敛.0001，总体大小100，随机种子0，向前派生，需要界限

最大子问题数目　无限制，最大整数解数目　无限制，整数允许误差1%，假设为非负数

根据规划求解结果，当远期价值为零时的交割价格是无套利均衡的远期价格，可得该合约的远期价格F=968.63美元，如下图：

目标单元格(目标值)

单元格	名称	初值	终值
G2	远期价值f	8.372287793	0

可变单元格

单元格	名称	初值	终值	整数
B2	交割价格k	960	968.6272619	约束

约束

单元格	名称	单元格值	公式	状态	型数值
G2	远期价值f	0	G2=0	到达限制值	0

学生任务：根据案例，利用Excel函数选择合理的期货远期定价公式，计算远期/期货价格和价值。

1.假设6个月期和12个月期的无风险年利率分别为9%和10%，而一种10年期债券现货价格为990元，该债券1年期远期合约的交割价格为1001元，该债券在6个月后和12月后都将收到60元的利息，且第二次付息日在远期合约交割日之前，求该合约的价值。

(1)创建工作表，输入条件

(2)计算远期合约价格

(3)绘制关系图

(4)单变量方法求解

(5)规划方法求解

(6)计算此时远期合约的价值

2.查找股票价格指数，假设沪深300指数年平均红利率为2%，根据现货价格对已知收益率资产期货合约定价。

交易单位	300元*沪深300股票价格指数
最小变动价位	0.2个指数点
每日价格最大波动限制	上一个交易日结算价的±10%
合约月份	当月、下月及随后两个季月
交易时间	上午：9:30—11:30,下午：13:00—15:00
最后交易日	合约到期月份的第三个周五,遇国家法定假日顺延
交割方式	按最终结算价格以现金结算,此最终结算价由合约月份的第三个星期五的沪深300股票价格指数的构成股票市场开盘价所决定
交易场所	中国金融期货交易所

(1)创建工作表，输入条件

(2)计算期货合约的价值

(3)计算期货的理论价格

(4)分析说明沪深300股指期货是否具有价格发现功能(即沪深300指数期货的变动是先于现货还是同步)。

任务三 期货价格发现实验

一、实验目的

掌握期货价格发现功能的概念,理解期货价格发现的过程和理论基础,能应用市场数据检验期货价格发现功能。

二、实验要求

选择一个期货品种(商品期货或者金融期货),收集期货和相应标的资产现货的交易数据,从期货价格和现货价格相关性、格兰杰因果检验、脉冲响应和方差分解方面检验期货的价格发现功能,并分析我国期货市场价格发现功能的强弱。

三、相关理论知识点

1. 期货价格发现功能。
2. 期货和现货价格关系计量分析。

四、实验内容

案例参考:

以上证50股指期货为例

(1)数据来源和样本选取

选取上证50股指现货的日间收盘价数据,时间段为2021年1月4日至2022年1月28日,除去我国法定节假日及周末休市的时间,共有262对数据。

在之后的所有实验中,IH为上证50指数现货,其对数为lnIH;IH1为上证50股指期货,其对数为lnIH1。对数据进行取对数能尽量避免因数值相差太大而对结果产生的影响。

(2)期货与现货价格相关性分析

上证50期现货日间对数价格基本统计量

	lnIH	lnIH1
平均值	8.133145	8.132063
最大值	8.301157	8.299137

续表

	lnIH	lnIH1
最小值	8.024214	8018560
标准差	0.065974	0.065258
样本数量	262	262

数据来源：中国金融交易所和东方财富网

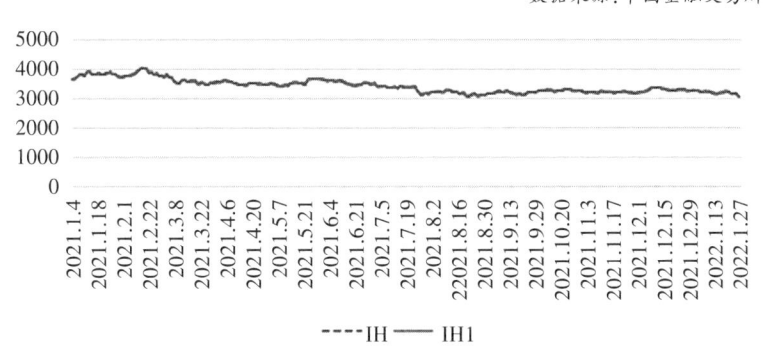

---- IH —— IH1

相关性分析表明上证50股指期货及现货价格走势长期都是趋于一致,且价格波动趋势也几乎一致,具有极高的同步性和一致性,表明这两者在很大程度上具有相关性。两者的基本统计量可以看出,上证50股指期现货的价格均值和标准差极其接近,表明上证股指期/现货的趋向基本保持一致。从表上还可以看出,期/现货价格偏度大于零向右偏。

（3）期货与现货的长期关系分析

建立VAR模型,确定向量自回归模型的最佳滞后阶数（如下表）,在此基础上进行协整检验。

Johansen协整检验结果（迹检验）

Unrestricted Cointegration Rank Test (Trace)

Hypothesized No. of CE(s)	Eigenvalue	Trace Statistic	0.05 Critical Value	Prob.**
None *	0.065019	19.06905	15.49471	0.0138
At most 1	0.006377	1.656816	3.841466	0.1980

Johansen协整检验结果（最大特征值检验）

Unrestricted Cointegration Rank Test (Maximum Eigenvalue)

Hypothesized No. of CE(s)	Eigenvalue	Max-Eigen Statistic	0.05 Critical Value	Prob.**
None *	0.065019	17.41223	14.26460	0.0154
At most 1	0.006377	1.656816	3.841466	0.1980

两者在最大特征值和迹检验中,原假设均为无协整关系时,两者统计量均比临界值大,说明不接受原假设。当原假设只有一个协整关系时,两者的统计量均比临界值小,说明接受原假设。即上证50期现货价格序列存在一个协整关系且是长期稳定的。

(4)格兰杰因果检验

接下来对两者的序列进行Granger因果检验如下表:

上证50指数现货和股指期货日间数据的Granger因果检验

滞后期	原假设	F值	P值
2	lnIH1不是lnIH的Granger原因	1.05783	0.3487
	lnIH不是lnIH1的Granger原因	0.3704	0.6908

上述表是基于滞后期为2得到的。原假设为IH和IH1分别不是对方的格兰杰原因,通过上表的结果显示,P值都大于5%的显著性水平,说明两者之间没有因果关系。通过Granger因果检验已经得到IH和IH1两者没有因果关系。

(5)脉冲响应

研究两者在互相受到对方的一个标准差单位的冲击后,所带来的影响以及相互作用过程,下图为两者的脉冲响应。

上证50指数现货和股指期货的脉冲响应图

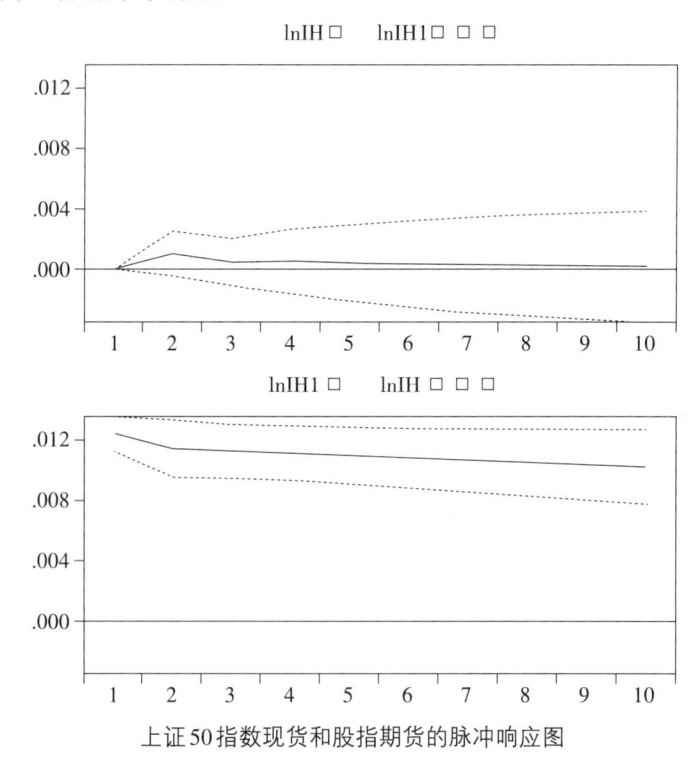

当上证50指数现货对股指期货进行冲击时,股指期货在第1期没有响应,从第2期开始响应,并在抵达最高点后缓慢减少,最后趋近于零,说明IH对IH1的冲击影响甚微。

当上证50股指期货对指数现货进行冲击时,虽然股指期货对指数现货的冲击逐渐由强到弱,但是股指期货价格对现货价格的冲击影响始终保持在较高的位置上,而且随着时间的推移,总体保持在1%以上的水平,说明IH1对IH的影响是长期而且是显著的。

（6）方差分解

之前已经运用脉冲响应函数对两者进行了分析,随即运用方差分解对两者互相之间的贡献度进行研究分析,结果如下表所示。

上证50指数现货及股指期货价格方差分解图

滞后期	指数现货价格方差分解		股指期货价格方差分解	
	lnIH	lnIH1	lnIH	lnIH1
1	3.571632	96.42837	0.000000	100.00000
2	2.975495	97.02451	0.03993	99.96001
3	2.559458	97.44054	0.098866	99.90113
4	2.259101	97.7409	0.159227	99.84077
5	2.035593	97.96441	0.214371	99.78563
6	1.864815	98.13519	0.262335	99.73766
7	1.731307	98.26869	0.303147	99.69685
8	1.624843	98.37516	0.337574	99.66243
9	1.538461	98.46154	0.366575	99.63342
10	1.467298	98.53270	0.391073	99.60893

对上证50指数现货的方差分解数据进行分析,滞后期为1的贡献度仅为3.57%,而来自期货市场的股指期货贡献度为96.42%。而且滞后期的不断增加使得股指期货所占贡献度也随之增加到98.53%,说明股指期货对现货市场有着98.53%的影响,而指数现货却逐渐减少趋于1.47%,在现货市场中自身影响甚微,因此可以得到在中股指期货的影响力大。

而对股指期货的数据进行分析,滞后期为1其自身贡献度为100%,而现货却没有贡献度。滞后期的不断升高,虽然使股指期货的贡献度下降,但仅降0.39%保持在99.61%,而现货的贡献度只上升到0.39%。这些数据表明在股指期货市场中,股指期货影响力大。综上可以说明股指期货对价格的贡献度高。

综上所述,通过分析上证50期现货的日收盘价,得到两者价格数据走势趋于一致,具有极高的同步性及相关性,且两者存在长期稳定的均衡关系。虽然从格兰杰因果检验得出两者不存在引导关系,但从脉冲响应函数看来,IH1对IH价格的影响是长期且显著的,而且上证50股指期货对市场的贡献度最多,由此得出上证50股指期货具有价格发现功能。

学生任务：选择一个期货品种，检验其是否存在价格发现功能，给出分析报告，要求包含以下内容。

(1)数据来源和样本选取
(2)期货与现货价格相关性分析
(3)期货与现货的长期关系分析
(4)格兰杰因果检验
(5)脉冲响应
(6)方差分解

任务四　期货交易策略

一、实验目的

1.能根据期货市场行情，理解套期保值的含义、原理和作用，掌握基差对套期保值效果和结果的影响，全面认识确定期货最优套期保值比率的内容和方法，对某一具体期货合约的最优套期保值比率进行实证分析。

2.了解我国期货套利的现状，掌握期货套利的条件、套利操作和套利利润分析，能够构建套利策略和模型，进行套利实证分析。

二、实验要求

1.分析案例，掌握期货市场套期保值的操作方法，构建套期保值策略，根据策略分析套期保值的结果。学生应提交套期保值损益表和套期保值效果对比分析报告。

2.了解我国套利的背景和现状，掌握期货市场套利策略和具体模型。学生应提交套利策略结果分析表和期货套利分析报告。

三、相关理论知识

1.期货套期保值策略和基差风险。
2.期货保证金交易和逐日盯市交易机制。
3.期货结算方式。
4.无套利基本原理。

完成期货合约的方式有三种：一是到期交割，指通过现货或现金清算结算。二是冲销（平仓），指买卖相反的头寸，使净头寸恢复为零。其中对冲交易必须与开仓交易完全吻合，包括交易商品、数量、到期月份。第三是期转现（EFP），场内转场外，提前交割。交易双方协商一致可将期货合约按照当前的现货价格提前交割。转为场外交易，可以节约交易费用。

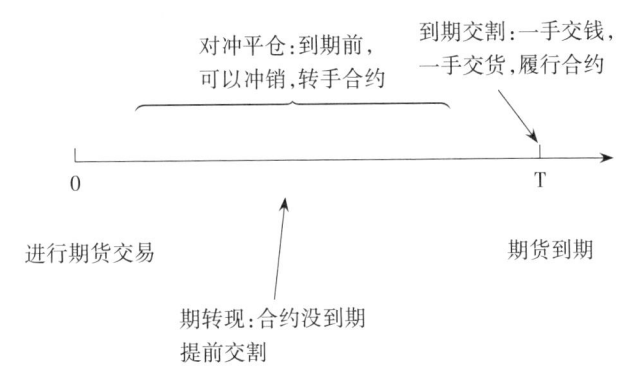

```
           对冲平仓:到期前,    到期交割:一手交钱,
           可以冲销,转手合约    一手交货,履行合约
         ┌──────────────────┐     ↓
         ├──────────────────┼────→
         0                  ↑     T
                            │
     进行期货交易            │          期货到期
                            │
                     期转现:合约没到期
                     提前交割
```

期货转现货交易（EFP）是期货交易的买卖双方直接进行交割的"特殊交易"，指持有同一交割月份合约的交割双方之间达成现货买卖协议后，变期货头寸为现货头寸的交易。期转现是国际期货市场中长期实行的交易方式，也是应对基差风险的一种策略，国内期货交易所也开展了此类业务。

案例参考：

在小麦期货市场，甲为买方，建仓价格为1100元/吨，乙为卖方，建仓价格为1300元/吨。小麦搬运、储存、利息等交割成本为60元/吨，按照惯例，交割成本由卖方负责。双方进行期转现交易，商定的平仓价为1240元/吨，商定的交收小麦价格比平仓价低40元/吨，即1200元/吨。试比较期转现和到期交割两种形式下，双方的实际交易价格。

分析：

在小麦期货市场，甲为买方，建仓价格为1100元/吨，乙为卖方，建仓价格为1300元/吨。小麦搬运、储存、利息等交割成本为60元/吨，双方商定的平仓价为1240元/吨，商定的交收小麦价格比平仓价低40元/吨，即1200元/吨。期转现后，

甲实际购入小麦价格1060元/吨=1200-（1240-1100）元/吨；

乙实际销售小麦价格1260元/吨=1200+（1300-1240）元/吨。

如果双方不进行期转现而在期合约到期时交割，则甲实际购入小麦价格为1100元/吨，乙实际销售小麦价格1240元/吨。

从上例可知，期转现节约费用总和为60元/吨，由于商定平仓价格比商定交货价格高40元/吨，因此甲实际购小麦价格比建仓价格低40元/吨，乙实际销售小麦价格也比建仓价格少40元/吨，但节约了交割和利息等费用60元/吨。与交割相比，期转现，甲节约40元/吨，乙节约20元/吨，期转现对双方都有利。

四、实验内容

1. 期货套期保值实验

案例资料：某投资者现持有股票投资组合如下：深南电路（002916）、中公教育（002607）、伊利股份（600887）、格力电器（000651）、工商银行（601398），各1万股。准备持有时间6个月。为规避风险，拟采用期货合约进行套期保值。

（1）分析判断市场走势，测量组合系统性风险

结合宏观经济背景和行业趋势，对市场行情进行研判，分析投资组合中成分股价格走势，确定股票投资组合是否需要套期保值规避风险。测量投资组合系统性风险大小，即 β 值。

$$\beta_{组合} = \sum w_i \beta_i$$

其中 w 为每只股票的价值权重，β 系数表示系统性风险大小。

市场行情研判：_____
_____
_____。

投资组合系统性风险测量：_____
_____
_____。

（2）制定套期保值策略

套期保值分为卖出套期保值和买入套期保值两类，在实验时，学生要根据具体情景确定期货合约的品种、到期时间和头寸方向。可基于投资组合的性质选择合适的期货品种，包括上证50、沪深300、中证500股指期货进行套期保值。

选择期货头寸方向：_____。
选择期货品种：_____。
选择期货时间：_____。

（3）确定最佳套期保值比率

投资者应考虑套期保值的目的是完全对冲系统性风险还是调整组合的系统性风险敏感度，根据最佳套期保值比率，确定期货合约的数量。设股票组合的目标风险值为 β^* 系数，股票投资组合现在风险值为 β 系数，则需要交易的股指期货合约数量为：

$$N = (\beta^* - \beta) \times \frac{S}{F}$$

计算得到的结果为负数则表示需要卖空的期货数量，正数则表示需要买入的期货数量。

选择期货数量：_____
_____
_____。

(4)执行期货合约,动态调整

股票组合的β值具有时变特征,因此在套期保值过程中,需要对组合中的期货头寸进行调整。一种常用的方法是,设定一定的阈值(如1%),当套期保值比率变化率超过阈值时,调整期货合约数;另外,也可以采用定期调整的方法(如每三天调整一次)对持有的期货合约数进行调整,以达到较好的套期保值效果。

时间	投资组合系统性风险大小	期货合约数量
当前		
第一次调整		
第二次调整		

(5)保证金管理

由于期货市场采用的是保证金交易和逐日盯市制度,因此需要对期货头寸的保证金进行规划和管理。一方面,股指期货在开仓时缴纳一定的保证金后,还要预留一定的额度来对每日出现的亏损进行及时补充;另一方面,套期保值的期货头寸需要进行动态调整时可能需要新开仓合约,应预先规划一定的储备资金。

时间	期货价格	期货数量	当日盈亏	保证金余额
当前				
第一次调整				
第二次调整				

(6)结束套保,分析套保结果

投资者建立在对未来市场走势判断的基础上作出继续或者终止套保的决定,控制整个套期保值组合的风险。如果投资者判断市场出现逆转,可以提前平仓或者选择期转现提前交割,结束套期保值。当套期保值合约接近到期时或者套保合约价格出现较大不利变化时,投资者可以选择展期,当套期保值合约到期时,投资者对合约进行交割结算,完成整个套期保值过程。

根据市场行情的变化,分析套期保值结果,计算模拟交易的盈亏,分析基差变化对套期保值的影响。

时间	现货市场	期货市场	基差
期初			
期末			
盈亏计算			

结果分析:_____。

2. 期货套利实验

(1)选择期货套利对象,研判行情

观察市场,任意选择一个期货品种,运用K线图判断未来价格走势,分析其标的资产现货价格和期货价格的关系,不同到期时间期货的价格关系,确定套利类型为期现套利还是价差套利。

选择实验对象:＿＿＿＿＿＿＿＿＿＿＿＿＿＿＿＿＿＿＿＿＿＿＿＿＿＿＿＿＿
＿＿＿＿＿＿＿＿＿＿＿＿＿＿＿＿＿＿＿＿＿＿＿＿＿＿＿＿＿＿＿＿＿＿＿＿。

期货价格分析:＿＿＿＿＿＿＿＿＿＿＿＿＿＿＿＿＿＿＿＿＿＿＿＿＿＿＿＿
＿＿＿＿＿＿＿＿＿＿＿＿＿＿＿＿＿＿＿＿＿＿＿＿＿＿＿＿＿＿＿＿＿＿＿＿。

(2)构建套利策略

①期现套利:分析期货与现货价格,以及期现之间合理的价差(仓储费、运输费、利息费用等),根据期货定价公式确定套利策略。

现货持有到交割的相关费用

运输费用(取决于现货买入的地点到交易所仓库的交通状况)	
质检费用	
入库成本(包括入出库费用+杂项作业费用)	
交易交割费用	
仓储费	
理论增值税	
资金成本(持仓资金成本+现货资金成本+合理收益)	
总计	

套利策略中期货头寸方向、合约数量和价格:＿＿＿＿＿＿＿＿＿＿＿＿＿＿＿＿。
套利策略中现货头寸方向、数量和价格:＿＿＿＿＿＿＿＿＿＿＿＿＿＿＿＿＿。

②价差套利:分析同一品种不同到期期限的期货合约,分析其价差变化,若预测未来价差缩小则构建熊市价差套利策略;若预测价差扩大则构建牛市价差套利策略。

远期期货头寸方向、合约数量和价格:＿＿＿＿＿＿＿＿＿＿＿＿＿＿＿＿＿＿。
近期期货头寸方向、合约数量和价格:＿＿＿＿＿＿＿＿＿＿＿＿＿＿＿＿＿＿。

(3)分析套利利润

模拟分析市场价格变化情况,根据期货套利策略,试分析以下四种情形,价差策略什么时候可以盈利? 什么时候会亏损?

	情形一	情形二	情形三	情形四
期货市场基本行情	涨	跌	涨	跌
远期比近期期货合约的波动性大小	大	大	小	小

期货套利策略：

套利利润分析表（上涨情况）

	近期期货合约	远期期货合约	价差
期初			
期末			
盈亏情况			

总盈利：_____。

（4）形成套利结果分析报告

3.期货套利案例分析

2022年9月26日，沪深300指数现货当日收盘3827.14点，IF2212收盘价3839.40点，该合约于2022年12月26日到期。假设沪深300指数年平均红利率为1%，计划做套利交易1亿元。请详细说明套利步骤。

（1）判断是否存在套利

当期货合约的标的资产支付的收益不是现金形式，而是连续发生的已知红利收益率（dividend yield），即把红利表示成资产价格的百分比，利用无套利定价公式计算，比较均衡价格和市场价格是否存在较大差异。

$$F = S_t e^{(r-q)(T-t)}$$

选择合适的无风险利率：_____

_____。

计算与分析：_____

_____。

（2）构造套利策略：_____

_____。

（3）分析套利利润

套利策略及结果分析

套利策略	当前现金流	到期现金流
净现金流		

任务五　看涨–看跌期权平价关系实验

一、实验目的

用期权看涨–看跌平价关系的相关知识，用Excel的内部函数及相关功能，掌握执行价格、到期时间都相同，并且以同一种基础资产为标的物的看涨和看跌期权的关系，进行期权的相关投资分析。

二、实验要求

1. 给出包含看涨和看跌期权的资产组合。
2. 设计Excel表格，选择输入输出数据。
3. 给出设计的Excel表格，验证看涨–看跌平价关系是否成立。

三、相关理论知识点

1. 期权合约的基本要素。
2. 一般的欧式看涨–看跌期权平价关系。
3. 标的资产产生收益的欧式看涨–看跌期权平价关系。
4. 复制现金流分析法。

四、实验内容

1.要求重复例1和例2,在Excel数据表中实现看涨-看跌期权平价关系的设计。

【例1】 考虑执行价格、到期时间都相同,并且以同一种股票为基础资产的看涨和看跌期权。看涨期权价格为4.00美元,标的股票价格为43.00美元,两种期权的执行价格都为40.00美元,无风险利率为5.00%,两种期权时间都为0.25年,并且股票在第0.1年的时候支付的每股股息为2.00美元。

请问,看跌期权现在的价格为多少?

分析:在标的资产有收益的情况下,以 D 表示标的资产的收益现值,欧式看涨期权和看跌期权的平价关系为:

$$c+D+Xe^{-r(T-t)}=p+S$$

看涨-看跌平价关系		看涨-看跌平价关系	
输入值		输入值	
看涨期权价格	$4.00	看涨期权价格	$4.00
股票价格	$43.00	股票价格	$43.00
执行价	$40.00	执行价	$40.00
无风险利率	5%	无风险利率	5%
到期时间	0.25	到期时间	0.25
股息	$2.00	股息	$2.00
发放股息的时间	0.1	发放股息的时间	0.1
输出值		输出值	
股息现值	=G41*EXP(-G42)	股息现值	$1.81
看跌期权价格	$2.31	看跌期	=G36+G45+G38*EXP(-G39*G40)-G37

【例2】 看涨-看跌平价公式收益图说明,一个看跌期权等价于一个复制的投资组合,该组合包括一个看涨期权多头、一个股票空头和一个票面价值等于该期权执行价格的债券多头。请建立收益图,以判断这复制的投资组合的到期收益是否等于看跌期权的到期收益。

构造组合 A:看涨期权多头+股票空头+债券投资

构造组合 B:看跌期权多头

操作	t时刻现金流	T时刻现金流
组合B的净现金流		
买入看跌期权	−2.31	$\max(40-S_T,0)$
复制组合A的净现金流		
买入看涨期权	−4	$\max(S_T-40,0)$

续表

操作	t时刻现金流	T时刻现金流
卖出股票	+43	$-S_T$
买入债券投资	$-40e^{-5\%\times0.25}$	+40

(1)从基础的电子数据表模型开始
(2)写出股票到期价格
(3)分析复制的投资组合的收益
(4)分析看跌期权收益=Max(执行价格−股票的到期价格,0)
(5)作图显示复制的投资组合的收益

	F	G	H	I	J	K	L
股票到期价格	8	16	24	32	40	48	56
看涨期权收益	0	0	0	0	0	8	16
卖空股票收益	−8	−16	−24	−32	−40	−48	−56
债券收益	40	40	40	40	40	40	40
复制组合A收益	32	24	16	8	0	0	0
看跌期权B收益	32	24	16	8	0	0	0

看跌期权收益

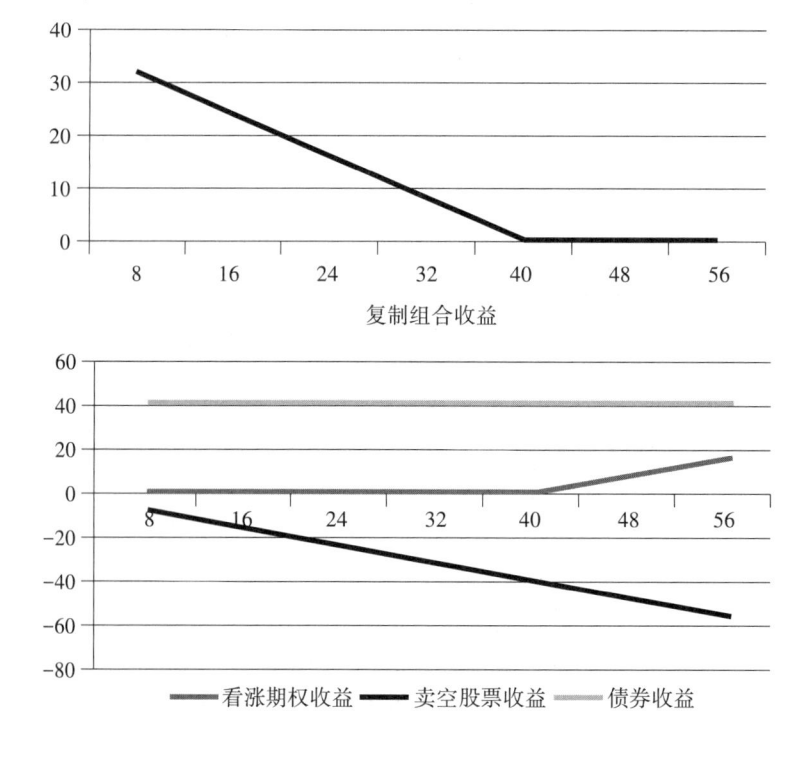

复制组合收益

218

2. 任选期货品种，检验看涨-看跌期权平价关系是否成立。

（1）选择期货品种，进入交易所收集同一品种、同一执行价、同一到期时间的看涨期权和看跌期权价格，及相关信息。

期货品种：	数据来源：	
	看涨期权	看跌期权
执行价		
期权类型（欧式/美式）		
标的资产有无收益		
到期时间 T-t（年）		
期权价格		

（2）收集现货价格，选择合适的无风险利率。

期权标的资产即期价格：_____。

无风险利率：_____。

（3）设计 Excel 表格，检验期权看涨-看跌平价关系是否成立。

在 t 时刻构造组合

组合 A：一份看涨期权+债券投资（执行价的现值）

组合 B：一份看跌期权+一份标的资产

①分析到期 T 时刻 A 组合和 B 组合的回报

	到期时标的资产价格						
A组合	看涨期权到期收益						
	债券投资到期收益						
B组合	股票多头收益						
	看跌期权到期收益						

②列表对比 A 组合和 B 组合的到期收益

到期时标的资产价格							
T时刻 A 组合收益							
T时刻 B 组合收益							

③画图分析，比较 A 组合和 B 组合的到期损益图

任务六 期权定价实验

一、实验目的

1. 掌握期权定价基本原理,理解期权定价模型和数值方法,学习报价交易、成交定价机制的基本知识。

2. 实验重点是基于二叉树原理对期权进行从机理解释到交易模拟的一系列上机实验。熟练掌握运用Excel计算欧式期权价格的应用方法,能够在电子表格中设计二叉树定价和Black-Scholes模型。

3. 培养学生运用软件工具解决期权定价问题的应用能力和设计产品定价函数的动手能力,使学生富有创造性思维和创新精神,能够独立地、创造性地面对金融衍生市场。

二、实验要求

1. 实验以个人形式进行,要求每位实验学生掌握期权定价的方法,期权价格的基本特征,并能根据定价原理做出买卖决策。

2. 按时参加实验,确保实验进度,记录实验情况。学生应提交期权定价实验报告,实验报告应包括:实验原理、实验工具、实验程序、实验结论和结论分析。

三、相关理论知识点

1. Black-Scholes期权定价模型

以 c 为看涨期权费用, X 为期权执行价, S 为标的资产即期价格, $T-t$ 表示期权持有期, r 为连续复利计息的无风险利率, σ 为标的资产价格变化的年度标准差,表示标的资产价格的波动率, $N(\cdot)$ 表示正态分布变量的累积分布函数,可查表得到(见附录)。

$$c = SN(d_1) - Xe^{-r(T-t)}N(d_2)$$
$$p = Xe^{-r(T-t)}N(-d_2) - SN(-d_1)$$

$$d_1 = \frac{\ln\frac{S}{X} + (r + \frac{\sigma^2}{2})(T-t)}{\sigma\sqrt{T-t}}$$

$$d_2 = \frac{\ln\frac{S}{X} + (r + \frac{\sigma^2}{2})(T-t)}{\sigma\sqrt{T-t}} - \sigma\sqrt{T-t} = d_1 - \sigma\sqrt{T-t}$$

2. 期权二叉树定价法

多期二叉树所采用的是倒退分析方式,即从二叉树的最右边开始,分枝进行定价,直到二叉树起点的那一枝。在风险中性世界中可以简化步数的推导,用P和(1-P)表示向上和向下运动的风险中性概率,期权价格可表示为未来期权价值期望值的现值。总结步骤如下:

第1步,根据步数判断每步步长,计算每步的无风险利率、上升倍数u和下降倍数d,写出标的资产价格的模拟运动路径。

第2步,根据标的资产价格的到期结果写出期权到期损益。

第3步,计算标的资产上升的风险中性概率,$P=(1+r-d)/(u-d)$。

第4步,计算期权到期损益的期望值。

第5步,贴现到当前计算期权价格。

四、实验内容

1. 无收益资产的欧式Black-Scholes期权定价模型

算例:股票的价格为50元,期权的执行价格为48元,存续期为0.5年,不考虑红利支付,试用Black-Scholes定价模型计算该股票欧式期权的价格。

(1)估算相关参数

通过交易所可查得已知行情信息:$S=50$,$X=48$,$T-t=0.5$。需估算标的股票的波动率和无风险利率水平。

第一,无风险利率的估算。无风险利率是指将资金投资于某一项没有任何风险的投资对象而能得到的利息率。在资本市场上国债的利率通常被公认为市场上的无风险利率,可用相应期限的国债利率作为无风险利率。进入中国债券信息网(https://www.chinabond.com.cn/),查询国债到期收益率。查询0.5年期的国债收益率为1.81%作为无风险利率,$r=1.81\%$。

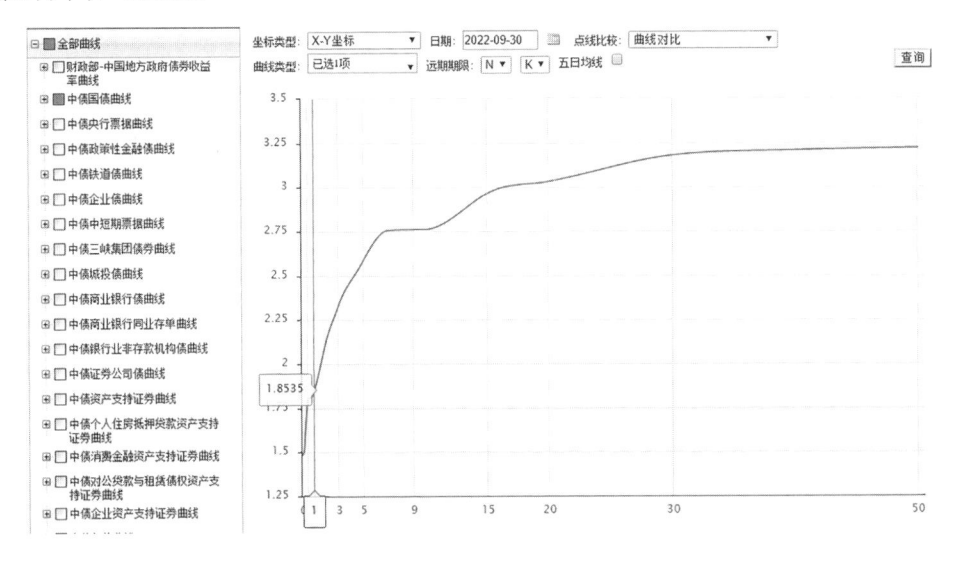

中债国债收益率曲线(到期)	标准期限信息下载(excel) 整年标准期限信息下载
标准期限	收益率(%)
0.0y	1.4868
0.08y	1.4919
0.17y	1.5136
0.25y	1.6026
0.5y	1.81
0.75y	1.81
1.0y	1.8535
2.0y	2.1364

第二，标的资产股票波动率的估算。期权定价中的股票波动率可分为历史波动率和隐含波动率两类。

第一种方法历史波动率，是通过股票价格计算收益率，然后计算收益率的标准差作为历史波动率的估算，根据实际需求可调整股票价格周期。

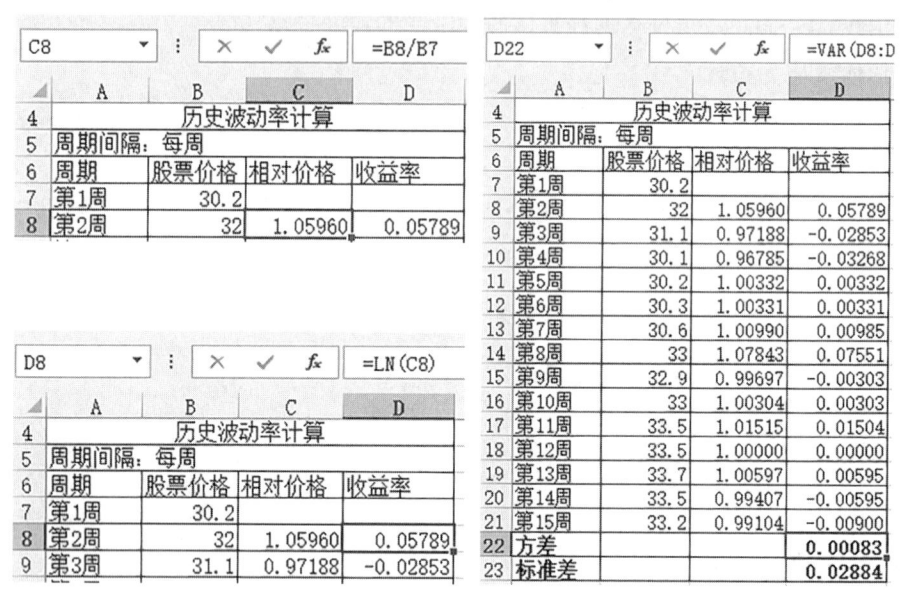

第1步，按照一定间隔收集标的资产历史交易价格。通常计算年化波动率，以一年时间为周期，收集日数据或周数据。

第2步，计算标的资产价格相对变化率，用当期价格除以上一期价格，例如计算第2周的相对价格计算为第2周的股价除以第1周的股价(B8/B7)。

第3步，计算股票价格收益率，对股票价格变化率取对数作为股票价格收益率。例如第2周的股票收益率为"=ln(C8)"。

第4步，计算股票波动率，对股票价格收益率一列计算方差"=VAR(D8:D21)"。然后对方差开方得到股票价格波动率的标准差，输入"=SQRT(D22)"。

第5步,计算股票年化波动率。股票波动率=样本标准差/SQRT(T),一年大约有256个交易日,52周,那么年化波动率就是每周标准差*(52)^0.5,输入"=D23*52^0.5"。

	A	B	C	D
22	方差			0.00083
23	标准差			0.02884
24	年化波动率			0.20794

第二种方法是计算股票期权中的隐含波动率。隐含波动率(Implied Volatility)是将市场上的期权或权证交易价格代入Black-Scholes定价模型,反推出来的波动率数值。通过Excel的单变量求解可得出期权的市场价格中所包含的波动率。例如沪深300股指期权IO2212,2022年9月30日看涨期权价格为100.80元,执行价3900点,还有3个月到期,标的资产沪深300的现货价格为3804.5点。采用单变量求解,设置目标单元格期权价格的值为100.8,可变单元格为波动率单元格,可求解中隐含波动率。

black公式	
X	3900
St	3804.5
波动率	17.68%
rf	2.00%
T	0.25
d1	-0.17974
N(d1)	0.428679
d2	-0.26812
N(d2)	0.394303
c	100.8

单变量求解状态
对单元格G14进行单变量求解求得一个解。
目标值: 100.8
当前解: 100.7999689

(2)设计表格公式计算期权定价

输入参数: $S=50, X=48, T-t=0.5, \sigma=20.80\%, r=1.81\%$。

	E	F	G
4			
5	black公式		
6	输入参数	X	48
7		St	50
8		波动率	20.80%
9		rf	1.81%
10		T	0.5

输出参数:

根据Black-Scholes定价模型计算d_1和d_2,对应正态分布变量的累积分布函数,利用Excel函数计算得到$N(d_1)$和$N(d_2)$。

输入d_1=(LN(G7/G6)+(G9+G8*G8/2)*G10)/(G8*SQRT(G10))

输入d_2=G12-G8*SQRT(G10)

输入 $N(d_1)$=NORMSDIST(G12)

输入 $N(d_2)$=NORMSDIST(G14)

	E	F	G
11			
12	输出参数	d1	0.41262
13		N(d1)	0.66006
14		d2	0.26555
15		N(d2)	0.60471

计算期权价格：

输入 c=G7*G13-(G6/EXP(G9*G10))*G15，计算看涨期权价格

输入 $N(-d_1)$=1-G13

输入 $N(-d_2)$=1-G15

输入 p=G6/EXP(G9*G10)*G18-G7*G17，计算看跌期权价格

	E	F	G
16		c	4.23858
17		N(-d1)	0.33994
18		N(-d2)	0.39529
19		p	1.80614

（3）验证看涨-看跌期权平价关系式

估算出价格后，按照平价关系等式验证是否成立。在G22中输入=G19+G7，在H22中输入=G16+G6*EXP(-G9*G10)。可见，看涨-看跌期权平价关系成立。

	E	F	G	H
21			p+s	c+xe$^{-r(T-t)}$
22	买权和卖权平价		51.80614284	51.80614284

2.二叉树定价模型

算例：股票的价格为50，期权的执行价格为48，存续期为0.5年，不考虑红利支付，试用两步二叉树法，计算该股票欧式期权的价格。

（1）估计相关参数

按照上述分析估计出标的资产价格波动率 σ 和无风险利率年利率 rf。根据步数 N 判断每步步长，计算每步的无风险利率、上升倍数 u 和下降倍数 d。

输入参数：

S=50，X=48，σ=20.8%，rf=1.81%，有效期 $T-t$=0.5，步数 N=2

每步步长 Δ$t=T-t÷N$=0.5÷2=0.25

	A	B	C
1	输入参数	St	50
2		X	48
3		波动率	20.80%
4		有效期	0.5
5		步数	2
6		每步步长Δ	0.25

单步无风险利率 $r=rf×\Delta t$=1.81%×0.25=0.4525%

输出参数：

参数 u 和 d 的选取要确保与波动率吻合。股票(或任何资产)价格波动率 σ 的定义是使得 $\sigma\Delta t$ 为股票价格在一个长度为 Δt 的时间区间上收益的标准差。与此等价，回报的方差为 $\sigma 2\Delta t$。在每一个步长为 Δt 的区间内，股票回报率等于 $u-1$ 的概率为 P，回报率等于 $d-1$ 的概率为 $1-P$。将二叉树波动率与股票波动率进行匹配，忽略高阶项后，可近似得到如下结果。

标的资产上升倍数为：$u=e^{\sigma\sqrt{\Delta t}}$，标的资产下降倍数为：$d=e^{-\sigma\sqrt{\Delta t}}$

输入 u=EXP(C3*SQRT(C4/C5))

输入 d==1/C8

计算风险中性上升概率

$$P=\frac{a-d}{u-d}, a=e^{r\Delta t}$$

输入 a=EXP(C10*C6)

输入 P=(C12-C9)/(C8-C9)

	A	B	C
1	输入参数	St	50
2		X	48
3		波动率	20.80%
4		有效期	0.5
5		步数	2
6		每步步长	0.25

	A	B	C
7			
8	输出参数	u	1.1096
9		d	0.901225
10		rf	1.81%
11		P	0.495788
12		a	1.004535

(2)画出标的资产价格的模拟运动路径

若上升，每步变动后的标的资产价格为 $S_u=S_{u-1}×u$；若下降，每步变动后的标的资产价格为 $S_d=S_{d-1}×d$

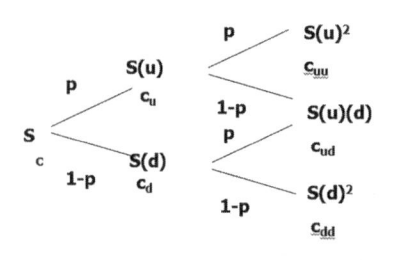

(3) 根据标的资产价格的到期结果写出期权到期损益

期权到期，期权时间价值为零，此时期权价格即为内在价值，可根据当时标的资产行情分析其内在价值。

看涨期权到期的内在价值等于 max(S-X,0)；

看跌期权到期的内在价值为 max(X-S,0)。

看涨期权的到期损益输入=MAX(H2-C2,0)；

看跌期权的到期损益输入=MAX(C2-H2,0)。

(4) 计算当前的期权价格

期权的价格可以看作是，将风险中性世界中，期权价格的未来期望值贴现到当前。先计算期权的到期损益期望值，看涨期权到期损益期望值为 cuu*p²+2*cud*p*(1-p)+cud*p²，看跌期权类似计算。然后贴现到当前。

看涨期权价格输入 c=(C11^2*K3+2*C11*(1-C11)*K4+(1-C11)^2*K5)/C12^C5

看跌期权价格输入 d=(C11^2*K9+2*C11*(1-C11)*K10+(1-C11)^2*K11)/C12^C5

(5) 验证看涨-看跌期权平价关系

估算出价格后，按照平价关系等式验证是否成立。在 K16 中输入=J11+C1，在 L16 中输入=J5+C2*EXP(-C10*C4)。可见，看涨-看跌期权平价关系成立。

学生任务：选择一个期权品种，收集标的资产和期权价格相关数据，采用Black-Scholes模型和二叉树模型对期权定价，验证看涨-看跌期权平价关系，并与市场实际的期权价格进行比较分析。要求给出以下内容。

1. 无收益资产的欧式Black-Scholes期权定价模型

(1) 期权品种和数据来源

期权品种：_____。

数据来源：_____。

(2) 估算相关参数

$S=$ _____。

$X=$ _____。

$T-t=$ _____。

股票的波动率 $\sigma=$ _____。

无风险利率水平 $r=$ _____。

(3) 设计表格公式计算期权定价

输入参数：_____。

black公式		
输入参数	X	
	S_t	
	波动率	
	rf	
	T	

输出参数：

输出参数	d_1	
	$N(d_1)$	
	d_2	
	$N(d_2)$	
	$N(-d_1)$	
	$N(-d_2)$	

计算期权价格：

看涨期权价格 $c=$ _____。

看跌期权价格 $p=$ _____。

（3）验证看涨-看跌期权平价关系式

	p+s	$c+xe^{-r(T-t)}$
买权和卖权平价		

2. 二叉树定价模型

（1）估计相关参数

输入参数：

输入参数	St	
	X	
	波动率	
	有效期	
	步数	
	每步步长 Δt	

输出参数：

输出参数	u	
	d	
	rf	
	P	
	a	

（2）画出标的资产价格的模拟运动路径

_____
_____
_____。

（3）根据标的资产价格的到期结果写出期权到期损益

看涨期权到期损益：_____
_____
_____
_____。

看跌期权到期损益：_____
_____
_____
_____。

(4)计算当前的期权价格

期权价值	期权到期价值
买权价值	
卖权价值	

(5)验证看涨-看跌期权平价关系

	p+s	$c+xe^{-r(T-t)}$
买权和卖权平价		

(6)与市场上的期权价格比较,说明通过模型计算的期权价格和市场价格是否存在差异,解释原因。

任务七　期权的交易策略

一、实验目的

1.掌握积木分析法的基本原理和应用方法,能够根据现货市场和期权市场行情分析期权策略组合的到期损益。

2.了解我国期权交易策略主要应用场景和现状,能够根据风险管理的具体要求,设计期权交易策略,画出期权策略损益图,并进行策略组合的到期损益分析,测算盈亏条件。

二、实验要求

1.实验以个人形式进行,要求每位实验学生掌握典型期权交易策略的方法,掌握积木分析法的基本原理,并能根据风险管理要求构建期权策略组合,按照策略分析套期保值的结果,学生应提交期权策略组合损益分析表和策略结果分析报告。

2.按时参加实验,确保实验进度,记录实验情况。学生应提交期权交易策略实验记录报告,实验记录报告应包括:实验原理、实验工具、实验程序、实验结论和结论分析。

三、相关理论知识点

1.积木分析法

积木分析法也叫模块分析法,指将各种金融工具进行分解和组合以解决金融问题。金融工程师运用"金融积木箱"中的积木——各种金融工具(主要是衍生金融工具)来解决金融现实问题。

积木分析法主要借助图形来分析收益、风险关系以及金融工具之间的分解/组合关系。基础的积木块有6块,分别为:资产多头交易、资产空头交易和四种基本期权交易策略,即看涨期权多头、看跌期权空头、看跌期权多头、看涨期权空头。这里的每一块积木,都可以看作一种金融工具。通过对各种金融工具进行拆分和组合,构建交易策略,创造出新的金融产品,从而进行风险管理和投机套利。

典型的期权交易策略包括单纯期权买卖、合成期权、合成现货、期权对敲交易和期权价差策略等。下面主要介绍期权组合交易。按照期权的性质可分为两类:一是同类期权的交易,即均为看涨期权或看跌期权,称为价差交易;二是不同类的期权组合策略,称为对敲交易。

2.期权对敲交易策略

期权对敲策略是指,同时买进或同时卖出看涨期权和看跌期权,按照看涨期权和看跌期权的执行价格是否相同可分为同价对敲和异价对敲两类。按照看涨期权和看跌期权的买卖合约数量是否相同可分为一般对敲(买卖数量相同)、看涨对敲(买权多,卖权少)和看跌对敲(卖权多,买权少)。下面以多头策略为例介绍,空头做相反头寸可同样分析。

(1)跨式对敲策略

构建策略:购买执行价格和到期日均相同的一个买权和一个卖权

策略特点:初始资金成本高。若标的物价格波动很小,投资者会亏损,最大亏损就是权利金;若标的物价格波动幅度大,则其盈利潜力很大。

适合于:预期股票价格会有重大变动但不知道其变动方向的投资者,如某公司存在诉讼未决、研发工作等重大消息。

【例3】 执行价为20元的股票期权,买权费用为4元,卖权费用7元,请分析构建跨式策略的盈亏损益情况,画出相应损益图,并分析盈亏平衡点和拐点。

跨式对敲期权多头策略:买入一份买权+买入一份卖权

分析对敲组合策略损益表：

股票价格范围	买权多头	卖权多头	组合收益
$S_t \geq 20$	S_t-20-4	-7	S_t-31
$S_t \leq 20$	-4	$20-S_t-7$	$9-S_t$

画出跨式对敲期权多头策略损益图：

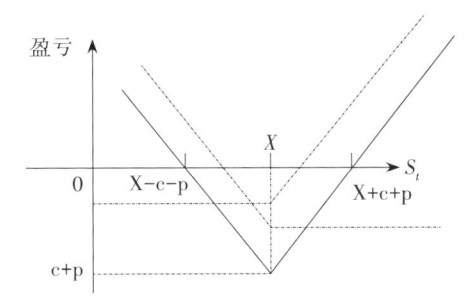

结论：图中绿线为看跌期权多头损益，红线为看涨期权多头损益，黑实线为组合期权损益。跨式期权多头最大损失为当标的股票的价格为执行价时，支付看涨期权费+看跌期权费，盈亏平衡点为执行价±期权费之和。

（2）看涨对敲 Strap

构建策略：购买到期日和执行价格均相同的两个买权和一个卖权。

策略特点：看涨对敲又称为带式对敲，具有投机特点，投资者打赌股票价格会有很多变化，且股价上升的可能性更大，其初始投资成本比跨式对敲更高。

【例4】 执行价为20元的股票期权，买权费用为4元，卖权费用7元，若投资者认为股价上升的可能性更大，请分析构建带式对敲策略的盈亏损益情况，画出相应损益图，并分析盈亏平衡点和拐点。

带式对敲期权多头策略：买入2份买权+买入1份卖权

股票价格范围	买权多头	卖权多头	组合收益
$S_t \geq 20$	$(S_t-20-4) \times 2$	-7	$2S_t-55$
$S_t \leq 20$	-4×2	$20-S_t-7$	$5-S_t$

画出带式对敲期权多头策略损益图：

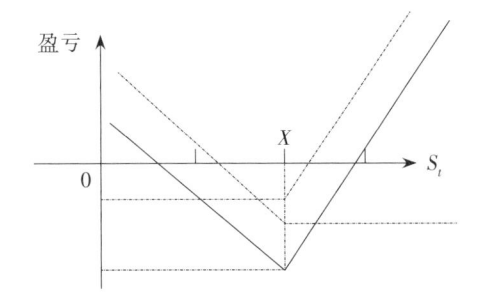

结论:图中绿线为1份看跌期权多头损益,红线为2份看涨期权多头损益,黑实线为组合期权损益。带式期权多头最大损失为当标的股票的价格为执行价时,支付(看涨期权费×2+看跌期权费),盈利区间为:(执行价-看涨期权费×2-看跌期权费,执行价+看涨期权费+看跌期权费÷2)。

(3)看涨对敲Strap

构建策略:购买到期日和执行价格均相同的一个买权和两个卖权。

策略特点:看跌对敲又称为条式对敲,具有投机特点,投资者打赌股票价格会有很多变化,且股价下降的可能性更大,其初始投资成本比跨式对敲更高。

【例5】 执行价为20元的股票期权,买权费用为4元,卖权费用7元,若投资者认为股价下降的可能性更大,请分析构建条式对敲策略的盈亏损益情况,画出相应损益图,并分析盈亏平衡点和拐点。

条式对敲期权多头策略:买入1份买权+买入2份卖权

股票价格范围	买权多头	卖权多头	组合收益
$S_t \geq 20$	S_t-20-4	-7×2	S_t-38
$S_t \leq 20$	-4	$2 \times (20-S_t-7)$	$18-2S_t$

画出条式对敲期权多头策略损益图:

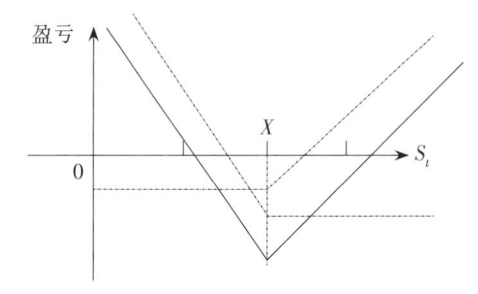

结论:图中绿线为2份看跌期权多头损益,红线为1份看涨期权多头损益,黑实线为组合期权损益。条式期权多头最大损失为当标的股票的价格为执行价时,支付(看涨期权费+看跌期权费×2),盈利区间为:(执行价-看涨期权费÷2-看跌期权费,执行价+看涨期权费+看跌期权费×2)。

(4)异价对敲

构建策略:购买到期日相同但执行价格不同的一个买权和一个卖权。

策略特点:投资者打赌股价会有重大变化,但不确定变动的方向,这一策略类似于跨式组合,但是其底部风险比跨式组合更小。

【例6】 现有执行价为15元的股票看涨期权,执行价为25元的同一股票看跌期权,买权费用为4元,卖权费用7元,若投资者股价会发生重大变化,同时控制最大损失的底部风险,请构建异价对敲策略的盈亏损益情况,画出相应损益图,并分析盈亏平衡点和拐点。

异价对敲期权多头策略:买入1份执行价15元的买权+买入1份执行价25元的卖权

股票价格范围	买权多头	卖权多头	组合收益
$S_t \geq 25$	S_t-15-4	-7	S_t-26
$15<S_t<25$	S_t-15-4	$25-S_t-7$	-1
$S_t \leq 15$	-4	$25-S_t-7$	$14-S_t$

画出异价对敲期权多头策略损益图:

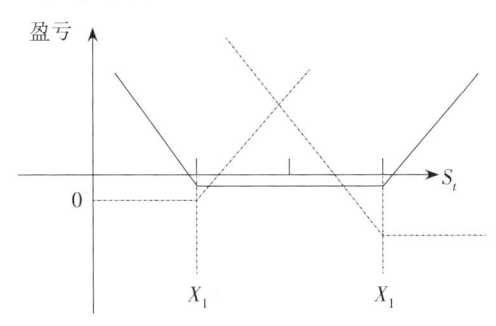

结论:图中蓝线为执行价25元的看跌期权多头损益,红线为执行价15元的看涨期权多头损益,黑实线为组合期权损益。异价期权多头最大损失为当标的股票的价格为执行价时,支付(看跌期权执行价-看涨期权执行价-看涨期权费+看跌期权费),盈利区间为:(看跌期权执行价-看涨期权费-看跌期权费,看涨期权执行价+看涨期权费+看跌期权费)。

3.期权价差交易策略

价差交易是指,交易者同时买卖同一类型期权,但是期权的执行价格或者到期时间不同。按照不同的标准可分为三类价差交易。

垂直价差交易:同时买卖到期日相同,执行价不同的同类期权。

水平价差交易:同时买卖执行价相同,到期日不同的同类期权。

对角价差交易:同时买卖执行价和到期日都不同的同类型期权。

当期权到期时间相同,执行价不同时只涉及期权内在价值的不同组合;当期权到期时间不同时,将影响期权时间价值的组合,此种情况较为复杂,本书暂时不讨论。下面将介绍垂直价差交易策略的构造和分析。

(1)牛市价差交易

构建策略:买低卖高,购买一个执行价格较低的买权,同时出售一个执行价格较高的买权;或者购买一个执行价格较低的卖权,同时出售一个执行价格较高的卖权。其中,两个期权的标的资产和到期日相同。

策略特点:这一策略同时限制了投资者在股价上升时的潜在收益和股价下跌时的损失。适用于投资者预期股票价格会上升。

【例7】 买入执行价为15元的卖权,期权费用4元,同时卖出执行价为25元的卖权,期权费用7元。两者的标的资产相同,到期日期相同。请分析组合策略的盈亏损益情况,画出相应损益图,并分析盈亏平衡点和拐点。

多头牛市价差(看跌期权)策略:

买入1份执行价15元的卖权+卖出1份执行价25元的卖权

股票价格范围	买入卖权收益	卖出卖权收益	组合收益
$S_t \geq 25$	-4	$+7$	$+3$
$15 < S_t < 25$	-4	$-(25-S_t)+7$	S_t-22
$S_t \leq 15$	$15-S_t-4$	$-(25-S_t)+7$	-7

画出多头牛市价差(看跌期权)策略损益图:

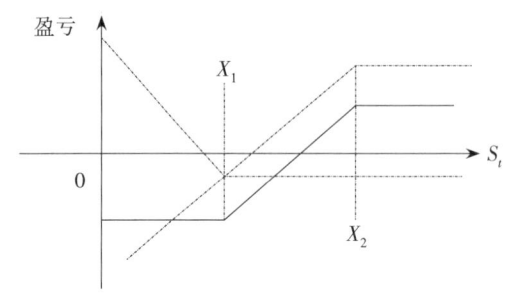

结论:图中绿线为执行价15元的看跌期权多头损益,红线为执行价25元的看跌期权空头损益,黑实线为组合期权损益。多头牛市价差(看跌期权)策略最大损失为当标的股票的价格低于低执行价时,支付(执行价之差−期权费之差),最大收益为当标的股票的价格高于高执行价时,盈利(期权费之差),期权策略的盈利区间为:(高执行价−期权费之差,+∞)。

【例8】 买入执行价为15元的买权,期权费用7元,同时卖出执行价为25元的买权,期权费用4元。两者的标的资产相同,到期日期相同。请分析组合策略的盈亏损益情况,画出相应损益图,并分析盈亏平衡点和拐点。

多头牛市价差(看涨期权)策略:

买入1份执行价15元的买权+卖出1份执行价25元的买权

股票价格范围	买入买权收益	卖出买权收益	组合收益
$S_t \geq 25$	S_t-15-7	$25-S_t+4$	$25-15-3$
$15 < S_t < 25$	S_t-15-7	$0+4$	S_t-15-3
$S_t \leq 15$	$0-7$	$0+4$	$0-3$

画出多头牛市价差(看涨期权)策略损益图:

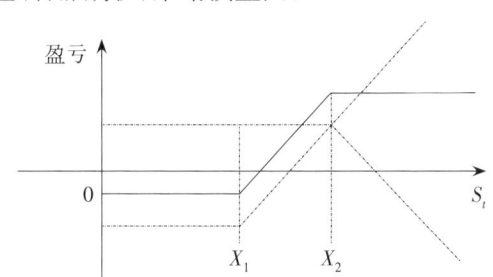

结论:图中红线为执行价15元的看涨期权多头损益,绿线为执行价25元的看跌期权空头损益,黑实线为组合期权损益。多头牛市价差(看涨期权)策略最大损失为当标的股票的价格低于低执行价时,支付(期权费之差),最大收益为当标的股票的价格高于高执行价时,盈利(执行价之差-期权费之差),期权策略的盈利区间为:(低执行价-期权费之差,+∞)。

(2)熊市价差交易

构建策略:买高卖低,购买一个执行价格较高的买权,同时出售一个执行价较低的买权或者购买一个执行价格较高的卖权,同时出售一个执行价格较低的卖权。其中,两个期权的标的资产和到期日相同。

策略特点:这一策略同时限制了投资者在股价上升时的潜在收益和股价下跌时的损失。适用于投资者预期股票价格会下跌。

【例9】 买入执行价为25元的卖权,期权费用7元,同时卖出执行价为15元的卖权,期权费用4元。两者的标的资产相同,到期日期相同。请分析组合策略的盈亏损益情况,画出相应损益图,并分析盈亏平衡点和拐点。

多头熊市价差(看跌期权)策略:

买入1份执行价25元的卖权+卖出1份执行价15元的卖权

股票价格范围	买入卖权收益	卖出卖权收益	组合收益
$S_t \geq 25$	-7	+4	-3
$15 < S_t < 25$	$25-S_t-7$	+4	$22-S_t$
$S_t \leq 15$	$25-S_t-7$	$-(15-S_t)+4$	+7

画出多头熊市价差(看跌期权)策略损益图:

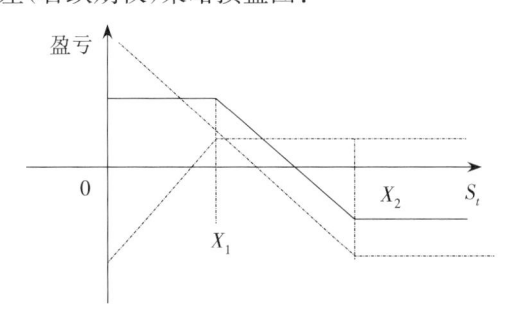

结论:图中红线为执行价25元的看跌期权多头损益,绿线为执行价15元的看跌期权空头损益,黑实线为组合期权损益。多头熊市价差(看跌期权)策略最大损失为当标的股票的价格高于高执行价时,支付(期权费之差),最大收益为当标的股票的价格低于低执行价时,盈利(执行价之差－期权费之差),期权策略的盈利区间为:(0,高执行价－期权费之差)。

(3)蝶式价差交易

构建策略:买空蝶式购买一个执行价格较低的买权,购买一个执行价格较高的买权,同时出售两个执行价格中等的买权;卖空蝶式购买一个执行价格较低的卖权,购买一个执行价格较高的卖权,同时出售两个执行价格中等的卖权。

策略特点:这种期权组合在形式上可分解成一个牛市价差期权和一个熊市价差期权。适合于市场不确定性大,无法预测上升还是下降,但是预期价格不可能有巨大变动。

【例10】 买入执行价为10元的买权1份,期权费用14元;卖出执行价为20元的买权2份,每份期权费用8元;买入执行价为30元的买权1份,期权费5元。期权的标的资产相同,到期日期相同。请分析组合策略的盈亏损益情况,画出相应损益图,并分析盈亏平衡点和拐点。

买空蝶式价差策略:

买入 $X_1=10$,C1=14,1份;卖出 $X_2=20$,C2=8,2份;买入 $X_3=30$,C3=5,1份

股票价格范围	买权(X_1)多头收益	买权(X_2)空头收益	买权(X_3)多头收益
$S_t \geq 30$	$S_t-10-14$	$2\times(20-S_t+8)$	S_t-30-5
$20<S_t<30$	$S_t-10-14$	$2\times(20-S_t+8)$	-5
$10<S_t<20$	$S_t-10-14$	$+8\times2$	-5
$S_t \leq 10$	-14	$+8\times2$	-5

画出买空蝶式价差策略损益图:

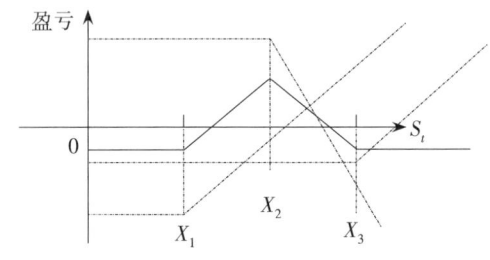

结论:图中红线为1份执行价10元的看涨期权多头损益,绿线为2份执行价20元的看涨期权空头损益,蓝线为1份执行价为30元的看涨期权多头损益,黑实线为组合期权损益。买空蝶式价差策略最大损失为(中执行价×2-高执行价-低执行价+中期权费×2-高期权费-低期权费),最大收益为当标的股票的价格等于中执行价时,期权策略的盈利

区间为：(高期权费+低期权费-中期权费×2+低执行价，中期权费×2-高期权费-低期权费+中执行价×2-低执行价)。

四、实验内容

1. 分析"看涨期权多头+看跌期权空头"的期权组合策略到期损益

示例：选择大连商品交易所上市的玉米期权合约2301，执行价2700，到期时间为2023年1月。

(1)选择任一市场上期权品种，收集相关行情信息，构造"看涨期权多头+看跌期权空头"的期权组合策略。

(2)输入期权相关参数

(3)输出交易结果

根据标的资产的模拟到期价格，分析看涨期权和看跌期权的到期损益，看涨期权到期损益为=MAX(P10-P3,0)-P4，看跌期权的到期损益为=-MAX(P6-P10,0)+P7，则组合收益为=P11+P12。

	O	P
8		
9	二、输出交易结果	
10	期权到期,输入标的资产的	2720
11	看涨期权多头损益	-85
12	看跌期权空头损益	30
13	组合收益	-55

(4)分析组合策略的损益表和损益图

	O	P	Q	R	S	T	U	V	W
14									
15	三、期权组合策略图表分析								
16	标的资产的到期价格ST	2600	2620	2640	2660	2680	2700	2720	2740
17	看涨期权多头损益	-105	-105	-105	-105	-105	-105	-85	-65
18	看跌期权空头损益	-70	-50	-30	-10	10	30	30	30
19	组合收益	-175	-155	-135	-115	-95	-75	-55	-35

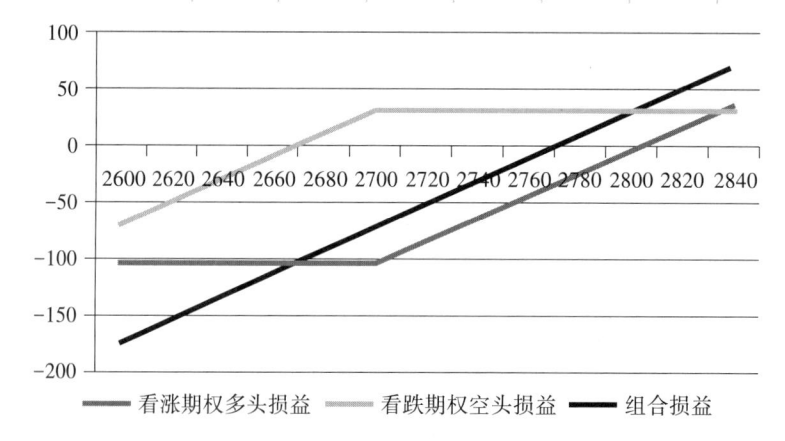

2.构建期权交易策略,分析策略特点

(1)选择任一市场上期权品种,收集相关行情信息,构造典型期权交易策略。

期权合约代码:＿＿＿＿＿＿＿＿＿＿＿＿＿＿＿＿＿＿＿＿＿＿＿＿。

期权执行价:＿＿＿＿＿＿＿＿＿＿＿＿＿＿＿＿＿＿＿＿＿＿＿＿＿。

期权到期日:＿＿＿＿＿＿＿＿＿＿＿＿＿＿＿＿＿＿＿＿＿＿＿＿＿。

期权交易策略:＿＿＿＿＿＿＿＿＿＿＿＿＿＿＿＿＿＿＿＿＿＿＿。

(2)分析组合策略的损益表和损益图

(3)验证分析结果

进入大连商品交易所——期权工具中的期权策略分析,将所构建的期权交易策略选取对应的组合进行分析。网址:http://www.dce.com.cn/qiquanwang/pxjy/qqgj74/index.html

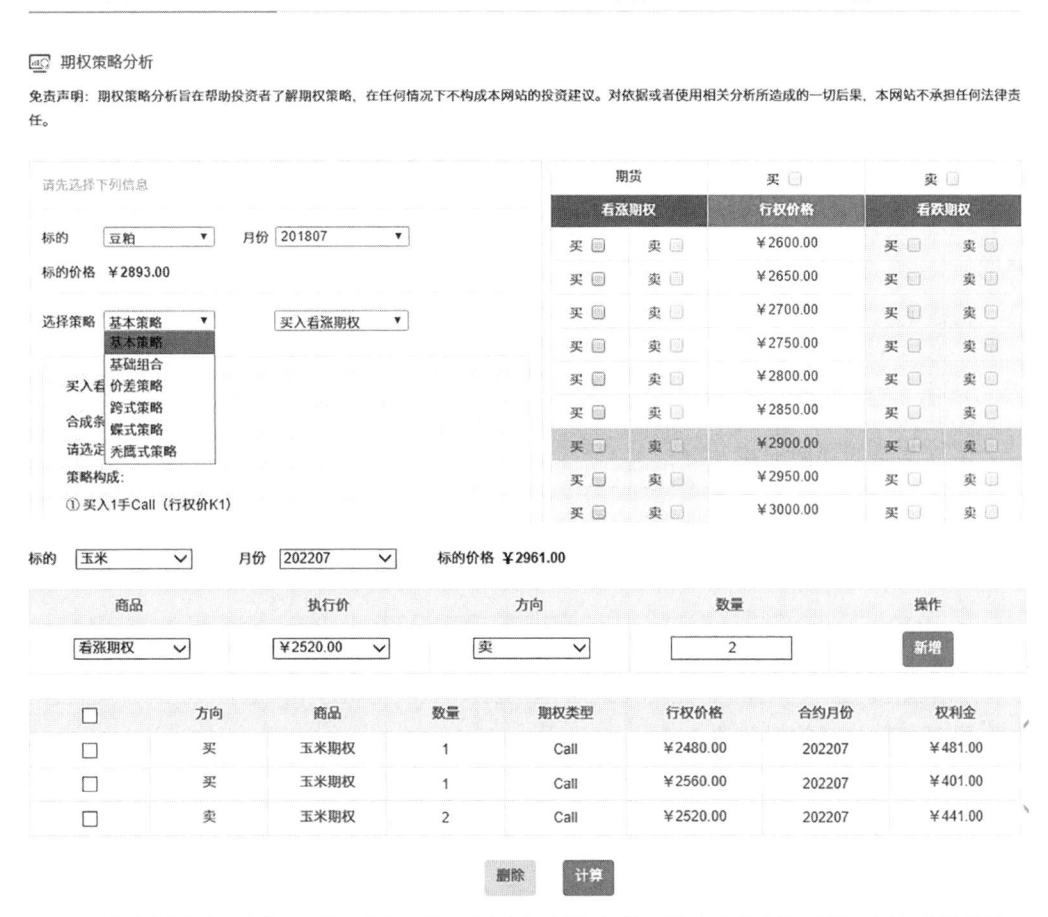

3.案例分析:现有三种以同一股票为标的资产的、具有相同的到期日的看跌期权,其执行价格分别是55美元、60美元、65美元,市场价格分别为3美元、5美元和8美元,同一标的股票、相同到期日执行价为60的看涨期权价格为7美元。

该投资者预期股价不会发生剧烈变化。

(1)如果该投资者主要考虑收益方面,愿意承担风险。请构建期权策略。用图表表示这一策略的损益,说明股价在什么范围内该策略将导致损失呢?

构建期权交易策略:_____。

期权策略的到期损益分析：_____。

股票价格范围			

期权交易策略的损益图：_____。

结论：_____。

(2) 如果该投资者希望能够使风险得到控制，请构建期权策略。用图表表示这一策略的损益，说明股价在什么范围内该策略将导致损失呢？

构建期权交易策略：_____
_____
_____。

期权策略的到期损益分析：_____。

股票价格范围			

期权交易策略的损益图：_____
_____
_____
_____
_____
_____。

结论：_____
_____
_____
_____。

附 录

标准正态分布累积概率函数表（Z>0）

Z	0	0.001	0.002	0.003	0.004	0.005	0.006	0.007	0.008	0.009
0	0.5000	0.5004	0.5008	0.5012	0.5016	0.5020	0.5024	0.5028	0.5032	0.5036
0.01	0.5040	0.5044	0.5048	0.5052	0.5056	0.5060	0.5064	0.5068	0.5072	0.5076
0.02	0.5080	0.5084	0.5088	0.5092	0.5096	0.5100	0.5104	0.5108	0.5112	0.5116
0.03	0.5120	0.5124	0.5128	0.5132	0.5136	0.5140	0.5144	0.5148	0.5152	0.5156
0.04	0.5160	0.5164	0.5168	0.5171	0.5175	0.5179	0.5183	0.5187	0.5191	0.5195
0.05	0.5199	0.5203	0.5207	0.5211	0.5215	0.5219	0.5223	0.5227	0.5231	0.5235
0.06	0.5239	0.5243	0.5247	0.5251	0.5255	0.5259	0.5263	0.5267	0.5271	0.5275
0.07	0.5279	0.5283	0.5287	0.5291	0.5295	0.5299	0.5303	0.5307	0.5311	0.5315
0.08	0.5319	0.5323	0.5327	0.5331	0.5335	0.5339	0.5343	0.5347	0.5351	0.5355
0.09	0.5359	0.5363	0.5367	0.5370	0.5374	0.5378	0.5382	0.5386	0.5390	0.5394
0.1	0.5398	0.5402	0.5406	0.5410	0.5414	0.5418	0.5422	0.5426	0.5430	0.5434
0.11	0.5438	0.5442	0.5446	0.5450	0.5454	0.5458	0.5462	0.5466	0.5470	0.5474
0.12	0.5478	0.5482	0.5486	0.5489	0.5493	0.5497	0.5501	0.5505	0.5509	0.5513
0.13	0.5517	0.5521	0.5525	0.5529	0.5533	0.5537	0.5541	0.5545	0.5549	0.5553
0.14	0.5557	0.5561	0.5565	0.5569	0.5572	0.5576	0.5580	0.5584	0.5588	0.5592
0.15	0.5596	0.5600	0.5604	0.5608	0.5612	0.5616	0.5620	0.5624	0.5628	0.5632
0.16	0.5636	0.5640	0.5643	0.5647	0.5651	0.5655	0.5659	0.5663	0.5667	0.5671
0.17	0.5675	0.5679	0.5683	0.5687	0.5691	0.5695	0.5699	0.5702	0.5706	0.5710
0.18	0.5714	0.5718	0.5722	0.5726	0.5730	0.5734	0.5738	0.5742	0.5746	0.5750
0.19	0.5753	0.5757	0.5761	0.5765	0.5769	0.5773	0.5777	0.5781	0.5785	0.5789
0.2	0.5793	0.5797	0.5800	0.5804	0.5808	0.5812	0.5816	0.5820	0.5824	0.5828
0.21	0.5832	0.5836	0.5839	0.5843	0.5847	0.5851	0.5855	0.5859	0.5863	0.5867
0.22	0.5871	0.5875	0.5878	0.5882	0.5886	0.5890	0.5894	0.5898	0.5902	0.5906
0.23	0.5910	0.5913	0.5917	0.5921	0.5925	0.5929	0.5933	0.5937	0.5941	0.5944
0.24	0.5948	0.5952	0.5956	0.5960	0.5964	0.5968	0.5972	0.5975	0.5979	0.5983
0.25	0.5987	0.5991	0.5995	0.5999	0.6003	0.6006	0.6010	0.6014	0.6018	0.6022
0.26	0.6026	0.6030	0.6033	0.6037	0.6041	0.6045	0.6049	0.6053	0.6057	0.6060
0.27	0.6064	0.6068	0.6072	0.6076	0.6080	0.6083	0.6087	0.6091	0.6095	0.6099
0.28	0.6103	0.6106	0.6110	0.6114	0.6118	0.6122	0.6126	0.6129	0.6133	0.6137

续表

Z	0	0.001	0.002	0.003	0.004	0.005	0.006	0.007	0.008	0.009
0.29	0.6141	0.6145	0.6149	0.6152	0.6156	0.6160	0.6164	0.6168	0.6171	0.6175
0.3	0.6179	0.6183	0.6187	0.6191	0.6194	0.6198	0.6202	0.6206	0.6210	0.6213
0.31	0.6217	0.6221	0.6225	0.6229	0.6232	0.6236	0.6240	0.6244	0.6248	0.6251
0.32	0.6255	0.6259	0.6263	0.6267	0.6270	0.6274	0.6278	0.6282	0.6285	0.6289
0.33	0.6293	0.6297	0.6301	0.6304	0.6308	0.6312	0.6316	0.6319	0.6323	0.6327
0.34	0.6331	0.6334	0.6338	0.6342	0.6346	0.6350	0.6353	0.6357	0.6361	0.6365
0.35	0.6368	0.6372	0.6376	0.6380	0.6383	0.6387	0.6391	0.6395	0.6398	0.6402
0.36	0.6406	0.6410	0.6413	0.6417	0.6421	0.6424	0.6428	0.6432	0.6436	0.6439
0.37	0.6443	0.6447	0.6451	0.6454	0.6458	0.6462	0.6465	0.6469	0.6473	0.6477
0.38	0.6480	0.6484	0.6488	0.6491	0.6495	0.6499	0.6503	0.6506	0.6510	0.6514
0.39	0.6517	0.6521	0.6525	0.6528	0.6532	0.6536	0.6539	0.6543	0.6547	0.6551
0.4	0.6554	0.6558	0.6562	0.6565	0.6569	0.6573	0.6576	0.6580	0.6584	0.6587
0.41	0.6591	0.6595	0.6598	0.6602	0.6606	0.6609	0.6613	0.6617	0.6620	0.6624
0.42	0.6628	0.6631	0.6635	0.6639	0.6642	0.6646	0.6649	0.6653	0.6657	0.6660
0.43	0.6664	0.6668	0.6671	0.6675	0.6679	0.6682	0.6686	0.6689	0.6693	0.6697
0.44	0.6700	0.6704	0.6708	0.6711	0.6715	0.6718	0.6722	0.6726	0.6729	0.6733
0.45	0.6736	0.6740	0.6744	0.6747	0.6751	0.6754	0.6758	0.6762	0.6765	0.6769
0.46	0.6772	0.6776	0.6780	0.6783	0.6787	0.6790	0.6794	0.6798	0.6801	0.6805
0.47	0.6808	0.6812	0.6815	0.6819	0.6823	0.6826	0.6830	0.6833	0.6837	0.6840
0.48	0.6844	0.6847	0.6851	0.6855	0.6858	0.6862	0.6865	0.6869	0.6872	0.6876
0.49	0.6879	0.6883	0.6886	0.6890	0.6893	0.6897	0.6901	0.6904	0.6908	0.6911
0.5	0.6915	0.6918	0.6922	0.6925	0.6929	0.6932	0.6936	0.6939	0.6943	0.6946
0.51	0.6950	0.6953	0.6957	0.6960	0.6964	0.6967	0.6971	0.6974	0.6978	0.6981
0.52	0.6985	0.6988	0.6992	0.6995	0.6999	0.7002	0.7006	0.7009	0.7013	0.7016
0.53	0.7019	0.7023	0.7026	0.7030	0.7033	0.7037	0.7040	0.7044	0.7047	0.7051
0.54	0.7054	0.7057	0.7061	0.7064	0.7068	0.7071	0.7075	0.7078	0.7082	0.7085
0.55	0.7088	0.7092	0.7095	0.7099	0.7102	0.7106	0.7109	0.7112	0.7116	0.7119
0.56	0.7123	0.7126	0.7129	0.7133	0.7136	0.7140	0.7143	0.7146	0.7150	0.7153
0.57	0.7157	0.7160	0.7163	0.7167	0.7170	0.7174	0.7177	0.7180	0.7184	0.7187
0.58	0.7190	0.7194	0.7197	0.7201	0.7204	0.7207	0.7211	0.7214	0.7217	0.7221
0.59	0.7224	0.7227	0.7231	0.7234	0.7237	0.7241	0.7244	0.7247	0.7251	0.7254
0.6	0.7257	0.7261	0.7264	0.7267	0.7271	0.7274	0.7277	0.7281	0.7284	0.7287
0.61	0.7291	0.7294	0.7297	0.7301	0.7304	0.7307	0.7311	0.7314	0.7317	0.7320
0.62	0.7324	0.7327	0.7330	0.7334	0.7337	0.7340	0.7343	0.7347	0.7350	0.7353
0.63	0.7357	0.7360	0.7363	0.7366	0.7370	0.7373	0.7376	0.7379	0.7383	0.7386

续表

Z	0	0.001	0.002	0.003	0.004	0.005	0.006	0.007	0.008	0.009
0.64	0.7389	0.7392	0.7396	0.7399	0.7402	0.7405	0.7409	0.7412	0.7415	0.7418
0.65	0.7422	0.7425	0.7428	0.7431	0.7434	0.7438	0.7441	0.7444	0.7447	0.7451
0.66	0.7454	0.7457	0.7460	0.7463	0.7467	0.7470	0.7473	0.7476	0.7479	0.7483
0.67	0.7486	0.7489	0.7492	0.7495	0.7498	0.7502	0.7505	0.7508	0.7511	0.7514
0.68	0.7517	0.7521	0.7524	0.7527	0.7530	0.7533	0.7536	0.7540	0.7543	0.7546
0.69	0.7549	0.7552	0.7555	0.7558	0.7562	0.7565	0.7568	0.7571	0.7574	0.7577
0.7	0.7580	0.7583	0.7587	0.7590	0.7593	0.7596	0.7599	0.7602	0.7605	0.7608
0.71	0.7611	0.7615	0.7618	0.7621	0.7624	0.7627	0.7630	0.7633	0.7636	0.7639
0.72	0.7642	0.7645	0.7649	0.7652	0.7655	0.7658	0.7661	0.7664	0.7667	0.7670
0.73	0.7673	0.7676	0.7679	0.7682	0.7685	0.7688	0.7691	0.7694	0.7697	0.7700
0.74	0.7704	0.7707	0.7710	0.7713	0.7716	0.7719	0.7722	0.7725	0.7728	0.7731
0.75	0.7734	0.7737	0.7740	0.7743	0.7746	0.7749	0.7752	0.7755	0.7758	0.7761
0.76	0.7764	0.7767	0.7770	0.7773	0.7776	0.7779	0.7782	0.7785	0.7788	0.7791
0.77	0.7794	0.7796	0.7799	0.7802	0.7805	0.7808	0.7811	0.7814	0.7817	0.7820
0.78	0.7823	0.7826	0.7829	0.7832	0.7835	0.7838	0.7841	0.7844	0.7847	0.7849
0.79	0.7852	0.7855	0.7858	0.7861	0.7864	0.7867	0.7870	0.7873	0.7876	0.7879
0.8	0.7881	0.7884	0.7887	0.7890	0.7893	0.7896	0.7899	0.7902	0.7905	0.7907
0.81	0.7910	0.7913	0.7916	0.7919	0.7922	0.7925	0.7927	0.7930	0.7933	0.7936
0.82	0.7939	0.7942	0.7945	0.7947	0.7950	0.7953	0.7956	0.7959	0.7962	0.7964
0.83	0.7967	0.7970	0.7973	0.7976	0.7979	0.7981	0.7984	0.7987	0.7990	0.7993
0.84	0.7995	0.7998	0.8001	0.8004	0.8007	0.8009	0.8012	0.8015	0.8018	0.8021
0.85	0.8023	0.8026	0.8029	0.8032	0.8034	0.8037	0.8040	0.8043	0.8046	0.8048
0.86	0.8051	0.8054	0.8057	0.8059	0.8062	0.8065	0.8068	0.8070	0.8073	0.8076
0.87	0.8078	0.8081	0.8084	0.8087	0.8089	0.8092	0.8095	0.8098	0.8100	0.8103
0.88	0.8106	0.8108	0.8111	0.8114	0.8117	0.8119	0.8122	0.8125	0.8127	0.8130
0.89	0.8133	0.8135	0.8138	0.8141	0.8143	0.8146	0.8149	0.8151	0.8154	0.8157
0.9	0.8159	0.8162	0.8165	0.8167	0.8170	0.8173	0.8175	0.8178	0.8181	0.8183
0.91	0.8186	0.8189	0.8191	0.8194	0.8196	0.8199	0.8202	0.8204	0.8207	0.8210
0.92	0.8212	0.8215	0.8217	0.8220	0.8223	0.8225	0.8228	0.8230	0.8233	0.8236
0.93	0.8238	0.8241	0.8243	0.8246	0.8248	0.8251	0.8254	0.8256	0.8259	0.8261
0.94	0.8264	0.8266	0.8269	0.8272	0.8274	0.8277	0.8279	0.8282	0.8284	0.8287
0.95	0.8289	0.8292	0.8295	0.8297	0.8300	0.8302	0.8305	0.8307	0.8310	0.8312
0.96	0.8315	0.8317	0.8320	0.8322	0.8325	0.8327	0.8330	0.8332	0.8335	0.8337
0.97	0.8340	0.8342	0.8345	0.8347	0.8350	0.8352	0.8355	0.8357	0.8360	0.8362
0.98	0.8365	0.8367	0.8370	0.8372	0.8374	0.8377	0.8379	0.8382	0.8384	0.8387

续表

Z	0	0.001	0.002	0.003	0.004	0.005	0.006	0.007	0.008	0.009
0.99	0.8389	0.8392	0.8394	0.8396	0.8399	0.8401	0.8404	0.8406	0.8409	0.8411
1	0.8413	0.8416	0.8418	0.8421	0.8423	0.8426	0.8428	0.8430	0.8433	0.8435
1.01	0.8438	0.8440	0.8442	0.8445	0.8447	0.8449	0.8452	0.8454	0.8457	0.8459
1.02	0.8461	0.8464	0.8466	0.8468	0.8471	0.8473	0.8476	0.8478	0.8480	0.8483
1.03	0.8485	0.8487	0.8490	0.8492	0.8494	0.8497	0.8499	0.8501	0.8504	0.8506
1.04	0.8508	0.8511	0.8513	0.8515	0.8518	0.8520	0.8522	0.8525	0.8527	0.8529
1.05	0.8531	0.8534	0.8536	0.8538	0.8541	0.8543	0.8545	0.8547	0.8550	0.8552
1.06	0.8554	0.8557	0.8559	0.8561	0.8563	0.8566	0.8568	0.8570	0.8572	0.8575
1.07	0.8577	0.8579	0.8581	0.8584	0.8586	0.8588	0.8590	0.8593	0.8595	0.8597
1.08	0.8599	0.8602	0.8604	0.8606	0.8608	0.8610	0.8613	0.8615	0.8617	0.8619
1.09	0.8621	0.8624	0.8626	0.8628	0.8630	0.8632	0.8635	0.8637	0.8639	0.8641
1.1	0.8643	0.8646	0.8648	0.8650	0.8652	0.8654	0.8656	0.8659	0.8661	0.8663
1.11	0.8665	0.8667	0.8669	0.8671	0.8674	0.8676	0.8678	0.8680	0.8682	0.8684
1.12	0.8686	0.8689	0.8691	0.8693	0.8695	0.8697	0.8699	0.8701	0.8703	0.8706
1.13	0.8708	0.8710	0.8712	0.8714	0.8716	0.8718	0.8720	0.8722	0.8724	0.8726
1.14	0.8729	0.8731	0.8733	0.8735	0.8737	0.8739	0.8741	0.8743	0.8745	0.8747
1.15	0.8749	0.8751	0.8753	0.8755	0.8757	0.8760	0.8762	0.8764	0.8766	0.8768
1.16	0.8770	0.8772	0.8774	0.8776	0.8778	0.8780	0.8782	0.8784	0.8786	0.8788
1.17	0.8790	0.8792	0.8794	0.8796	0.8798	0.8800	0.8802	0.8804	0.8806	0.8808
1.18	0.8810	0.8812	0.8814	0.8816	0.8818	0.8820	0.8822	0.8824	0.8826	0.8828
1.19	0.8830	0.8832	0.8834	0.8836	0.8838	0.8840	0.8842	0.8843	0.8845	0.8847
1.2	0.8849	0.8851	0.8853	0.8855	0.8857	0.8859	0.8861	0.8863	0.8865	0.8867
1.21	0.8869	0.8871	0.8872	0.8874	0.8876	0.8878	0.8880	0.8882	0.8884	0.8886
1.22	0.8888	0.8890	0.8891	0.8893	0.8895	0.8897	0.8899	0.8901	0.8903	0.8905
1.23	0.8907	0.8908	0.8910	0.8912	0.8914	0.8916	0.8918	0.8920	0.8921	0.8923
1.24	0.8925	0.8927	0.8929	0.8931	0.8933	0.8934	0.8936	0.8938	0.8940	0.8942
1.25	0.8944	0.8945	0.8947	0.8949	0.8951	0.8953	0.8954	0.8956	0.8958	0.8960
1.26	0.8962	0.8963	0.8965	0.8967	0.8969	0.8971	0.8972	0.8974	0.8976	0.8978
1.27	0.8980	0.8981	0.8983	0.8985	0.8987	0.8988	0.8990	0.8992	0.8994	0.8996
1.28	0.8997	0.8999	0.9001	0.9003	0.9004	0.9006	0.9008	0.9010	0.9011	0.9013
1.29	0.9015	0.9016	0.9018	0.9020	0.9022	0.9023	0.9025	0.9027	0.9029	0.9030
1.3	0.9032	0.9034	0.9035	0.9037	0.9039	0.9041	0.9042	0.9044	0.9046	0.9047
1.31	0.9049	0.9051	0.9052	0.9054	0.9056	0.9057	0.9059	0.9061	0.9062	0.9064
1.32	0.9066	0.9067	0.9069	0.9071	0.9072	0.9074	0.9076	0.9077	0.9079	0.9081
1.33	0.9082	0.9084	0.9086	0.9087	0.9089	0.9091	0.9092	0.9094	0.9096	0.9097

续表

Z	0	0.001	0.002	0.003	0.004	0.005	0.006	0.007	0.008	0.009
1.34	0.9099	0.9100	0.9102	0.9104	0.9105	0.9107	0.9108	0.9110	0.9112	0.9113
1.35	0.9115	0.9117	0.9118	0.9120	0.9121	0.9123	0.9125	0.9126	0.9128	0.9129
1.36	0.9131	0.9132	0.9134	0.9136	0.9137	0.9139	0.9140	0.9142	0.9143	0.9145
1.37	0.9147	0.9148	0.9150	0.9151	0.9153	0.9154	0.9156	0.9157	0.9159	0.9161
1.38	0.9162	0.9164	0.9165	0.9167	0.9168	0.9170	0.9171	0.9173	0.9174	0.9176
1.39	0.9177	0.9179	0.9180	0.9182	0.9183	0.9185	0.9186	0.9188	0.9189	0.9191
1.4	0.9192	0.9194	0.9195	0.9197	0.9198	0.9200	0.9201	0.9203	0.9204	0.9206
1.41	0.9207	0.9209	0.9210	0.9212	0.9213	0.9215	0.9216	0.9218	0.9219	0.9221
1.42	0.9222	0.9223	0.9225	0.9226	0.9228	0.9229	0.9231	0.9232	0.9234	0.9235
1.43	0.9236	0.9238	0.9239	0.9241	0.9242	0.9244	0.9245	0.9246	0.9248	0.9249
1.44	0.9251	0.9252	0.9253	0.9255	0.9256	0.9258	0.9259	0.9261	0.9262	0.9263
1.45	0.9265	0.9266	0.9267	0.9269	0.9270	0.9272	0.9273	0.9274	0.9276	0.9277
1.46	0.9279	0.9280	0.9281	0.9283	0.9284	0.9285	0.9287	0.9288	0.9289	0.9291
1.47	0.9292	0.9294	0.9295	0.9296	0.9298	0.9299	0.9300	0.9302	0.9303	0.9304
1.48	0.9306	0.9307	0.9308	0.9310	0.9311	0.9312	0.9314	0.9315	0.9316	0.9318
1.49	0.9319	0.9320	0.9322	0.9323	0.9324	0.9325	0.9327	0.9328	0.9329	0.9331
1.5	0.9332	0.9333	0.9335	0.9336	0.9337	0.9338	0.9340	0.9341	0.9342	0.9344
1.51	0.9345	0.9346	0.9347	0.9349	0.9350	0.9351	0.9352	0.9354	0.9355	0.9356
1.52	0.9357	0.9359	0.9360	0.9361	0.9362	0.9364	0.9365	0.9366	0.9367	0.9369
1.53	0.9370	0.9371	0.9372	0.9374	0.9375	0.9376	0.9377	0.9379	0.9380	0.9381
1.54	0.9382	0.9383	0.9385	0.9386	0.9387	0.9388	0.9389	0.9391	0.9392	0.9393
1.55	0.9394	0.9395	0.9397	0.9398	0.9399	0.9400	0.9401	0.9403	0.9404	0.9405
1.56	0.9406	0.9407	0.9409	0.9410	0.9411	0.9412	0.9413	0.9414	0.9416	0.9417
1.57	0.9418	0.9419	0.9420	0.9421	0.9423	0.9424	0.9425	0.9426	0.9427	0.9428
1.58	0.9429	0.9431	0.9432	0.9433	0.9434	0.9435	0.9436	0.9437	0.9439	0.9440
1.59	0.9441	0.9442	0.9443	0.9444	0.9445	0.9446	0.9448	0.9449	0.9450	0.9451
1.6	0.9452	0.9453	0.9454	0.9455	0.9456	0.9458	0.9459	0.9460	0.9461	0.9462
1.61	0.9463	0.9464	0.9465	0.9466	0.9467	0.9468	0.9470	0.9471	0.9472	0.9473
1.62	0.9474	0.9475	0.9476	0.9477	0.9478	0.9479	0.9480	0.9481	0.9482	0.9483
1.63	0.9484	0.9486	0.9487	0.9488	0.9489	0.9490	0.9491	0.9492	0.9493	0.9494
1.64	0.9495	0.9496	0.9497	0.9498	0.9499	0.9500	0.9501	0.9502	0.9503	0.9504
1.65	0.9505	0.9506	0.9507	0.9508	0.9509	0.9510	0.9511	0.9512	0.9513	0.9514
1.66	0.9515	0.9516	0.9517	0.9518	0.9519	0.9520	0.9521	0.9522	0.9523	0.9524
1.67	0.9525	0.9526	0.9527	0.9528	0.9529	0.9530	0.9531	0.9532	0.9533	0.9534
1.68	0.9535	0.9536	0.9537	0.9538	0.9539	0.9540	0.9541	0.9542	0.9543	0.9544

续表

Z	0	0.001	0.002	0.003	0.004	0.005	0.006	0.007	0.008	0.009
1.69	0.9545	0.9546	0.9547	0.9548	0.9549	0.9550	0.9551	0.9552	0.9552	0.9553
1.7	0.9554	0.9555	0.9556	0.9557	0.9558	0.9559	0.9560	0.9561	0.9562	0.9563
1.71	0.9564	0.9565	0.9566	0.9566	0.9567	0.9568	0.9569	0.9570	0.9571	0.9572
1.72	0.9573	0.9574	0.9575	0.9576	0.9576	0.9577	0.9578	0.9579	0.9580	0.9581
1.73	0.9582	0.9583	0.9584	0.9585	0.9585	0.9586	0.9587	0.9588	0.9589	0.9590
1.74	0.9591	0.9592	0.9592	0.9593	0.9594	0.9595	0.9596	0.9597	0.9598	0.9599
1.75	0.9599	0.9600	0.9601	0.9602	0.9603	0.9604	0.9605	0.9605	0.9606	0.9607
1.76	0.9608	0.9609	0.9610	0.9610	0.9611	0.9612	0.9613	0.9614	0.9615	0.9616
1.77	0.9616	0.9617	0.9618	0.9619	0.9620	0.9621	0.9621	0.9622	0.9623	0.9624
1.78	0.9625	0.9625	0.9626	0.9627	0.9628	0.9629	0.9630	0.9630	0.9631	0.9632
1.79	0.9633	0.9634	0.9634	0.9635	0.9636	0.9637	0.9638	0.9638	0.9639	0.9640
1.8	0.9641	0.9641	0.9642	0.9643	0.9644	0.9645	0.9645	0.9646	0.9647	0.9648
1.81	0.9649	0.9649	0.9650	0.9651	0.9652	0.9652	0.9653	0.9654	0.9655	0.9655
1.82	0.9656	0.9657	0.9658	0.9658	0.9659	0.9660	0.9661	0.9662	0.9662	0.9663
1.83	0.9664	0.9664	0.9665	0.9666	0.9667	0.9667	0.9668	0.9669	0.9670	0.9670
1.84	0.9671	0.9672	0.9673	0.9673	0.9674	0.9675	0.9676	0.9676	0.9677	0.9678
1.85	0.9678	0.9679	0.9680	0.9681	0.9681	0.9682	0.9683	0.9683	0.9684	0.9685
1.86	0.9686	0.9686	0.9687	0.9688	0.9688	0.9689	0.9690	0.9690	0.9691	0.9692
1.87	0.9693	0.9693	0.9694	0.9695	0.9695	0.9696	0.9697	0.9697	0.9698	0.9699
1.88	0.9699	0.9700	0.9701	0.9701	0.9702	0.9703	0.9704	0.9704	0.9705	0.9706
1.89	0.9706	0.9707	0.9708	0.9708	0.9709	0.9710	0.9710	0.9711	0.9712	0.9712
1.9	0.9713	0.9713	0.9714	0.9715	0.9715	0.9716	0.9717	0.9717	0.9718	0.9719
1.91	0.9719	0.9720	0.9721	0.9721	0.9722	0.9723	0.9723	0.9724	0.9724	0.9725
1.92	0.9726	0.9726	0.9727	0.9728	0.9728	0.9729	0.9729	0.9730	0.9731	0.9731
1.93	0.9732	0.9733	0.9733	0.9734	0.9734	0.9735	0.9736	0.9736	0.9737	0.9737
1.94	0.9738	0.9739	0.9739	0.9740	0.9741	0.9741	0.9742	0.9742	0.9743	0.9744
1.95	0.9744	0.9745	0.9745	0.9746	0.9746	0.9747	0.9748	0.9748	0.9749	0.9749
1.96	0.9750	0.9751	0.9751	0.9752	0.9752	0.9753	0.9754	0.9754	0.9755	0.9755
1.97	0.9756	0.9756	0.9757	0.9758	0.9758	0.9759	0.9759	0.9760	0.9760	0.9761
1.98	0.9761	0.9762	0.9763	0.9763	0.9764	0.9764	0.9765	0.9765	0.9766	0.9766
1.99	0.9767	0.9768	0.9768	0.9769	0.9769	0.9770	0.9770	0.9771	0.9771	0.9772
2	0.9772	0.9773	0.9774	0.9774	0.9775	0.9775	0.9776	0.9776	0.9777	0.9777

标准正态分布累积概率函数表(Z<0)

Z	0	−0.001	−0.002	−0.003	−0.004	−0.005	−0.006	−0.007	−0.008	−0.009
0	0.5000	0.4996	0.4992	0.4988	0.4984	0.4980	0.4976	0.4972	0.4968	0.4964
−0.01	0.4960	0.4956	0.4952	0.4948	0.4944	0.4940	0.4936	0.4932	0.4928	0.4924
−0.02	0.4920	0.4916	0.4912	0.4908	0.4904	0.4900	0.4896	0.4892	0.4888	0.4884
−0.03	0.4880	0.4876	0.4872	0.4868	0.4864	0.4860	0.4856	0.4852	0.4848	0.4844
−0.04	0.4840	0.4836	0.4832	0.4829	0.4825	0.4821	0.4817	0.4813	0.4809	0.4805
−0.05	0.4801	0.4797	0.4793	0.4789	0.4785	0.4781	0.4777	0.4773	0.4769	0.4765
−0.06	0.4761	0.4757	0.4753	0.4749	0.4745	0.4741	0.4737	0.4733	0.4729	0.4725
−0.07	0.4721	0.4717	0.4713	0.4709	0.4705	0.4701	0.4697	0.4693	0.4689	0.4685
−0.08	0.4681	0.4677	0.4673	0.4669	0.4665	0.4661	0.4657	0.4653	0.4649	0.4645
−0.09	0.4641	0.4637	0.4633	0.4630	0.4626	0.4622	0.4618	0.4614	0.4610	0.4606
−0.1	0.4602	0.4598	0.4594	0.4590	0.4586	0.4582	0.4578	0.4574	0.4570	0.4566
−0.11	0.4562	0.4558	0.4554	0.4550	0.4546	0.4542	0.4538	0.4534	0.4530	0.4526
−0.12	0.4522	0.4518	0.4514	0.4511	0.4507	0.4503	0.4499	0.4495	0.4491	0.4487
−0.13	0.4483	0.4479	0.4475	0.4471	0.4467	0.4463	0.4459	0.4455	0.4451	0.4447
−0.14	0.4443	0.4439	0.4435	0.4431	0.4428	0.4424	0.4420	0.4416	0.4412	0.4408
−0.15	0.4404	0.4400	0.4396	0.4392	0.4388	0.4384	0.4380	0.4376	0.4372	0.4368
−0.16	0.4364	0.4360	0.4357	0.4353	0.4349	0.4345	0.4341	0.4337	0.4333	0.4329
−0.17	0.4325	0.4321	0.4317	0.4313	0.4309	0.4305	0.4301	0.4298	0.4294	0.4290
−0.18	0.4286	0.4282	0.4278	0.4274	0.4270	0.4266	0.4262	0.4258	0.4254	0.4250
−0.19	0.4247	0.4243	0.4239	0.4235	0.4231	0.4227	0.4223	0.4219	0.4215	0.4211
−0.2	0.4207	0.4203	0.4200	0.4196	0.4192	0.4188	0.4184	0.4180	0.4176	0.4172
−0.21	0.4168	0.4164	0.4161	0.4157	0.4153	0.4149	0.4145	0.4141	0.4137	0.4133
−0.22	0.4129	0.4125	0.4122	0.4118	0.4114	0.4110	0.4106	0.4102	0.4098	0.4094
−0.23	0.4090	0.4087	0.4083	0.4079	0.4075	0.4071	0.4067	0.4063	0.4059	0.4056
−0.24	0.4052	0.4048	0.4044	0.4040	0.4036	0.4032	0.4028	0.4025	0.4021	0.4017
−0.25	0.4013	0.4009	0.4005	0.4001	0.3997	0.3994	0.3990	0.3986	0.3982	0.3978
−0.26	0.3974	0.3970	0.3967	0.3963	0.3959	0.3955	0.3951	0.3947	0.3943	0.3940
−0.27	0.3936	0.3932	0.3928	0.3924	0.3920	0.3917	0.3913	0.3909	0.3905	0.3901
−0.28	0.3897	0.3894	0.3890	0.3886	0.3882	0.3878	0.3874	0.3871	0.3867	0.3863
−0.29	0.3859	0.3855	0.3851	0.3848	0.3844	0.3840	0.3836	0.3832	0.3829	0.3825
−0.3	0.3821	0.3817	0.3813	0.3809	0.3806	0.3802	0.3798	0.3794	0.3790	0.3787
−0.31	0.3783	0.3779	0.3775	0.3771	0.3768	0.3764	0.3760	0.3756	0.3752	0.3749
−0.32	0.3745	0.3741	0.3737	0.3733	0.3730	0.3726	0.3722	0.3718	0.3715	0.3711
−0.33	0.3707	0.3703	0.3699	0.3696	0.3692	0.3688	0.3684	0.3681	0.3677	0.3673

续表

Z	0	−0.001	−0.002	−0.003	−0.004	−0.005	−0.006	−0.007	−0.008	−0.009
−0.34	0.3669	0.3666	0.3662	0.3658	0.3654	0.3650	0.3647	0.3643	0.3639	0.3635
−0.35	0.3632	0.3628	0.3624	0.3620	0.3617	0.3613	0.3609	0.3605	0.3602	0.3598
−0.36	0.3594	0.3590	0.3587	0.3583	0.3579	0.3576	0.3572	0.3568	0.3564	0.3561
−0.37	0.3557	0.3553	0.3549	0.3546	0.3542	0.3538	0.3535	0.3531	0.3527	0.3523
−0.38	0.3520	0.3516	0.3512	0.3509	0.3505	0.3501	0.3497	0.3494	0.3490	0.3486
−0.39	0.3483	0.3479	0.3475	0.3472	0.3468	0.3464	0.3461	0.3457	0.3453	0.3449
−0.4	0.3446	0.3442	0.3438	0.3435	0.3431	0.3427	0.3424	0.3420	0.3416	0.3413
−0.41	0.3409	0.3405	0.3402	0.3398	0.3394	0.3391	0.3387	0.3383	0.3380	0.3376
−0.42	0.3372	0.3369	0.3365	0.3361	0.3358	0.3354	0.3351	0.3347	0.3343	0.3340
−0.43	0.3336	0.3332	0.3329	0.3325	0.3321	0.3318	0.3314	0.3311	0.3307	0.3303
−0.44	0.3300	0.3296	0.3292	0.3289	0.3285	0.3282	0.3278	0.3274	0.3271	0.3267
−0.45	0.3264	0.3260	0.3256	0.3253	0.3249	0.3246	0.3242	0.3238	0.3235	0.3231
−0.46	0.3228	0.3224	0.3220	0.3217	0.3213	0.3210	0.3206	0.3202	0.3199	0.3195
−0.47	0.3192	0.3188	0.3185	0.3181	0.3177	0.3174	0.3170	0.3167	0.3163	0.3160
−0.48	0.3156	0.3153	0.3149	0.3145	0.3142	0.3138	0.3135	0.3131	0.3128	0.3124
−0.49	0.3121	0.3117	0.3114	0.3110	0.3107	0.3103	0.3099	0.3096	0.3092	0.3089
−0.5	0.3085	0.3082	0.3078	0.3075	0.3071	0.3068	0.3064	0.3061	0.3057	0.3054
−0.51	0.3050	0.3047	0.3043	0.3040	0.3036	0.3033	0.3029	0.3026	0.3022	0.3019
−0.52	0.3015	0.3012	0.3008	0.3005	0.3001	0.2998	0.2994	0.2991	0.2987	0.2984
−0.53	0.2981	0.2977	0.2974	0.2970	0.2967	0.2963	0.2960	0.2956	0.2953	0.2949
−0.54	0.2946	0.2943	0.2939	0.2936	0.2932	0.2929	0.2925	0.2922	0.2918	0.2915
−0.55	0.2912	0.2908	0.2905	0.2901	0.2898	0.2894	0.2891	0.2888	0.2884	0.2881
−0.56	0.2877	0.2874	0.2871	0.2867	0.2864	0.2860	0.2857	0.2854	0.2850	0.2847
−0.57	0.2843	0.2840	0.2837	0.2833	0.2830	0.2826	0.2823	0.2820	0.2816	0.2813
−0.58	0.2810	0.2806	0.2803	0.2799	0.2796	0.2793	0.2789	0.2786	0.2783	0.2779
−0.59	0.2776	0.2773	0.2769	0.2766	0.2763	0.2759	0.2756	0.2753	0.2749	0.2746
−0.6	0.2743	0.2739	0.2736	0.2733	0.2729	0.2726	0.2723	0.2719	0.2716	0.2713
−0.61	0.2709	0.2706	0.2703	0.2699	0.2696	0.2693	0.2689	0.2686	0.2683	0.2680
−0.62	0.2676	0.2673	0.2670	0.2666	0.2663	0.2660	0.2657	0.2653	0.2650	0.2647
−0.63	0.2643	0.2640	0.2637	0.2634	0.2630	0.2627	0.2624	0.2621	0.2617	0.2614
−0.64	0.2611	0.2608	0.2604	0.2601	0.2598	0.2595	0.2591	0.2588	0.2585	0.2582
−0.65	0.2578	0.2575	0.2572	0.2569	0.2566	0.2562	0.2559	0.2556	0.2553	0.2549
−0.66	0.2546	0.2543	0.2540	0.2537	0.2533	0.2530	0.2527	0.2524	0.2521	0.2517
−0.67	0.2514	0.2511	0.2508	0.2505	0.2502	0.2498	0.2495	0.2492	0.2489	0.2486
−0.68	0.2483	0.2479	0.2476	0.2473	0.2470	0.2467	0.2464	0.2460	0.2457	0.2454

续表

Z	0	−0.001	−0.002	−0.003	−0.004	−0.005	−0.006	−0.007	−0.008	−0.009
−0.69	0.2451	0.2448	0.2445	0.2442	0.2438	0.2435	0.2432	0.2429	0.2426	0.2423
−0.7	0.2420	0.2417	0.2413	0.2410	0.2407	0.2404	0.2401	0.2398	0.2395	0.2392
−0.71	0.2389	0.2385	0.2382	0.2379	0.2376	0.2373	0.2370	0.2367	0.2364	0.2361
−0.72	0.2358	0.2355	0.2351	0.2348	0.2345	0.2342	0.2339	0.2336	0.2333	0.2330
−0.73	0.2327	0.2324	0.2321	0.2318	0.2315	0.2312	0.2309	0.2306	0.2303	0.2300
−0.74	0.2296	0.2293	0.2290	0.2287	0.2284	0.2281	0.2278	0.2275	0.2272	0.2269
−0.75	0.2266	0.2263	0.2260	0.2257	0.2254	0.2251	0.2248	0.2245	0.2242	0.2239
−0.76	0.2236	0.2233	0.2230	0.2227	0.2224	0.2221	0.2218	0.2215	0.2212	0.2209
−0.77	0.2206	0.2204	0.2201	0.2198	0.2195	0.2192	0.2189	0.2186	0.2183	0.2180
−0.78	0.2177	0.2174	0.2171	0.2168	0.2165	0.2162	0.2159	0.2156	0.2153	0.2151
−0.79	0.2148	0.2145	0.2142	0.2139	0.2136	0.2133	0.2130	0.2127	0.2124	0.2121
−0.8	0.2119	0.2116	0.2113	0.2110	0.2107	0.2104	0.2101	0.2098	0.2095	0.2093
−0.81	0.2090	0.2087	0.2084	0.2081	0.2078	0.2075	0.2073	0.2070	0.2067	0.2064
−0.82	0.2061	0.2058	0.2055	0.2053	0.2050	0.2047	0.2044	0.2041	0.2038	0.2036
−0.83	0.2033	0.2030	0.2027	0.2024	0.2021	0.2019	0.2016	0.2013	0.2010	0.2007
−0.84	0.2005	0.2002	0.1999	0.1996	0.1993	0.1991	0.1988	0.1985	0.1982	0.1979
−0.85	0.1977	0.1974	0.1971	0.1968	0.1966	0.1963	0.1960	0.1957	0.1954	0.1952
−0.86	0.1949	0.1946	0.1943	0.1941	0.1938	0.1935	0.1932	0.1930	0.1927	0.1924
−0.87	0.1922	0.1919	0.1916	0.1913	0.1911	0.1908	0.1905	0.1902	0.1900	0.1897
−0.88	0.1894	0.1892	0.1889	0.1886	0.1883	0.1881	0.1878	0.1875	0.1873	0.1870
−0.89	0.1867	0.1865	0.1862	0.1859	0.1857	0.1854	0.1851	0.1849	0.1846	0.1843
−0.9	0.1841	0.1838	0.1835	0.1833	0.1830	0.1827	0.1825	0.1822	0.1819	0.1817
−0.91	0.1814	0.1811	0.1809	0.1806	0.1804	0.1801	0.1798	0.1796	0.1793	0.1790
−0.92	0.1788	0.1785	0.1783	0.1780	0.1777	0.1775	0.1772	0.1770	0.1767	0.1764
−0.93	0.1762	0.1759	0.1757	0.1754	0.1752	0.1749	0.1746	0.1744	0.1741	0.1739
−0.94	0.1736	0.1734	0.1731	0.1728	0.1726	0.1723	0.1721	0.1718	0.1716	0.1713
−0.95	0.1711	0.1708	0.1705	0.1703	0.1700	0.1698	0.1695	0.1693	0.1690	0.1688
−0.96	0.1685	0.1683	0.1680	0.1678	0.1675	0.1673	0.1670	0.1668	0.1665	0.1663
−0.97	0.1660	0.1658	0.1655	0.1653	0.1650	0.1648	0.1645	0.1643	0.1640	0.1638
−0.98	0.1635	0.1633	0.1630	0.1628	0.1626	0.1623	0.1621	0.1618	0.1616	0.1613
−0.99	0.1611	0.1608	0.1606	0.1604	0.1601	0.1599	0.1596	0.1594	0.1591	0.1589
−1	0.1587	0.1584	0.1582	0.1579	0.1577	0.1574	0.1572	0.1570	0.1567	0.1565
−1.01	0.1562	0.1560	0.1558	0.1555	0.1553	0.1551	0.1548	0.1546	0.1543	0.1541
−1.02	0.1539	0.1536	0.1534	0.1532	0.1529	0.1527	0.1524	0.1522	0.1520	0.1517
−1.03	0.1515	0.1513	0.1510	0.1508	0.1506	0.1503	0.1501	0.1499	0.1496	0.1494

续表

Z	0	−0.001	−0.002	−0.003	−0.004	−0.005	−0.006	−0.007	−0.008	−0.009
−1.04	0.1492	0.1489	0.1487	0.1485	0.1482	0.1480	0.1478	0.1475	0.1473	0.1471
−1.05	0.1469	0.1466	0.1464	0.1462	0.1459	0.1457	0.1455	0.1453	0.1450	0.1448
−1.06	0.1446	0.1443	0.1441	0.1439	0.1437	0.1434	0.1432	0.1430	0.1428	0.1425
−1.07	0.1423	0.1421	0.1419	0.1416	0.1414	0.1412	0.1410	0.1407	0.1405	0.1403
−1.08	0.1401	0.1398	0.1396	0.1394	0.1392	0.1390	0.1387	0.1385	0.1383	0.1381
−1.09	0.1379	0.1376	0.1374	0.1372	0.1370	0.1368	0.1365	0.1363	0.1361	0.1359
−1.1	0.1357	0.1354	0.1352	0.1350	0.1348	0.1346	0.1344	0.1341	0.1339	0.1337
−1.11	0.1335	0.1333	0.1331	0.1329	0.1326	0.1324	0.1322	0.1320	0.1318	0.1316
−1.12	0.1314	0.1311	0.1309	0.1307	0.1305	0.1303	0.1301	0.1299	0.1297	0.1294
−1.13	0.1292	0.1290	0.1288	0.1286	0.1284	0.1282	0.1280	0.1278	0.1276	0.1274
−1.14	0.1271	0.1269	0.1267	0.1265	0.1263	0.1261	0.1259	0.1257	0.1255	0.1253
−1.15	0.1251	0.1249	0.1247	0.1245	0.1243	0.1240	0.1238	0.1236	0.1234	0.1232
−1.16	0.1230	0.1228	0.1226	0.1224	0.1222	0.1220	0.1218	0.1216	0.1214	0.1212
−1.17	0.1210	0.1208	0.1206	0.1204	0.1202	0.1200	0.1198	0.1196	0.1194	0.1192
−1.18	0.1190	0.1188	0.1186	0.1184	0.1182	0.1180	0.1178	0.1176	0.1174	0.1172
−1.19	0.1170	0.1168	0.1166	0.1164	0.1162	0.1160	0.1158	0.1157	0.1155	0.1153
−1.2	0.1151	0.1149	0.1147	0.1145	0.1143	0.1141	0.1139	0.1137	0.1135	0.1133
−1.21	0.1131	0.1129	0.1128	0.1126	0.1124	0.1122	0.1120	0.1118	0.1116	0.1114
−1.22	0.1112	0.1110	0.1109	0.1107	0.1105	0.1103	0.1101	0.1099	0.1097	0.1095
−1.23	0.1093	0.1092	0.1090	0.1088	0.1086	0.1084	0.1082	0.1080	0.1079	0.1077
−1.24	0.1075	0.1073	0.1071	0.1069	0.1067	0.1066	0.1064	0.1062	0.1060	0.1058
−1.25	0.1056	0.1055	0.1053	0.1051	0.1049	0.1047	0.1046	0.1044	0.1042	0.1040
−1.26	0.1038	0.1037	0.1035	0.1033	0.1031	0.1029	0.1028	0.1026	0.1024	0.1022
−1.27	0.1020	0.1019	0.1017	0.1015	0.1013	0.1012	0.1010	0.1008	0.1006	0.1004
−1.28	0.1003	0.1001	0.0999	0.0997	0.0996	0.0994	0.0992	0.0990	0.0989	0.0987
−1.29	0.0985	0.0984	0.0982	0.0980	0.0978	0.0977	0.0975	0.0973	0.0971	0.0970
−1.3	0.0968	0.0966	0.0965	0.0963	0.0961	0.0959	0.0958	0.0956	0.0954	0.0953
−1.31	0.0951	0.0949	0.0948	0.0946	0.0944	0.0943	0.0941	0.0939	0.0938	0.0936
−1.32	0.0934	0.0933	0.0931	0.0929	0.0928	0.0926	0.0924	0.0923	0.0921	0.0919
−1.33	0.0918	0.0916	0.0914	0.0913	0.0911	0.0909	0.0908	0.0906	0.0904	0.0903
−1.34	0.0901	0.0900	0.0898	0.0896	0.0895	0.0893	0.0892	0.0890	0.0888	0.0887
−1.35	0.0885	0.0883	0.0882	0.0880	0.0879	0.0877	0.0875	0.0874	0.0872	0.0871
−1.36	0.0869	0.0868	0.0866	0.0864	0.0863	0.0861	0.0860	0.0858	0.0857	0.0855
−1.37	0.0853	0.0852	0.0850	0.0849	0.0847	0.0846	0.0844	0.0843	0.0841	0.0839
−1.38	0.0838	0.0836	0.0835	0.0833	0.0832	0.0830	0.0829	0.0827	0.0826	0.0824

续表

Z	0	−0.001	−0.002	−0.003	−0.004	−0.005	−0.006	−0.007	−0.008	−0.009
−1.39	0.0823	0.0821	0.0820	0.0818	0.0817	0.0815	0.0814	0.0812	0.0811	0.0809
−1.4	0.0808	0.0806	0.0805	0.0803	0.0802	0.0800	0.0799	0.0797	0.0796	0.0794
−1.41	0.0793	0.0791	0.0790	0.0788	0.0787	0.0785	0.0784	0.0782	0.0781	0.0779
−1.42	0.0778	0.0777	0.0775	0.0774	0.0772	0.0771	0.0769	0.0768	0.0766	0.0765
−1.43	0.0764	0.0762	0.0761	0.0759	0.0758	0.0756	0.0755	0.0754	0.0752	0.0751
−1.44	0.0749	0.0748	0.0747	0.0745	0.0744	0.0742	0.0741	0.0739	0.0738	0.0737
−1.45	0.0735	0.0734	0.0733	0.0731	0.0730	0.0728	0.0727	0.0726	0.0724	0.0723
−1.46	0.0721	0.0720	0.0719	0.0717	0.0716	0.0715	0.0713	0.0712	0.0711	0.0709
−1.47	0.0708	0.0706	0.0705	0.0704	0.0702	0.0701	0.0700	0.0698	0.0697	0.0696
−1.48	0.0694	0.0693	0.0692	0.0690	0.0689	0.0688	0.0686	0.0685	0.0684	0.0682
−1.49	0.0681	0.0680	0.0678	0.0677	0.0676	0.0675	0.0673	0.0672	0.0671	0.0669
−1.5	0.0668	0.0667	0.0665	0.0664	0.0663	0.0662	0.0660	0.0659	0.0658	0.0656
−1.51	0.0655	0.0654	0.0653	0.0651	0.0650	0.0649	0.0648	0.0646	0.0645	0.0644
−1.52	0.0643	0.0641	0.0640	0.0639	0.0638	0.0636	0.0635	0.0634	0.0633	0.0631
−1.53	0.0630	0.0629	0.0628	0.0626	0.0625	0.0624	0.0623	0.0621	0.0620	0.0619
−1.54	0.0618	0.0617	0.0615	0.0614	0.0613	0.0612	0.0611	0.0609	0.0608	0.0607
−1.55	0.0606	0.0605	0.0603	0.0602	0.0601	0.0600	0.0599	0.0597	0.0596	0.0595
−1.56	0.0594	0.0593	0.0591	0.0590	0.0589	0.0588	0.0587	0.0586	0.0584	0.0583
−1.57	0.0582	0.0581	0.0580	0.0579	0.0577	0.0576	0.0575	0.0574	0.0573	0.0572
−1.58	0.0571	0.0569	0.0568	0.0567	0.0566	0.0565	0.0564	0.0563	0.0561	0.0560
−1.59	0.0559	0.0558	0.0557	0.0556	0.0555	0.0554	0.0552	0.0551	0.0550	0.0549
−1.6	0.0548	0.0547	0.0546	0.0545	0.0544	0.0542	0.0541	0.0540	0.0539	0.0538
−1.61	0.0537	0.0536	0.0535	0.0534	0.0533	0.0532	0.0530	0.0529	0.0528	0.0527
−1.62	0.0526	0.0525	0.0524	0.0523	0.0522	0.0521	0.0520	0.0519	0.0518	0.0517
−1.63	0.0516	0.0514	0.0513	0.0512	0.0511	0.0510	0.0509	0.0508	0.0507	0.0506
−1.64	0.0505	0.0504	0.0503	0.0502	0.0501	0.0500	0.0499	0.0498	0.0497	0.0496
−1.65	0.0495	0.0494	0.0493	0.0492	0.0491	0.0490	0.0489	0.0488	0.0487	0.0486
−1.66	0.0485	0.0484	0.0483	0.0482	0.0481	0.0480	0.0479	0.0478	0.0477	0.0476
−1.67	0.0475	0.0474	0.0473	0.0472	0.0471	0.0470	0.0469	0.0468	0.0467	0.0466
−1.68	0.0465	0.0464	0.0463	0.0462	0.0461	0.0460	0.0459	0.0458	0.0457	0.0456
−1.69	0.0455	0.0454	0.0453	0.0452	0.0451	0.0450	0.0449	0.0448	0.0448	0.0447
−1.7	0.0446	0.0445	0.0444	0.0443	0.0442	0.0441	0.0440	0.0439	0.0438	0.0437
−1.71	0.0436	0.0435	0.0434	0.0434	0.0433	0.0432	0.0431	0.0430	0.0429	0.0428
−1.72	0.0427	0.0426	0.0425	0.0424	0.0424	0.0423	0.0422	0.0421	0.0420	0.0419
−1.73	0.0418	0.0417	0.0416	0.0415	0.0415	0.0414	0.0413	0.0412	0.0411	0.0410

续表

Z	0	−0.001	−0.002	−0.003	−0.004	−0.005	−0.006	−0.007	−0.008	−0.009
−1.74	0.0409	0.0408	0.0408	0.0407	0.0406	0.0405	0.0404	0.0403	0.0402	0.0401
−1.75	0.0401	0.0400	0.0399	0.0398	0.0397	0.0396	0.0395	0.0395	0.0394	0.0393
−1.76	0.0392	0.0391	0.0390	0.0390	0.0389	0.0388	0.0387	0.0386	0.0385	0.0384
−1.77	0.0384	0.0383	0.0382	0.0381	0.0380	0.0379	0.0379	0.0378	0.0377	0.0376
−1.78	0.0375	0.0375	0.0374	0.0373	0.0372	0.0371	0.0370	0.0370	0.0369	0.0368
−1.79	0.0367	0.0366	0.0366	0.0365	0.0364	0.0363	0.0362	0.0362	0.0361	0.0360
−1.8	0.0359	0.0359	0.0358	0.0357	0.0356	0.0355	0.0355	0.0354	0.0353	0.0352
−1.81	0.0351	0.0351	0.0350	0.0349	0.0348	0.0348	0.0347	0.0346	0.0345	0.0345
−1.82	0.0344	0.0343	0.0342	0.0342	0.0341	0.0340	0.0339	0.0338	0.0338	0.0337
−1.83	0.0336	0.0336	0.0335	0.0334	0.0333	0.0333	0.0332	0.0331	0.0330	0.0330
−1.84	0.0329	0.0328	0.0327	0.0327	0.0326	0.0325	0.0324	0.0324	0.0323	0.0322
−1.85	0.0322	0.0321	0.0320	0.0319	0.0319	0.0318	0.0317	0.0317	0.0316	0.0315
−1.86	0.0314	0.0314	0.0313	0.0312	0.0312	0.0311	0.0310	0.0310	0.0309	0.0308
−1.87	0.0307	0.0307	0.0306	0.0305	0.0305	0.0304	0.0303	0.0303	0.0302	0.0301
−1.88	0.0301	0.0300	0.0299	0.0299	0.0298	0.0297	0.0296	0.0296	0.0295	0.0294
−1.89	0.0294	0.0293	0.0292	0.0292	0.0291	0.0290	0.0290	0.0289	0.0288	0.0288
−1.9	0.0287	0.0287	0.0286	0.0285	0.0285	0.0284	0.0283	0.0283	0.0282	0.0281
−1.91	0.0281	0.0280	0.0279	0.0279	0.0278	0.0277	0.0277	0.0276	0.0276	0.0275
−1.92	0.0274	0.0274	0.0273	0.0272	0.0272	0.0271	0.0271	0.0270	0.0269	0.0269
−1.93	0.0268	0.0267	0.0267	0.0266	0.0266	0.0265	0.0264	0.0264	0.0263	0.0263
−1.94	0.0262	0.0261	0.0261	0.0260	0.0259	0.0259	0.0258	0.0258	0.0257	0.0256
−1.95	0.0256	0.0255	0.0255	0.0254	0.0254	0.0253	0.0252	0.0252	0.0251	0.0251
−1.96	0.0250	0.0249	0.0249	0.0248	0.0248	0.0247	0.0246	0.0246	0.0245	0.0245
−1.97	0.0244	0.0244	0.0243	0.0242	0.0242	0.0241	0.0241	0.0240	0.0240	0.0239
−1.98	0.0239	0.0238	0.0237	0.0237	0.0236	0.0236	0.0235	0.0235	0.0234	0.0234
−1.99	0.0233	0.0232	0.0232	0.0231	0.0231	0.0230	0.0230	0.0229	0.0229	0.0228
−2	0.0228	0.0227	0.0226	0.0226	0.0225	0.0225	0.0224	0.0224	0.0223	0.0223

参考文献

[1]郑振龙,陈蓉.金融工程[M].北京:高等教育出版社,2020.

[2]叶永刚.金融工程学[M].大连:东北财经大学出版社,2002.

[3]叶永刚.衍生金融工具[M].北京:中国金融出版社.2004.

[4]王晋忠.衍生金融工具[M].北京:中国人民大学出版社,2013.

[5]赫尔.期货与期权市场导论[M].郭宁,汪涛,韩瑾,译.北京:中国人民大学出版社,2014.

[6]谭春枝,王忠玉,谢军.金融工程学理论与实务[M].北京:北京大学出版社,2023.

[7]邵宇.微观金融学及其数学基础[M].北京:清华大学出版社,2003.

[8]沙石.金融衍生品的本质[M].北京:中国金融出版社.2021.

[9]巴曙松,牛播坤,等.2010年全球金融衍生品市场发展报告[M].北京:北京大学出版社,2010.

[10]姚兴涛.金融衍生品市场论[M].上海:立信会计出版社.1999.

[11]施兵超.金融衍生产品[M].上海:复旦大学出版社.2008.